역사저널

그날

3

역사저널

그날

3

연산군에서 선조까지

KBS 역사저널 그날 제작팀

민음사

우리 역사 속에서 '역사를 바꾼 결정적 그날'로 언제를 꼽을 수 있을까? 왕건이 궁예를 몰아낸 날, 이성계가 위화도회군을 한 날, 세종이 훈민정음을 창제하고 반포한 날, 이순신 장군이 명량해전에서 승리를 거둔 날, 안중근 의사가 이토 히로부미를 사살한 날 등 많은 날들을 떠올릴 수 있을 것이다. 그리고 이처럼 역사적인 그날이 있기까지 많은 정치적·사회적 모순과 그것을 극복하려는 인간의 대응이 있었다.

「역사저널 그날」은 다양한 패널이 우리 역사를 바꾼 그날로 들어가서 당시 상황을 소개하고 자신의 소회를 피력하는 독특한 형식의 프로그램으로 출발했다. 그동안 KBS에서는 「TV 조선왕조실록」, 「역사스페셜」, 「한국사傳」 등 많은 역사 프로그램을 제작해 왔지만 토크 형식으로 역사를 이야기하는 시도는 처음이었다. 다행히 '역사와 이야기의 만남'은 역사를 보는 새로운 관점을 제시하였고, 「역사저널 그날」은 역사 교양 대표 프로그램으로 자리 잡아 가고 있다. 이 책은 '그날'의 배경을 먼저 서술하여 독자의 이해를 도운 후 방송의 내용을 체계적으로 정리하는 방식을 취한다. 주요 내용을 압축한 소제목을 제시하여 사건의 흐름을 파악하기 쉽게 했고, 필요에 따라 관련 사료와 도판을 삽입하여 방송에서 다룬 영상을 보다 구체적으로 전달하고자 했다.

이번 책에서 다루고 있는 내용은 다음과 같다. 두 번의 사화로 정국에 피바람을 몰고 온 연산군의 독재정치는 상상을 초월했다. 내관 김처선은 연산군의 엽기적인 폭정에 죽음으로 저항했다. 1506년 9월 중종이 반정에 의해 왕위에 오른 날은 조강지처 단경왕후가 폐위되는 비극의 날이기도 했다. 명종 대인 1559년에서 1562년 전국을 휩쓴 도적 임꺽정의 반란은

'흩어지면 백성이 되고 모이면 도적이 되는' 시대상을 반영한 것이다. 동서 분당으로 당쟁이 시작된 선조 시대, 정여립의 역모 사건이 발단이 되어 일어난 기축옥사로 1000여 명의 선비가 희생되었다. 여름방학 특집으로 방송되었던 교육과 과거를 통해서는 지금 못지않았던 조선 시대 교육과 시험의 열기를 접할 수 있다. 과거 시험에서의 지역별 할당제의 적용, 성균관 유생들의 출석 점검 등은 현재와 비교해도 흥미롭다. 2001년 유네스코 세계기록유산으로 지정된 『승정원일기』는 『실록』과 더불어 숨어 있는 조선 역사의 면모들을 파악하는 귀중한 자료이다. 『승정원일기』의 완역이 빨리 이루어져 「역사저널 그날」의 콘텐츠도 더욱 풍부해졌으면 한다.

이 책이 탄생할 수 있었던 데에는 역사학자들의 논문이나 저서를 두루 섭렵하고 영상 매체로 역사를 쉽게 전달하기 위해 노력한 역사저널 그날 제작팀의 열정과 노력이 무엇보다 크다. 특히 방송의 시작부터 지금까지 대중의 눈높이에 맞춰 쉬운 언어로 대본을 써 준 김세연, 최지희, 홍은영, 김나경, 김서경 작가들의 노고가 없었다면 이 책은 탄생하기 힘들었을 것이다. 또한 현재까지 함께 진행을 하고 있는 최원정 아나운서와 류근 시인을 비롯하여, 「역사저널 그날」에 출연하여 많은 지식과 정보를 제공해 주셨던 전문가 선생님들께도 감사의 말씀을 드리고 싶다.

필자는 「역사저널 그날」의 기획 단계에서부터 참여하여 지금까지 출연하고 있는 인연 때문인지 이 책에 대한 애정이 누구보다 크다. 이 책을 통해 역사를 바꾼 결정적인 '그날'의 역사로 들어가 당시 인물과 사건을 만나고 이야기하면서 현재의 역사를 통찰해 보기를 권한다.

건국대학교 사학과 교수

신병주

일러두기

- 이 책의 본문은 KBS 「역사저널 그날」의 방송 영상과 대본, 방송 준비용 각종 자료 등을 바탕으로 하되, 책의 형태에 맞도록 대폭 수정하고 사료나 주석, 그림을 보충하여 구성했다.

- 각 장의 도입부에 있는 '그날을 만나면서' 가운데 5, 6, 7장은 신병주(건국대학교 사학과)가 1, 2, 3, 4장은 김범(국사편찬위원회)이 집필했다.

- 본 방송에서는 전문가 외 패널이 여러 명 등장하나, 가독성을 고려해 대부분 '그날'로 묶고 꼭 필요한 경우에만 이름을 살렸다.

- 본문에서 인용한 사료는 『국역 조선왕조실록』 등을 바탕으로 하되, 본문의 맥락에 맞게 일부 축약·수정하였다. 원본 사료는 국사편찬위원회의 '조선왕조실록' 홈페이지(sillok.history.go.kr)나 한국고전번역원의 '한국 고전 종합 DB'(db.itkc.or.kr) 등을 통해 확인할 수 있다.

- 실록 등 사료에 표시된 날짜는 해당 문헌에 쓰인 날짜이다. 예를 들어 실록의 날짜는 양력이 아니라 음력의 날짜다.

- 이 책의 60, 68, 89, 187, 190, 243, 252쪽 배경에 사용된 그림은 일러스트레이터 잠산의 작품이다.

1

연산군의 몰락,
내시 김처선
죽던 날

"하늘 아래 새로운 것이 없다"라는 「잠언」의 한 구절은 중요한 진실을 짚었다고 생각한다. "사람은 한 꺼풀만 벗기면 다 똑같다. 그래서 그 한 꺼풀이 중요한 것이다"라는 어느 유명한 영화감독이자 배우의 말도 비슷한 의미일 것이다.

사람의 세부 모습은 저마다 다르지만 그 기본 구조는 동일하듯, 사람의 행동도 그렇다. 이런 원리는 역사상의 폭군에게도 적용된다. 그들의 공통점은 강력한 권력을 지엽적 사안에 탕진한 것이다. 그 사안은 대체로 사치나 유희, 음행 등이다. '주지육림'이라는 성어는 그런 변하지 않는 공통적 행동의 핵심을 담아 냈다.

연산군도 비슷한 경로를 밟았다. 그의 궁극적 목표는 전제 왕권을 구축하고 행사하는 것이었다. 왕정의 원리상 이런 목표는 부당한 것이 아니다. 그러나 그의 실패는, 모든 폭군과 마찬가지로, 본질과 지엽을 혼동하거나 우선순위를 뒤바꾼 데 있었다.

연산군은 무오사화로 강력한 왕권의 수립이라는 일차적 목표를 달성했다. 무오사화는 숙청의 규모나 기간 등으로 볼 때 그리 가혹한 처벌이 아니었다. 다시 말해서 그때까지 연산군의 정치는 일반적 수준에서 작동하고 있었다.

그러나 연산군의 실패는 그 뒤부터 시작되었다. 그는 강화된 권력을 국정 개혁이나 경제 발전 같은 건설적 목표에 사용하지 않았다. 그가 집중한 것은 사치, 사냥, 음행 같은 말단적 행위였다. 그는 갑자사화를 전후로 편집증에 가까운 행동을 자주 드러냈다. 가장 대표적 사례는 언론 통제와 관련된 조처다. 그의 목표는 국왕과 관련된 발언을 완전히 소멸시키는 것이었다. 관원이 친족과 국왕에 관련된 의견을 나누다가 적발되면 당사자는 촌참(寸斬, 신체를 마디 내 죽이는 형벌), 부자와 형제는 참형에 처했다. 모든 공문서에는 발언자의 이름을 명기시켰다. 대표적 사례는 신언패(愼言牌)의 도입이다. 그 이름 자체가 목적을 노골적으로 담고 있지만, 새겨진 문구는 더욱 직설적이다. "입은 화의 문이고 혀는 몸을 베는 칼이다. 입을 닫고 혀를 깊이 감추면 몸이 편안하고 어디서나 굳건할 것이다(口是禍之門 舌是斬身刀 閉口深藏舌 安身處處牢)."

　　이런 금제를 어긴 사람이 있었다. 그는 연산군을 가장 가까운 거리에서 오래 모셔 온 김처선이라는 환관이다. 1505년(연산군 11) 김처선은 국왕에게 폭정을 그만두라고 간언했다. 결과는 당연히 처형이었다. 그 뒤에 내려진 조처는 가혹함을 넘어 우스꽝스럽기까지 하다. 연산군은 관원 및 군사의 이름과 모든 문서에서 그의 이름에 들어있는 '처(處)' 자를 쓰지 못하게 했다. 실제로 24절기의 하나인 '처서(處暑)'를 '조서(徂暑)'로 고치고, 그 글자를 사용한 성몽정(成夢井)을 처벌하려 하기도 했다. 하지만 상식적으로도 납득하기 어려운 이 조처는 결국 음운만 고쳐 쓰는 것으로 변경됨으로써 스스로 모순을 드러내고 말았다.

　　연산군의 치세가 최초의 반정으로 종결된 것은 거의 불가피했다. 당연한 결과겠지만 반정은 쉽게 성공했다. 1506년 9월 1일 저녁, 동대문 부근 훈련원(訓鍊院)에 집결한 반정군은 먼저 진성대군(晉城大君)에게 거사 경위와 추대 의사를 아뢴 뒤 3경(밤 11~1시)에 창덕궁을 포위했다. 연산군은 순순히 옥새를 내놓았다. 창덕궁의 상황을 종결한 반정군은 경복궁으로 가서 성종의 계비이자 중종의 생모인 정현왕후 윤씨에게 반정으로 연산군을 폐위시켰다는 사실과 진성대군을 옹립하겠다는 계획을 아뢰었다. 대비는 윤허했고, 그날 신시(申時, 오후 3~5시) 진성대군은 경복궁 근정전에서 즉위했다. 연산군의 운명도 곧 결정되었다. 그는 강화도 교동(喬桐)으로 유배된 지 두 달 만에 세상을 떠났다. 31세의 젊은 나이였다.

연산군의 몰락,
내시 김처선 죽던 날

두 번의 사화를 거쳤지만
연산군의 폭정은 그칠 줄 몰랐다.

연산군은 민가를 헐어 사냥터를 확장하고
신하들의 입을 막는다.
절대 권력 추구에만 몰두한 것이다.

그러던 어느 날,
평소 연산군의 총애를 받던 내시 김처선은
굳은 결심을 하고 왕의 처소를 찾는다.

"전하, 부디 폭정을 거두셔야 하옵니다."

김처선의 발언에
연산군은 그를 처참하게 죽이는데…….

연산 11년(1505),
그의 광기는 절정으로 치닫고 있었다.

연산군이 내시 김처선을 죽인 이유는?

그날   연산군의 광기 어린 킬러 본능이 시작됩니다. 내시 김처선을 굉장히 잔인하게 죽였다고 들었는데요. 한마디로 잔혹, 그 자체예요. 제일 먼저 팔과 다리를 잘랐는데, 그럼에도 김처선이 직언을 멈추지 않자 혀까지 자른 다음 활을 쏴서 죽였다면서요. 대체 어떤 발언을 했기에 그렇게 잔인하게 죽인 건가요?

송웅섭   궁 안에서 벌어지는 여러 가지 비리들, 특히 연산군의 폭정과 황음(荒淫)에 대해 얘기했을 것이라고 생각합니다. 재상들도 전부 숙청하는 판에 한갓 내시가 왕에게 간언을 했다는 사실이 연산군의 노기를 폭발시킨 거죠.

장유정   내시가 왕의 행태를 보다 못해 한 충언인데, 사실 이런 충언은 대신들이나 대간들이 하는 거잖아요. 어떻게 내시가 하게 됐을까요?

신병주   그만큼 이때는 정치 시스템이 제대로 작동하지 않은 거죠. 본래는 대간이라 불리는 사헌부·사간원 관원들이 왕의 잘못을 이야기하는 것이 원칙인데, 두 번의 사화를 겪으면서 대신·관원 할 것 없이 모두 정신적인 공황에 빠진 겁니다. 말 한마디 잘못 했다가는 전부 죽을 수도 있는 상황이었어요. 정상적인 상황이라면 내관들은 왕이 지시하는 것을 그대로 수행해야 합니다. 그런데 내관들이 보기에도 너무하다는 생각이 드니까 결국 김처선이 나선 거죠. 영화 「왕의 남자」를 보면 공길이라는 인물이 나오잖아요. 사실 공길도 실존 인물이거든요.

그날   실존 인물이에요?

신병주   네. 우인(優人), 즉 배우라고 나옵니다. 그 공길이라는 인물이 연산군에게 왕은 왕다워야 하고 신하는 신하다워야 한다는 말을 해요. 그러다 결국 곤장을 맞고 유배를 가죠.† 김처선 같은 내관이나 공길 같은 광대가 나서야 할 만큼 국가 시스템이 완전히 무너졌다는 말입니다.

그날　연산군 입장에서는 '모두가 다 직언을 하는 이때, 가장 가까이에 있는 너만큼은 나에게 이러면 안 되지 않느냐?' 이런 괘씸죄가 적용된 게 아닌가 하는 생각이 드네요.

신병주　연산군은 김처선을 아주 잔인한 방법으로 죽였을 뿐만 아니라 김처선 부모의 무덤까지 다 뭉개 버립니다. 심지어 앞으로 궁궐 안에서는 김처선의 처(處) 자와 선(善) 자는 쓰지도 말고 입에 담지도 말라는 조치를 내립니다.

> † 배우 공길이 늙은 선비 장난을 하며 아뢰기를, "전하는 요·순 같은 임금이요, 저는 고요(皐陶) 같은 신하입니다. 요·순은 어느 때나 있는 것이 아니라 고요는 항상 있는 것입니다" 하고, 또 『논어』를 외어 말하기를, "임금은 임금다워야 하고 신하는 신하다워야 하고, 아비는 아비다워야 하고 아들은 아들다워야 한다. 임금이 임금답지 않고 신하가 신하답지 않으면 아무리 곡식이 있더라도 내가 먹을 수 있으랴" 하니, 왕은 그 말이 불경한 데 가깝다 하여 곤장을 쳐서 먼 곳으로 유배하였다.
> ― 『연산군일기』 11년(1505) 12월 29일

처·선 자를 쓰면 처벌받는다

장유정　실제로 이 처 자, 선 자를 썼던 사람들에 대한 처벌이 있었는지 궁금해요.

송웅섭　『연려실기술』에 권벌이라는 사람의 기록이 나옵니다. 이 사람이 과거에 급제를 했는데, 과거 답안지에 처 자가 들어갔어요. 그래서 그 사람의 과거 합격을 취소합니다. 또 성봉정이라는 사람이 왕명을 받아 교서를 작성했는데, 그 교서에도 역시 처 자가 들어간 거죠. 그래서 벌을 주려는데, 알고 보니 이 교서는 김처선 사건 전에 지은 것이어서 그냥 무마된 경우도 있었습니다.†

신병주　본래 우리가 어떤 이름을 휘(諱)¹한다는 것은 그 이름을 존엄하게 여긴다는 표시입니다. 그래서 주로 왕의 이름을 휘하죠. 그러니 연산군이 잘못 판단한 거예요. 결과적으로는 김처선의 이름을 높여 준 꼴이니 말입니다.

그날　야구로 말하면 영구결번 같은 개념이군요.

장유정　연산군은 이름이나 칭호에 상징성을 많이 부여했던 것 같아요. 이를테면 궁인을 더 예우해 준다고 여인(麗人), 선인(嬋人), 미인(美人), 연인(妍人), 재인(才人) 이런 식으로 135개의 칭호를 만들었대요. 여자 이름에 넣을 수 있는 아름다움에 관한 단어들은 다 쓴 거죠.

그날　한마디로 강박이네요. 아까 착할 선(善) 자는 못 쓰게 되었다고 했잖아요. 그래서 선정(善政)도 못 하게 된 거예요.

> † 권벌(權橃)이 갑자년 시험에 합격했는데, 책문 시험에 합격되어 이름을 떼어 본 뒤에 시관이 시권 안에 처(處) 자가 있는 것을 깨닫고 낙방시키기를 청하였으니, 이는 앞서 연산주가 노하여 조정과 민간에 처선(處善)이란 두 글자를 쓰지 못하게 한 까닭이었다. 권벌은 뒤에 정묘년에 과거에 합격되었다.
> ─『연려실기술』「연산조 고사본말」 갑자화적

> 전교하기를, "사인 성몽정을 국문하지 말라" 하였다. 이보다 앞서 왕이 내관 김처선을 죽이고 퍽 미워하여, 온 나라 사람의 이름과 대소 문서에 처(處) 자 쓰는 것을 금하였다. 몽정이 명을 받들고 교서를 지을 때 처 자를 썼으므로, 왕이 노하여 사헌부에 내려 국문하였던 것인데, 그 날짜를 조사해 보니 법이 선포되기 이전이었으므로 이런 명이 있었다.
> ─『연산군일기』 11년(1505) 12월 22일

갑자사화 이후의 연산군

그날　어찌 됐건 무오사화, 갑자사화 모두 명확한 명분이 있었잖아요. 무오사화 때는 사초가 계기가 됐고, 갑자사화 때는 폐비 윤씨, 그러니까 생모에 대한 복수가 명분이었죠. 그 명분으로 이렇게 큰 피바람을 두 번이나 몰고 왔다면 명분이 사라진 다음에는 폭정이 멈춰야 하는 거 아닌가요?

송웅섭 그치지 않습니다. 지속적으로 사람들을 처벌하는 명들이 내려지면서 거의 공포정치로 넘어가는 모습을 볼 수 있습니다. 갑자사화 이후의 『연산군일기』는 거의 독백록 비슷합니다. 『실록』에는 신료들과의 협의라던가 이런 기록들이 있어야 하는데 그런 기록들보다는 '전교하기를' 즉, 왕명의 하달과 그에 대한 보고 사항들로 가득 차 있죠. 또 연산군은 경연을 폐지하고, 성균관 유생들에게 자신의 가마를 매게 한다거나 성균관 대성전²에서 흥청³들과 연회를 벌이는 것과 같은 일들을 지속적으로 벌입니다.

그날 이 정도 되면 복수라는 명분은 이미 다 잃어버린 거네요.

연산군, 사이코패스의 면모를 보이다

신병주 연산군은 특히 사냥을 좋아해서 금표⁴ 지역을 확대합니다. 거의 전 국토를 사냥터로 만들었죠. 게다가 자기가 사냥하는 모습을 남들이 보지 못하게 해요. 궁궐 담을 아주 높게 만들고, 누가 넘어올 것을 대비해서 가시울타리를 치기도 합니다. 누구도 침범할 수 없는 자신만의 쾌락 공간을 만든 것이죠. 이에 대해 누가 일언반구라도 하면 바로 참수하는 잔인한 면모도 보입니다. 연산군 때 기록만 놓고 보면 '유교 국가에서 어떻게 이런 왕이 나타났을까? 정말 엄청난 돌연변이다' 이런 생각이 들죠.

류근 연산군 말년에는 성균관 유생들과 마을 소년들의 대화를 금하는 법까지 제정됐다고 하더군요.† 정말 대단히 기괴한 시대, 매우 기형적인 시대였던 건 분명하죠.

이해영 자금성에 나무가 없는 게 자객들의 침입을 막기 위해서라는 얘기를 들은 적이 있는데, 연산군은 반대로 요새를 만들어 버린 거네요. 아무에게도 들키지 않고, 누구와도 나누지 않고, 쾌락을 온전히 자기 것으로 만들기 위해서 말이죠.

장유정 사냥 얘기가 나와서 말인데요, 호랑이나 곰을 한 번 잡고 끝내는 게 아니라 다시 후원에다 풀어 준대요. 그러고 나서 다시 사냥하는 거죠. 동물들 두 번 죽이는 것도 아니고. 심지어는 성균관 대성전에 호랑이를 풀어 놓고는 벽을 뚫어서 화살을 쏘는, 전형적인 사이코패스의 이상 행위 같은 걸 했대요. 정말 끔찍하죠.

류근 요즘으로 치면 동물 학대죄예요.

이해영 굉장히 특이하네요. 보통 본인의 용맹함을 과시하기 위해서라도 맹수를 사냥하는 모습을 남들에게 보여 주고 싶어 할 텐데, 이건 뭐 내성적이라고 해야 하나요?

류근 사실 왕들의 사냥에는 군사훈련이라는 목적도 있기 때문에 사냥이 국가적으로 꽤 중요한 행사였거든요. 이쯤 되면 연산군이 이미 정상은 아닌 거예요. 로마에 유명한 폭군 네로가 있지 않습니까. 네로도 콜로세움에서 맹수와 검투사 간의 격투를 즐겼잖아요. 하지만 혼자 즐긴 게 아니라 로마의 군중들을 다 모아 놓고, 그 승리의 쾌감을 공유한다고요. 이 행사를 자신의 통치 기반을 확장하는 수단으로 이용한단 말이죠. 반면에 연산군은 남들은 보지 못하게 차단하고 혼자 즐겨요. 이상한 성격이 제대로 드러나는 거예요. 이를테면 자기만의 게임 세계에 탐닉하는, 전형적인 은둔형 외톨이의 모습을 보여 주는 거죠.

† 전교하기를, "성균관, 사학(四學) 유생과 마을 소년들이 떼로 모여 논의하되, 망령되이 인물을 시비하며 나라 정사를 저주하고 훼방하니, 매우 불가하다. 지금부터 법을 세워 금하되, 범하는 자는 부형까지 죄주라" 하였다.
왕이 문신을 베어 죽이고 혹은 귀양 보내 내쫓아 거의 다한 뒤에, 또 글 읽으며 사귀어 노는 것을 금하여 엄한 법으로 다스리되, 죄가 그 어버이에게까지 미치므로, 사대부 집에서는 시서(詩書)를 꺼려 그 자손들에게 배우지 못하도록 경계하게 되었다.
□ 『연산군일기』 10년(1504) 5월 18일

폭군 연산군은 아티스트?

신병주 흔히 연산군이 경회루 연못에 만세산이라는 인공 동산을 만들고, 황룡 형상의 배를 띄워 3000명의 흥청과 운평을 거느리고 놀았다고 하죠. 3000명이면 줄 세우기도 힘들었을 거예요. 그래도 수백 명 정도는 들어갔겠죠. 또 횃불 1000여 자루를 밝혀 교대로 배를 타고 놀면서 화려한 잔치를 했다고 하죠.†

장유정 중국 항저우에서 했던 장이머우 감독의 수상 공연 「인상서호」[5]나 올림픽 개막식 같은 게 생각나네요. 올림픽이나 월드컵 같은 국제 대회 개막식에서는 개최국의 융성한 문화나 발달된 기술을 보여 주고 싶은 마음에서 화려한 공연을 하잖아요. 연산군도 이런 가상현실을 통해서 본인이 태평성대를 이루었음을 보여 주고 싶었던 게 아닐까요?

그날 기발한 비유네요, 정말.

> † 경회루 못가에 만세산을 만들고, 산위에 월궁(月宮)을 짓고 채색 천을 오려 꽃을 만들었는데, 백화가 산중에 난만하여, 그 사이가 기괴 만상이었다. 그리고 용주(龍舟)를 만들어 못 위에 띄워 놓고, 채색 비단으로 연꽃을 만들었다. 그리고 산호수(珊瑚樹)도 만들어 못 가운데에 푹 솟게 심었다. 누 아래에는 붉은 비단 장막을 치고서 흥청·운평 3000여 인을 모아 노니, 생황과 노랫소리가 비등하였다.
> ― 『연산군일기』 12년(1506) 3월 17일

연산군을 시해하라! 익명서 사건의 전말

그날 임금을 시해하려는 도(道)가

전(傳)에도 있었으니,

가엾은 백성들아

나의 의병을 따르라.

이런 익명서가 날아왔네요. 연산군을 시해하자는 의미인가요?

송웅섭 연산군 때 그런 익명서가 많았습니다. 그중에서도 이렇게 화살에 매달려 있는 것은 시간계서(矢幹係書)라고 이야기합니다. 자기 이름을 밝히지 않고 하고 싶은 말을 다 하는 거죠. 이런 익명서 사건은 연산군의 화를 돋웁니다. '누가 감히 이런 불경한 짓을!' 이런 생각에서 연산군은 사건을 샅샅이 조사하게 합니다. 이를테면 필적 조사까지 하는데요. 한양 사대문을 모두 막고 아무도 도망가지 못하게 하기도 했어요.

그날 익명서 쓴 사람을 기필코 찾아내겠다는 의지가 보이네요. 근데 이걸 어떻게 찾아요? 이런 걸로 필적을 추적할 수가 있나요? DNA 감정을 하는 것도 아니고.

류근 연산군의 할머니가 인수대비고, 어머니가 폐비 윤씨잖아요. 둘다 성격이 불같은 것으로 유명하죠. 그래서 그런지 연산군도 어떤 문제가 생기면 벌집 쑤셔 놓은 것처럼 끝장을 보는 성미가 있는 거 같아요.

장유정 새 잡겠다고 대포 쏘는 격이잖아요. 언문으로 쓰인 문서를 전부 다 확인할 수도 없을 거고. 사실 이렇게 해서 민심을 잃고 신하들의 불신만 더 키웠을 것 같은데요.

송웅섭 네, 그렇죠. 사건 연루자들에 대한 처벌도 매우 심합니다. 전에 다른 사건으로 처벌됐던 사람들이 이 익명서 때문에 가중처벌을 받는 모습도 볼 수 있어요. 전에 벌 받았던 사람들이 앙심을 품은 게 아닐까 하는 생각에 그 가족들까지 고문하고요. 그들의 필적을 조사하고 취조까지 하죠.

그날 공포정치의 전형적인 특성 같은데, 범인을 잡는 게 중요하다기보다 사람들을 공포에 몰아넣는, 살벌한 분위기를 만드는 게 더 중요했던 거죠.

송웅섭   결국은 언문 사용 금지라는 조처까지 내리죠.

그날   이거 때문에 한글을 못 쓰게 했어요? 연산군은 하지 말라는 게 너무 많아요. 금표도 그렇고.

신병주   한번은 연산군이 자객의 공격을 두려워하던 시점에 수풀 같은 데에 들어갔대요. 그런데 어디서 푸드덕 소리가 났답니다. 연산군은 자객인 줄 알고 매우 놀랐는데, 알고 보니 황새였대요. 익명서 때문에 언문까지 금지시킨 연산군이 어쨌겠어요? 황새를 전부 잡아들이라 했죠.

그날   당시에는 사람뿐 아니라 동물들도 두 발 뻗고 잠을 못 이뤘을 거 같아요. 연산군 무서워서요.

신병주   또 재밌는 게 언문을 금지해 놓고는 흥청이나 운평을 불러 노래하고 놀 때, 「경청곡(敬淸曲)」 같은 악장은 언문으로 쓰라고 해요. 요즘으로 치면 노래방 가사들은 한글로 보급해서 빨리 배우게 한 거죠. 그러니 얼마나 이중적입니까?

또 다른 왕의 남자, 내시 김자원

류근   조선 전체를 통틀어서 연산군 때 내시가 가장 큰 권력을 누렸다고 하죠? 아시다시피 이때는 김처선이 있고, 또 한 사람 김자원[6]이라는 내관도 있죠. 기록을 보면 김자원은 연산군이 죽어라 하니 실제로 목매는 시늉까지 했다고 할 만큼 입안의 혀처럼 굴었다고 해요. 그렇게 연산군의 총애를 얻어서 막강한 권력을 행사했다는 거죠.

송웅섭   초기 기록들을 보면 김자원은 갑자사화 이후 연산군이 자유롭게 권력을 행사하게 되기 전부터 심복 역할을 했습니다. 왕명을 전달하고 보고하는 일종의 승지 역할도 수행했죠. 또 연산군이 어떤 형벌을 내렸을 때, 그 형벌을 혹독하게 잘 집행하고 있는가를 감시할 때에도 김자원을 보냈다고 하고요. 김자원은 왕명을 전 달하는 과정에서 수많은 전횡을 일삼았다고 합니다.[†]

그날   정치적 암흑기에 지식인들이 항상 이런 고민들을 하죠. 김처선 처럼 직언하다 죽을 것이냐, 아니면 김자원처럼 살아남아서 나 중에 어떤 일을 도모할 것이냐? 류근 시인님, 만약 그런 입장이 라면 어느 쪽을 택하시겠습니까? 김처선? 김자원?

류근   사실 둘 다 내관이잖아요. 이왕 버린 몸 무슨 영화를 보겠다고 참고 살겠습니까. 죽더라도 할 말은 하고 죽겠습니다.

그날   직언을 하겠다. 멋있으십니다. 어마어마한 절대 권력을 누렸던 연산군도 뭔가 불안한 마음이 있었던 모양입니다. 연산군이 갑자 기 눈물을 흘리는 사건이 발생하는데요. 과연 어떤 사연일까요?

† "최희가 궐 안에서 사사로이 술을 마셨으니 당직청원과 함께 승전색 김자원 에게 감독하게 하여 장 100대를 때리고 혜산진으로 보내 부역하게 하라."
— 『연산군일기』 5년(1499) 8월 2일

연산군의 눈물

연산 12년(1506),
폭정과 더불어 연산군은 연회와 음행에 빠진다.

어느 날 시 한 수를 짓더니 갑자기 눈물을 흘리는 연산군.

인생은 풀에 맺힌 이슬 같아서
만날 때가 많지 않은 것.

왕이 울자 장녹수도 흐느껴 울었다.

"만약 변고가 있게 되면
너도 죽음을 면할 수 없을 것이다."

자신의 앞날을 예견한 듯
연산군은 불안에 떠는데⋯⋯.
중종반정 9일 전의 일이었다.

연산군이 흘린 눈물의 의미는?

그날 　남자의 눈물은 상징적인 의미가 있다고 얘기하는데 연산군의 눈물은 어떤 의미일까요?

류근 　이런 걸 시참(詩讖)이라고 해요. 시로 자신의 운명을 예견하는 거죠. 실제로 저 시 써 놓고 얼마 후에 연산군이 죽잖아요. 어찌 보면 연산군에게 예술가적 직관이 있었던 게 아닐까 싶네요.

송웅섭 　갑자사화 이후 연산군의 위세는 최고점에 이르렀죠. 연산군 후반이 되면 거슬리는 것들도 모두 없어지고요. 당시 연산군은 왕권을 절대화했다는 성취감을 가질 수 있었겠지만 개인적으로는 일종의 허무함 같은 걸 느끼지 않았을까요?

그날 　장녹수가 같이 눈물 흘렸다는 게 그저 왕의 비위를 맞추기 위해서 그랬던 걸까요? 아니면 정말 공감하는 바가 있었던 걸까요?

신병주 　장녹수와 연산군 사이에 통하는 부분이 분명 있었던 것 같아요. 예술가적인 기질 같은 거요. 일례로 연산군은 흥청이나 기생들이 춤추고 노래하는 것을 보고 듣기만 하는 게 아니라 본인도 직접 춤을 춰요. 특히 처용무를 잘 췄다고 하는데 심지어는 말에서 췄다는 기록도 있어요.[†]

그날 　말에서 그런 춤을 췄다니 믿기지가 않네요.

송웅섭 　1930년에 행해진 영친왕의 귀국 축하 의례 가운데 처용무가 포함돼 있었어요. 다행히 관련 영상이 남아 있는데 굉장히 희귀한 영상이라고 합니다. 이걸 통해 연산군이 어떻게 연회를 즐겼을지 추측해 볼 수 있을 것 같아요.

신병주 　또 다른 공연에서 연산군이 죽은 자의 우는 연기를 했는데 흥청들이 따라 울면서 열광을 했대요.[‡] 그중에서도 특히 연산군의 코드에 잘 맞춘 여인이 바로 장녹수였던 거죠.

영친왕의 귀국 축하연(1930)에서 행해진 처용무

† 왕이 금표 안에서, 혹 말 위에서 처용무를 하고, 혹 말을 달리고, 혹 거꾸로 말을 타기도 하여, 안 하는 것이 없었다.
— 『연산군일기』 11년(1505) 3월 20일

‡ 왕이 풍두무를 잘 췄으므로, 매양 궁중에서 스스로 가면을 쓰고 희롱하고 춤추면서 좋아하였으며, 사랑하는 계집 중에도 또 사내 무당 놀이를 잘하는 자가 있었으므로, 모든 총애하는 계집과 흥청 등을 데리고, 빈터에서 야제(夜祭)를 베풀었는데, 스스로 죽은 자의 말을 하면서 그 형상을 다 하면 모든 사랑하는 계집들은 손을 모으고 시청하였다. 왕이 죽은 자의 우는 형상을 하면 모든 흥청들도 또한 울어, 드디어 비감하여 통곡하고서 파하였다.
— 『연산군일기』 12년(1506) 1월 2일

희대의 요부 장녹수, 종3품 숙용 자리에 오르다

그날 장녹수가 기녀 출신이잖아요. 그런데도 나중에 후궁이 되죠. 기녀가 후궁이 된 경우는 장녹수가 처음인가요?

신병주 장녹수의 아버지는 원래 양반이었는데, 어머니가 노비라 장녹수도 노비가 됐죠. 장녹수는 처음에 제안대군의 계집종으로 들어갑니다. 그 집에서 춤과 노래를 배웠고, 거기서 탁월한 실력을 발휘해서 흥청에까지 오르죠. 그러다 연산군의 눈에 들어서 결국

종3품 숙용 자리에까지 오른 인물입니다.

그날   장녹수가 그렇게 동안이었다면서요?

신병주 동안이었다는 기록은 있지만, 용모는 보통 사람을 넘지 못했다
고 해요.† 그리 예쁘진 않았던 것 같아요. 연산군 주변에 워낙 예
쁜 여자가 많으니까 용모는 보통이어도 애교 잘 부리고 자기의
마음을 딱 맞힐 줄 아는 그런 여자를 선택했던 게 아닐까 싶어요.

그날   신하들이 전부 어쩔 줄 몰라 하며 허리 숙이고 있을 때 장녹수만
은 허리를 꼿꼿이 세우고 당당하게 대했다고 하잖아요. 그러니
장녹수가 얼마나 매력적으로 보였겠어요.

장유정 맞아요. 심지어는 전하라고 하지 않고, 연산군의 어릴 적 아명을
불렀다고 하잖아요. '백돌아' 이렇게요.

---

† 장녹수는 제안대군의 가비였다. 성품이 영리하여 사람의 뜻을 잘 맞히었는데,
처음에는 집이 매우 가난하여 몸을 팔아서 생활을 했으므로 시집을 여러 번 갔
었다. 그러다가 대군댁 가노의 아내가 되어 아들 하나를 낳은 뒤 노래와 춤
을 배워서 창기가 되었는데, 노래를 잘해서 입술을 움직이지 않아도 소리가 맑
아서 들을 만하였으며, 나이는 30여 세였는데도 얼굴은 16세의 아이와 같았다.
왕이 듣고 기뻐하여 드디어 궁중으로 맞아들였는데, 이로부터 총애함이 날로
융성하여 말하는 것은 모두 좇았고, 숙원으로 봉했다. 얼굴은 중인(中人) 정도를
넘지 못했으나, 남모르는 교사와 요사스러운 아양은 견줄 사람이 없으므로, 왕
이 혹하여 준 상이 거만에 달했다. 창고의 재물을 기울여 모두 그 집으로 보내
었고, 금은주옥을 다 주어 그 마음을 기쁘게 해서, 노비, 전답, 가옥도 또한 이
루 다 셀 수가 없었다. 왕을 조롱하기를 마치 어린아이같이 하였고, 왕에게 욕하
기를 마치 노예처럼 하였다. 왕이 비록 몹시 노했더라도 녹수만 보면 반드시 기
뻐하여 웃었으므로, 상 주고 벌주는 일이 모두 그의 입에 달렸다.
— 『연산군일기』 8년(1502) 11월 25일

사극에서 장녹수 역할을 맡았던 배우들

장녹수의 부정부패

그날 　연산군의 총애가 남달랐던 만큼 장녹수에 대한 세간의 비판도 굉장했을 것 같아요. 어땠습니까?

송웅섭 　장녹수의 경우 부정부패와도 꽤 연관이 있습니다. 장녹수 본인도 그렇지만 특히 장녹수의 가족들이 그래요. 본래 노비였던 가족들이 다 면천이 되고, 주변 인척들이 고관대작으로 승진하고 그러니까 호가호위하는 장녹수와 그 가족들에 대한 불만이 높아질 수밖에 없죠.

장유정 　재밌는 일화가 하나 있는데, 당시에 동지중추부사 이병정이라는 사람이 있었대요. 동지중추부사는 종2품으로 지금으로 치면 차관보 정도 되는 벼슬이에요. 되게 높은 사람인 거죠. 이병정이 어느 날 친구와 얘기를 나누고 있는데 이웃에서 싸움이 났대요. 너무 시끄러워서 하인을 불러 좀 조용히 하라고 시켰는데 도리어 소리가 더 커지더래요. 그래서 본인이 직접 갔대요. 거기에 장녹수의 종이 있었던 거죠. 그런데 그 종이 죄송하다고 하는 게 아니라 이병정에게 되레 면박을 주더래요. 그래서 이 사람도 가만있지 않고 "너와 내가 귀천이 다른데, 어떻게 이럴 수가 있느냐. 네가 숙용의 종이면 종이지 나하고 무슨 관계냐"라고 얘기를 한 거죠. 상식적으로 생각했을 때는 장녹수가 사과하고 끝나야 맞는데 이게 난리의 시초가 됐다고 들었어요.

송웅섭 실제로 연산군은 이병정의 죄를 물어 그를 교형에 처하려 했습니다.[†] 그 과정에서 이병정이 사재를 털어 장녹수에게 뇌물을 바치고 다시 풀려나게 되죠. 그런데 풀려났다고 해서 완전히 없었던 일이 되는 것이 아니라 수군으로 끌려갔대요. 가족도 서울에서 쫓겨나고요. 그때 장녹수가 한마디 하죠. "지금은 목숨을 부지했지만 내 말 한마디면 너는 어떻게든 될 수 있다. 그러니 조심하라" 이렇게요. 장녹수가 가진 권력, 연산군을 등에 업고 부리는 권력의 단면을 제대로 보여 주는 사건이죠.

신병주 옥지화라는 기녀와 관련된 이야기도 장녹수의 기고만장함을 잘 보여 줍니다. 어느 날 옥지화가 춤을 추다 장녹수의 치마를 밟았어요. 치마 한 번 밟은 죄로 옥지화는 결국 참형을 당합니다. 그것도 군기시[7] 앞에서 목을 베고, 연방원[8]에 효시하라는 명까지 내릴 정도였대요. 여기서 옥지화의 죄목이라는 게 감히 흥청이 숙용 장녹수의 치마를 밟았다는 거예요. 이것도 연산군 입장에서는 능상[9]인 거죠.

장유정 장녹수는 춤을 잘 추니까 다른 기녀들이랑 같이 췄을 거 아니에요. 예전에는 치마도 굉장히 컸고요. 이쯤 되면 사람들이 장녹수 주위에는 얼씬도 못 할 것 같아요.

† "어느 사인(이병정)이 장 숙용의 종과 서로 말다툼하다가 '네가 비록 아무의 종일지라도 내게 무슨 상관이 있느냐?' 하였다 하니, 매우 불공(不恭)하다. 의금부 낭청으로 하여금 내관과 함께 잡아오게 하라."
— 『연산군일기』 10년(1504) 7월 29일

왕이 몹시 노하여 반드시 죽이려 하였는데, 병정이 가산을 다하여 숙용에게 뇌물을 바치고 죽음을 면한 뒤에 석방되어 돌아갔다. 숙용의 집에서 또 위협하기를, "네가 비록 방면되었지만 내가 다시 한마디만 하면 죽게 하기가 어찌 어렵겠는가?" 하니, 병정이 두려워하여 또 뇌물을 바쳤는데, 전후에 바친 뇌물이 헤아릴 수 없었다.
— 『연산군일기』 10년(1504) 8월 2일

연산군과 장녹수, 끝없는 추문

신병주　장녹수가 연산군의 총애를 받은 이유 중에 대표적인 게 연산군에게 다른 여성들을 많이 연결해 줬다는 거예요. 예를 들어 잔치에 참석하는 여인들에게 미리 이름표 같은 것을 달게 해서 연산군이 그걸 보고 마음에 드는 여자를 찍게 하는 거죠.

그날　종친의 부인들까지 말예요. 근데 그게 말이 돼요? 왕이 신하나 종친의 부인들을 취한다는 게.

장유정　노비 출신이었던 장녹수는 아무래도 신분 때문에 천대받으며 살았을 거 아녜요. 양반들을 찍어 누르고 복수하고 싶은 심경에서 그런 짓을 저지른 게 아닐까요?

그날　연산군의 음행이 어느 정도 공공연하게 알려졌을 텐데, 그런 자리에 부인을 대동하고 가는 양반 사대부들은 도대체 뭡니까? 부인을 데려가지 않으면 어떤 벌이 있었겠죠? 그것도 능상인가요?

송웅섭　어디까지 믿어야 될까 싶을 정도로 공공연하게 어느 집, 어느 대감의 부인이 연산군과 추문이 있다는 기록이 있어요.† 당시 관원들 입장에서는 안 가자니 목숨을 위협받고, 참석하면 또 그런 불상사가 생기고, 그래서 겉으로 내색은 못 하지만 내부적으로 굉장한 불만이 있었을 겁니다. 그런 것들이 계속 쌓여서 곪아 가던 상황이었죠.

신병주   이런 상황에서는 정상적인 군신 관계가 성립되지 않죠. 결과적으로 숨죽이고 있던 신하들도 서서히 연산군에게 등을 돌리게 됐어요. 우리도 그렇잖아요. 자기가 당하는 건 어쩔 수 없다 치더라도 내 부인이 모욕을 당하면 참을 수 없으니까요.

† 왕이 음탕이 날로 심하여, 매양 족친 및 선왕의 후궁을 모아 왕이 친히 잔을 들어서 마시게 하며, 마음에 드는 사람이 있으면 장녹수가 아끼는 궁인에게 누구의 아내인지를 비밀히 알아보게 하여 외워 두었다가 이어 궁중에 묵게 하여 밤에 강제로 간음하며 낮에도 그랬다. 혹 4, 5일이 지나도록 나가지 못한 사람으로서, 좌의정 박 모의 아내, 남천군 이 모의 아내, 봉사 변 모의 아내 (중략) 같은 이들이 다 추문이 있었다.
— 『연산군일기』 11년(1505) 4월 12일

중종반정, 연산군의 몰락

연산 12년(1506),
연산군의 광기 어린 폭정에
신하들의 분노는 커져만 갔다.

마침내 박원종, 성희안, 유순정 등은
반정 세력의 규합에 나서고
연산군을 몰아내기 위해 거병에 돌입한다.

조선 최초로 신하들이
왕을 폐위시킨 중종반정이었다.

어느새 궐 안은 텅 비고
남은 이들은 홍청과 연산군뿐이었다.

"폐주는 어보를 내 놓으시오."
"나를 가리켜 폐주라 했느냐?
할머니, 신하가 임금을 내쫓고 새 임금을 세웠으니
새 임금인들 임금 노릇을 제대로 하겠습니까?"

단 하룻밤의 반정으로 몰락해 버린 연산군,
마침내 반정 세력이 조선의 11대 임금으로
중종을 왕위에 올린다.

중종반정, 연산군의 몰락

그날   자, 드디어 반정이 일어났습니다. 실제로 연산군이 더덩실 춤을 췄나요?

송웅섭   『실록』 기록에는 "내 죄가 중대하여 본디 이에 이를 줄 알았다" 또는 "내 죄가 큰데 상의 은덕을 입어서 살았구나"[†], 이런 식의 이야기가 있습니다. 연산군 입장에서는 자신의 폭정이 종식됐다는 것을 알고 본래의 모습으로 돌아가고자 했던 게 아니었을까 싶습니다.

그날   『실록』 기록보다는 드라마에서 춤추는 연산군 쪽이 훨씬 극적이네요. 연산군도 분명 반정의 움직임을 어느 정도 감지하고 있었을 텐데 반정이 어떻게 이렇게 간단하게 성공하게 된 거죠?

신병주   말년에는 연산군도 위기감을 느껴서 호위 병력을 늘리고 수시로 보고하게 하는 등 나름대로 방어에 힘을 기울입니다. 하지만 정작 반정이 일어났을 때에는 궁궐을 지키던 호위 군사, 시종, 환관 들이 전부 수챗구멍으로 달아나기 바빴다고 해요.[‡] 그들도 분위기가 어떻게 흘러가는지 알았던 거죠. 연산군의 독재 권력이라는 게 겉으로는 그토록 강고해 보였지만 말로는 비참한 거죠.

[†] "내 죄가 중대하여 이렇게 될 줄 알았다. 좋을 대로 하라" 하고 곧 시녀(侍女)를 시켜 옥새를 내어다 상서원 관원에게 주게 하였다.
— 『중종실록』 1년(1506) 9월 2일

연산군은 붉은 옷에 갓을 쓰고 띠도 두르지 않고 내전문으로 나와 땅에 엎드리면서, "내가 큰 죄를 지었는데도 특별히 임금의 은혜를 입어 죽지 않게 되었습니다" 하였다.
— 『연려실기술』 「연산조 고사본말」 병인년에 정국하여 중종을 추대하다

[‡] 궁궐 안에 입직하던 여러 장수와 군사들 및 도총관, 승지 등은 변을 듣고 금구의 수챗구멍으로 먼저 빠져나가고 (중략) 궁궐 안이 텅 비었다.
— 『중종실록』 1년(1506) 9월 2일

연산의 측근들, 반정의 깃발을 꽂다

그날　반정 세력, 정확히 어떤 사람들인가요?

신병주　반정 세력 하면 박원종, 성희안, 유순정 등을 꼽는데, 이 사람들은 전부 연산군 정권에 참여했던 사람들입니다. 상당한 핵심 인물들이었죠. 이 중 성희안은 원래 종2품 참판직에 있다가 연산군때 부사용, 즉 무관직 가운데 종9품에 해당하는 관직으로 강등됩니다. 요즘으로 치면 차관급에 있다가 9급 공무원 정도로 추락한거죠. 그러니 개인적인 원한이 아주 컸을 겁니다. 박원종 같은 경우도 누이인 월산대군의 부인이 연산군에게 상당히 시달렸다고해요. 일설에는 연산군에게 강간당한 뒤 자결했다고도 하죠.† 그들이 반정을 일으키게 된 또 다른 원인은 이 무렵이 되면 대부분의 정치 세력이 전부 연산군에게 등을 돌리기 때문에 어느 순간누가 거병을 할지 모른다는 거예요. 딴 데서 먼저 거병하면 자기들이 당하는 거죠. 연산군의 측근이었으니까. 그 같은 위기의식이 거사를 단행하는 원인이 되었죠. 심하게 표현하면 '누가 먼저 깃발을 꽂는가' 하는 겁니다.

---

† 왕이 박씨(월산대군의 부인)로 하여금 그 집에서 세자를 봉양하게 하다가 세자가 장성하여 경복궁에 들어와 거처하게 되면서는, 왕이 박씨에게 특별히 명하여 세자를 입시(入侍)하게 하고, 드디어 간통을 한 다음 은으로 승평부 대부인이란 도장을 만들어 주었다. 어느 날 밤 왕이 박씨와 함께 자다가 꿈에 월산대군을 보고는 밉게 여겨 내관으로 하여금 한 길이나 되는 쇠막대기를 만들어 월산대군의 묘 가운데 꽂게 하였는데 우레와 같은 소리가 들렸다.
—『연산군일기』 12년(1506) 6월 9일

월산대군은 성종의 형이다. 그 재취 부인 박씨를 세자를 보호한다고 핑계 대고 궁중에 불러들여 강제로 더럽히고는 그 관복을 특별히 높이고, 은으로 도장을 만들어 비빈(妃嬪)의 계급으로 대우하게 하고 또 사은하게 하니, 박씨가 부끄러워서 스스로 죽었다.
—『동각잡기』「본조선원보록」 2

반정 후에도 살아남은 연산군

그날　반정을 일으켰으면 제일 먼저 왕을 쳐야 하는 거 아니에요?

신병주　그래도 왕을 죽이진 않죠. 신하들에 대해서도 가능하면 자기편으로 끌어들이고 연산군 주변의 핵심 세력만 제거하자는 생각이었죠. 겉으로 내색은 안 했어도 연산군에게 불만을 가진 신하들이 워낙 많았으니까요. 그래서 연산군을 감싸고돌던 최측근 세력, 특히 갑자사화의 주모자로 알려진 임사홍과 연산군의 처남인 신수근 등이 처형당합니다.

그날　처형된 사람들 중에는 물론 장녹수도 포함됐겠죠?

신병주　그렇죠. 장녹수, 전비[10] 다 포함됐죠.

그날　장녹수 같은 경우는 '길거리에서 참형을 당했는데, 백성들이 돌과 기왓장을 던져서 삽시간에 돌무덤을 이뤘'라고 하거든요. 또 백성들이 '일국의 고혈이 여기에서 탕진됐다'라고 하면서 장녹수의 국부에 돌을 던졌다고도 해요.[†] 백성들에게 증오의 대상이 필요했다는 측면에서 보면 장녹수의 죽음은 프랑스혁명 시기 마리 앙투아네트[11]의 죽음과도 겹치는 것 같아요.

장유정　반정 세력이 연산군의 측근 관료들과 장녹수 등을 즉각 처형하고, 세자도 굉장히 빠른 시기에 사사했다고 들었어요. 총 22일 정도밖에 안 걸렸다고 하더라고요. 그때 세자가 열 살 남짓한 어린아이였거든요. 그런데도 연산군은 살려 준단 말이죠.

신병주　결국 중국 사례를 인용하는 거예요. 중국의 대표적인 폭군이 하나라의 걸왕, 은나라의 주왕이죠. 우리가 폭군의 대명사로 걸주라는 말을 하잖아요. 그런데 중국에서도 걸왕과 주왕을 쫓아 보냈지 죽이지는 않았다는 거예요. 이걸 방벌(放伐)[12]이라고 합니다. 쫓아 보낼 뿐 죽이지는 않는 거죠. 이런 전례를 들어 연산군을 강화도 교동도라는 섬으로 유배 보내죠.

† 전비, 녹수, 백견을 군기시 앞에서 베니 사람들이 다투어 기왓장과 돌멩이를 그들의 국부에 던지면서 "일국의 고혈이 여기에서 탕진됐다"라고 하였는데, 잠깐 사이에 돌무더기를 이루었다.
— 『연산군일기』 12년(1506) 9월 2일

연산군, 유배 가다

그날 　연산군이 유배 갈 때 신하들 가운데 연산군을 도와주거나 함께 마음을 나눌 사람이 아무도 없었다고 하는데 그 심정이 어땠을까요?

송웅섭 　연산군이 강화도로 갈 때 평교자[13]를 탔는데, 평교자라는 게 사방이 다 뚫려 있어서 여기에 탄 사람이 완전히 노출되거든요. 그래서 연산군은 다른 데 눈 한 번 못 돌리고 굉장히 쓸쓸하게 유배를 갔다고 해요. 그러면서 오만 가지 생각을 다 했겠죠. 권력의 허무함, '이제 어떻게 될까?' 하는 생각도 했을 거고요. 유배지에 도착하고 나서는 호송한 신하들에게 나 때문에 멀리 오느라 수고했다고 했대요.† 쇄골표풍[14]과 촌참[15]을 일삼았던 연산군‡이 이렇게 소심한 모습을 보이는 거죠. 어떤 게 진짜 연산군의 모습일까 싶어요.

그날 　연산군이 교동도에서 가시울타리에 둘러싸인 집에 갇혀 지내게 되니 백성들이 노래를 지어서 왕을 조롱했다고 해요.

충성이란 사모(詐謀)요,

거동(擧動)은 곧 교동(喬桐)일세.

일만 흥청 어디 두고

석양 하늘에 뉘를 좇아 가는고.

두어라, 예 또한 가시(棘) 울타리니

날 새우기엔 무방하고 또 조용하지요.

백성들의 감정이 훨씬 더 뜨겁고 날카로웠을 텐데 잘 절제했다는 느낌이 들고, 무엇보다 말맛을 잘 살렸네요.

신병주 '충성이란 사모요'에서, 본래 사모(紗帽)는 저렇게 쓰지 않았어요. 연산군이 충성 사모, 즉 충성(忠誠)이라는 글자를 쓴 모자를 쓰게 했던 걸 빗대서 패러디를 한 거죠. 사모관대(紗帽冠帶) 할 때 그 사모 대신에 속일 사(詐) 자, 꾀할 모(謀) 자를 써서, '충성이라는 것은 결과적으로 사람 속이는 짓이다'라고 표현한 겁니다. 또 연산군이 행차를 많이 했잖아요. 그 거동의 끝은 결국 교동, 즉 유배지다, 이런 말이죠. 마지막도 되게 재밌어요. '두어라 예 또 한 가시울타리니'잖아요. 가시하고 각시가 비슷하게 발음되는 것을 응용해서 여자들 속에 둘러싸여 있던 연산군을 비꼰 거죠.

그날 교동도가 그리 먼 곳이 아니잖아요. 지금도 서울에서 차로 한 시간 반이면 갈 수 있는 거리고요. 게다가 경치도 좋은 곳이라고 들었는데 왜 그런 곳으로 보냈을까요?

신병주 고려 우왕도 강화도로 유배를 갔고, 계유정난 때 안평대군도 강화도로 유배를 갔죠. 왕족의 경우에는 배려라는 측면도 있고, 한편으로는 감시하기 편해야 한다는 점도 있고요. 그래서 가까운 강화도로 유배를 보냈는데, 다행인지 불행인지 결국 연산군은 유배간 지 두 달 만에 역질로 사망하죠.

† 신 등이 작별을 고하니 폐왕이 말씀을 전하기를, "나 때문에 멀리 오느라고 수고하였다. 고맙고 고맙다"라고 하였습니다.
☐ 『중종실록』 1년(1506) 9월 7일

‡ "임금을 업신여기는 사람은 천지 사이에 용납될 수 없다. 땅에 묻자니 땅에서 나무가 나고 그 뿌리에서 줄기가 나고 줄기에서 가지와 잎이 나는 것이 모두 순리이거늘, 어찌 패역한 사람으로 땅을 더럽힐 수 있으랴! 마땅히 들판에 버려서 여우나 살쾡이가 먹게 하거나, 물에 가라앉혀서 그 형체가 남지 않게 해야 한다."
☐ 『연산군일기』 11년(1505) 3월 24일

연산군 독살설의 진실

장유정 연산군을 독살하려는 시도가 많았다, 혹은 박원종이 연산군을 독살했다는 기록도 있더라고요. 물론 야사겠지만.

송웅섭 독살됐을 가능성은 희박하다고 생각해요. 그런 정황이 있었으면 어떤 식으로든지 기록에 남았을 테니까요. 연산군은 재위 기간 중에, 특히 갑자사화 이후에 자신의 에너지를 다 쏟은 게 아닐까 싶습니다. 결국 모든 것을 다 잃고 허무함이나 여러 가지 심리적인 압박감 같은 것을 느꼈겠죠. 그리고 그런 이유로 사망했을 가능성이 크다고 봅니다.

신병주 사냥한다고 온 천지를 휘젓고 다니던 사람이 교동도라는 섬에 갇혀 있었으니 적응이 안 됐겠죠.

그날 쾌락의 에너지를 이렇게 빨리 소진해 버린 사람이 장수하는 경우는 한 번도 본 적 없습니다. 너무 퇴폐적이었죠. 결국 본인이 명을 재촉했다고 봐야죠.

신병주 똑같이 강화도 교동도로 귀양 간 광해군은 반정 후에 18년을 더 살아요. 광해군은 본래 후궁 출신으로 전장을 누볐고, 연산군처럼 향락을 즐기지 않았기 때문에 유배지에서 오래 살아남을 수 있었던 것 같아요. 어떤 면에서 광해군은 유배가 체질에 맞았던 거죠.

그날 광해군은 야생에서 길들여진 사람이고, 연산군은 금표 안에서 길들여진 사람인 거네요.

연산군의 유언

장유정 사람이 죽을 때가 되면 좀 변한다고 하잖아요? 역사에 길이 남을 폭군이었던 연산군도 참회의 눈물을 흘렸다거나 특별한 유언을 남겼다거나 그런 기록이 있나요?

송웅섭 부인 신씨[16]가 보고 싶다는 말을 남겼다고 해요.† 신씨는 계속 연산군의 비행을 만류했거든요.

그날 　죽을 때가 돼서야 조강지처 생각이 난 거군요.

신병주 　연산군의 왕비도 참 불쌍한 사람이에요. 연산군이 그렇게 많은
여성들과 향락을 즐기고 속을 썩였는데도 남편의 무덤을 자신
의 처가 쪽으로 이장해 달라고 건의해요. 이게 받아들여져서 중
종 7년인 1512년에 당시 경기도 양주 해촌이라는 곳으로 이장을
하는데, 이곳이 지금의 도봉구 방학동이에요.‡ 신씨도 죽은 뒤에
남편 곁에 묻혔으니 흥청이니 운평이니 하는 수많은 여인들은
다 사라지고 마지막은 조강지처만 남아 연산군을 지켜 준 거죠.
그나마 다행스러운 일이죠.

† "초6일에 연산군이 역질로 인하여 죽었습니다. 죽을 때 다른 말은 없었고 다
만 신씨를 보고 싶다 하였습니다."
─『중종실록』 1년(1506) 11월 8일

‡ 신씨가 상언하여, 연산군을 양주 해촌으로 이장하기를 청하니, 정원에 전교
하기를, "소원대로 들어주고, 왕자군(王子君)의 예로 개장(改葬)하도록 하라" 하
였다.
─『중종실록』 7년(1512) 12월 12일

조선 왕릉의 비밀

그날 　무덤마다 무덤의 주인이 어떤 삶을 살았는지를 축약해서 보여
주는 의미들이 있다고 합니다. 여기서 잠깐 퀴즈를 준비했습니
다. 2009년 조선 왕릉이 유네스코 세계문화유산으로 등재되었는
데요. 조선의 역대 왕들의 무덤 가운데 여기서 제외된 것들이 있
습니다. 누구의 무덤일까요? 세 분입니다. 이현진 교수님 연결해
서 알아보도록 하겠습니다.

이현진 　조선 왕실의 무덤이 세 종류가 있는데 능, 원, 묘로 구분합니다.
국왕과 왕후의 무덤을 왕릉이라 하고, 후궁 가운데 아들이 국왕

이 되거나 추존된 경우 그 후궁을 모신 곳을 원이라고 했습니다. 그 밖의 세자, 세자빈 이런 분들을 모신 곳은 전부 묘라고 했어요. 연산군과 광해군은 중간에 폐위되었기 때문에 그 무덤을 묘라고 합니다. 조선의 왕릉이 총 42기인데 현재 그중 2기가 북한에 있기 때문에, 나머지 40기만 세계문화유산으로 등재되었고요. 제외된 2기는 태조의 첫 번째 비 신의왕후 한씨의 제릉, 그리고 정종과 정안왕후를 모신 후릉입니다.

그날　그러면 연산군, 광해군을 포함해서 정종의 묘가 북한에 있기 때문에 세계문화유산에 등재되지 않았다는 거군요. 교수님, 왕릉에 대해 좀 더 얘기해 주세요.

이현진　네. 사람이 사는 세상과 돌아가신 분이 사는 세상은 다릅니다. 그것을 구분하는 게 물길입니다. 그 물길을 가로지르는 다리를 금천교[17]라고 하는데요. 국왕이 선왕의 무덤에 왔을 때 바로 여기에서 절을 합니다. 그리고 그 오른쪽으로 난 길을 따라 정자각에 가서 제사를 지내고요. 국왕과 왕후의 무덤 앞에는 문석인과 무석인을 둡니다. 문석인과 무석인은 문신과 무신, 즉 양반을 나타내죠. 그 밖의 석물들 중에는 양도 있고 호랑이도 있습니다. 호랑이를 세우는 이유는 망상[18]이라는 물귀신을 물리치기 위해서예요. 망상이 죽은 사람의 간과 뇌를 너무 좋아하기 때문에 망상이 무서워하는 호랑이를 배치해서 망상이 시신에 손대는 걸 막는 거죠. 무덤 주변에 잣나무를 심는 이유도 망상 때문입니다. 석물 중에는 양도 있는데, 양은 성스러움을 상징합니다. 분별력이 있는 모든 것, 즉 인의예지를 겸비했다고 합니다. 조선 왕실의 무덤은 이런 형식으로 구성되어 있습니다.

그날　조선 왕릉을 세세히 살펴보니 굉장히 재밌네요.

신병주　왕릉은 대개 다 비슷하게 보이지만 모두 각각의 스토리가 있어

금천교와 홍살문(위), 문석인과 무석인(가운데), 석양과 석호(아래)

요. 왕 중에는 태조나 단종, 중종처럼 홀로 묻힌 분도 있고, 숙종
처럼 여복이 넘치는 분도 있죠. 첫 왕비와 계비들 무덤까지 모두
숙종 무덤 근처에 조성되어 있거든요. 심지어는 장희빈 무덤까지
요. 왕릉을 보면 조선 시대 왕실 문화가 압축적으로 그려집니다.

중종반정은 신하가 왕을 폐위한 최초의 사건?

그날　중종반정은 조선 역사상 최초로 신하들이 왕을 끌어내리고 새
　　　왕을 옹립한 경우가 되는 건가요?

송웅섭　네. 전에도 여러 번 정변이 있었지만 정변의 주인공은 모두 직접
　　　왕이 된 사람이었습니다. 태종도 그렇고, 세조도 그렇죠. 그에
　　　비해 중종은 반정에 대해 전혀 모르고 있었어요. 신하들이 거사
　　　를 일으키고 중종을 왕으로 초청하는 형태였던 거죠. 그런 형태
　　　로는 최초라고 얘기할 수 있습니다. 이게 가진 상징적인 의미는
　　　연산군처럼 폭정을 하는 군주는 반정을 통해서 교체될 수도 있
　　　다는 겁니다. 이 때문에 이후의 국왕들이 전처럼 자의적으로 권
　　　력을 행사할 수 없게 된 것이죠. 이게 중종반정이 가진 의미 중
　　　하나라고 말할 수 있습니다.

신병주　사실 반정이라는 용어 자체가 조선 시대에만 있는 용어거든요.
　　　대개는 반정을 일으킨 사람이 직접 왕이 되는 경우가 많은데, 정
　　　상적인 왕위 계승권을 가진 사람이 왕위를 계승하는 것, 이게 바
　　　로 바른 것으로 돌아가는 반정(反正)이라는 거죠. 이건 성리학
　　　이념이 강하게 투영된 용어예요.

중종반정, 그 후

그날　중종반정이 성공하면서 새로운 시대가 열리는데, 어쩌면 이 시
　　　대는 불안을 내재한 시대가 아닐까 싶어요.

신병주 그렇죠. 중종이 반정에 의해 왕이 되긴 했지만 본인이 반정에 참
       여했던 것도 아니고, 공신 세력에 의해 업혀 온 왕이었기 때문에
       자기 목소리를 전혀 내지 못했죠. 중종이 비록 연산군 시대의 잔
       재를 청산하는 데 어느 정도 성과를 거두었지만 중종반정에서
       공을 세운 신하들의 힘이 너무 커서 초반에는 상당히 고전했죠.
송웅섭 연산군이 막으려고 했던 것, 다시 말해 언론이 활성화되고 신하
       들이 국정 방향에 대해 자유롭게 의사를 표현하는 모습이 중종
       반정으로 인해서 폭발적으로 터져 나오게 됩니다. 공론에 의해
       정치가 이루어져야 된다는 목소리가 커지고 오히려 그런 것들
       때문에 정치적 불안이 생기는 상황이죠.

연산군의 몰락과 중종반정을 한마디로 정리하면?

그날   네, 연산군의 폭정과 중종반정으로 시작된 새로운 정치까지 얘
       기해 봤는데요. 오늘 이야기를 한마디로 정리해 보면 어떨까요?
이해영 중종반정은 명분은 있었으나 준비는 부족했던 사건이었다. 연산
       군을 몰아내는 데는 성공했으나 준비된 왕이 없었고, 중종 스스
       로도 왕이 될 거라는 생각은 꿈에도 하지 못하다가 갑자기 왕이
       되었기 때문에 한없이 투명에 가까운 존재감을 가질 수밖에 없
       었다.
류근   저는 신하들 입장에서 얘기해 보고 싶어요. 중종반정은 호랑이
       등에서 내려 안락한 세단으로 갈아탄 사건이었다. 연산군 대에
       는 목숨마저 담보할 수 없었던 신하들이 12년 만에 연산군을 몰
       아내고 기득권을 되찾았으니 말이죠.

2

중종,
강제 이혼
당한 날

언제 어디서나 비슷하지만 중앙 정치는 안정보다 격동의 과정이다. 중종의 즉위는 특히 그런 현상의 결과였다. 16세기 초반 조선의 국정은 12년에 걸친 연산군의 폭정으로 크게 무너졌다. '올바른 데로 돌아간다'라는 '반정(反正)'의 의미가 알려 주듯, 중종은 헝클어진 국정을 수습해 중흥을 이뤄야 한다는 역사적 책무를 안고 즉위했다.

그러나 그런 목적은 쉽게 이뤄지지 않았다. 첫 걸림돌은 중종이 갑자기 추대된 국왕이라는 사실이었다. 박원종, 유순정, 성희안 등 이른바 '삼대장'을 중심으로 한 반정 주도 세력은 120여 명의 정국공신을 양산하며 조정을 장악했다. 조회 때 삼대장이 나가면 중종이 일어났다는 기록은 이 무렵 대신의 위상과 중종의 처지를 상징적으로 보여 준다.

이런 이례적 상황은 여러 이례적 사건들을 파생시켰다. 그 가운데 그 뒤의 역사에 중요한 영향을 준 사건은 중종의 첫 왕비 신씨가 폐위된 일이다. 그녀의 아버지 신수근은 연산군 후반 좌의정으로 반정 과정에서 살해되었다. 연산군에게 협력한 대표적 신하의 딸이 새 왕비라는 사실은 명분으로나 현실로나 반정 세력에게 불편한 것이 분명했다. 신씨는 남편이 국왕에 오르는 기쁨을 맛본 지 7일 만에 자신은 궁궐에서 쫓겨나는 비운을 겪었다. 이 사건은 신씨가 인왕산 기슭에 건 치마를 중종이 보면서 그리워했다는 '치마바위'의 애틋한 야담을 낳았다.

이 사건이 역사에서 굵게 기록된 까닭은 10년 뒤 조광조가 등장하는 계기로 작용했다는 데 있다. 1514년(중종 9) 9월 큰 번개와 천둥이 치자 중종은 국가 현안에 관련된 의견을 올리라고 하교했다. 이듬해 8월 담양부사 박상과 순창군수 김정은 억울하게 폐비된 신씨를 복위해야 한다는 긴

상소를 올렸다. 이것은 반정 세력이 그릇된 판단과 행동을 저질렀다는 민감한 주장이었다.

금기를 건드린 그 발언이 제기되자 조정은 논란에 휩싸였다. 국왕은 당황했고 신하들의 의견은 둘로 나뉘었다. 영의정 유순, 좌의정 정광필 등 주요 대신은 구언으로 올라온 상소라는 근거에서 박상과 김정을 처벌하는 데 반대했다. 대간의 생각은 달랐다. 그들은 그 상소가 종사의 안위를 크게 위협하는 주장이라면서 엄벌할 것을 요청했다. 상소를 올린 지 보름 만에 박상과 김정은 그런 대간의 의견에 따라 각각 전라도 남평과 충청도 보은으로 유배되었다.

이 무렵은 조광조의 삶에서도 중요한 전환점이었다. 그는 이 상소가 올라오기 두 달 전 조정에 출사했고, 박상과 김정이 유배되기 이틀 전 문과에 급제했으며, 석 달 뒤 사간원 정언에 제수되었다. 정언이 된 이틀 뒤 조광조는 대간의 결정을 정면으로 반박하는 상소를 올렸다. 그의 논점은 두 가지였다. 자유로운 발언이 보장된 구언에 따른 상소를 처벌하면 언로가 막힐 것이며, 발언의 소통과 보장을 가장 중시해야 할 대간이 처벌을 주장한 것은 더 큰 잘못이라는 비판이었다.

벼슬에 나온 지 반년도 안 된 34세의 사간원 정언의 문제 제기로 조정은 더 큰 논란에 휩싸였다. 해를 넘긴 논쟁을 거치면서 대부분의 신하들은 조광조에게 동의하게 되었다. 대간은 모두 교체되었고 박상과 김정은 유배된 지 1년 3개월 만에 관직에 돌아왔다. 조광조는 즉시 언론권의 새로운 담당자로 떠올랐다. 현실보다 원칙을 중시하는 그의 태도는 얼마 이어지지 않은 삶에서도 흔들리지 않았다.

중종, 강제 이혼당한 날

1506년, 연산군이 왕위에 오른 지 12년 되던 해
신하들은 반정을 일으켜 연산군을 몰아냈다.

연산군의 이복동생이자 나의 지아비인
진성대군이 새 임금이 되셨다.

불길한 예감이 든다.
나는 폐주 연산군이 총애했던 신수근의 딸.

아니나 다를까 반정 세력은 이를 문제 삼았고,
나를 폐비시킬 것을 주장했다.

우리 부부는 강제 이혼을 당했다.

나는 조선 역사상
가장 짧은 기간 국모였던
단경왕후 신씨다.

단경왕후와 중종

그날   오늘은 신하들이 일으킨 반정으로 왕이 된 중종 이야기 나눠 보
도록 하겠습니다. 특별한 패널 한 분을 모셨는데요. 얼굴은 잘
모르셔도 목소리 들으시면 "아, 이분" 하실 거예요. 아침저녁 출
퇴근길 지하철에서 듣는 그 목소리의 주인공이십니다. 강희선
성우님, 나와 주셨습니다.

방금 보신 화면의 내레이션에서 단경왕후 신씨 일인칭 시점으로
말씀해 주셨잖아요. 이번에 단경왕후 신씨의 대변인 격으로 활
약해 주실 것 같은데 기대하겠습니다. 자, 먼저 중종이 어떤 사
람인지 본격적으로 알아보겠습니다. 연산군의 이복동생이죠?

신병주   그렇습니다. 연산군은 알다시피 성종과 폐비 윤씨의 아들이고,
중종은 성종이 윤씨를 폐하고 난 뒤 맞이했던 계비 정현왕후 윤
씨가 낳은 아들인 진성대군입니다.

그날   단경왕후 신씨가 굉장히 똑똑했다고 들었어요.

송웅섭   전해 오는 일화가 있습니다. 반정 당일 집으로 군사들이 몰려오
는 것을 본 진성대군이 굉장히 불안해합니다. 그러자 부인 신씨
가 '만약 말 머리가 우리 집 쪽을 향해 있다면 위험할 수 있지만,
반대로 바깥쪽을 향해 있으면 우리를 보호하는 것이니 안심하
라' 이런 식으로 타일렀다고 합니다.[†]

신병주   위기의 순간에는 여성들의 담력이 더 세지는 것 같아요.

그날   국모감으로 손색이 없는 분이에요.

† 반정하던 날 먼저 군사를 보내어 사제(私第, 중종이 있던 집)를 에워쌌는데, 대개 해칠 자가 있을까 염려해서였다. 임금이 놀라 자결하려고 하자 부인 신씨가 말하기를, "군사의 말 머리가 이 궁을 향해 있으면 우리 부부가 죽지 않고 무엇을 기다리겠습니까. 그러나 만일 말 꼬리가 궁을 향하고 말 머리가 밖을 향해 있으면 반드시 공자(公子)를 호위하려는 뜻이니, 알고 난 뒤에 죽어도 늦지 않습니다" 하고, 소매를 붙잡고 굳이 말리며 사람을 보내 살피게 하였더니 말 머리가 과연 밖을 향해 있었다.

— 『연려실기술』 「중종조 고사본말」 국조기사

단경왕후의 아버지는 왜 연산군을 택했나?

그날   아버지가 연산군의 처남이었다는 게 문제가 된 거 아닙니까? 그런데 반정공신 중에도 연산군 치세에 협력했던 간신들이 상당하지 않았나요?

신병주   중종반정 후에 공신 책봉이 이루어지는데 이때 역사상 가장 많은 사람들이 공신 반열에 오릅니다. 조선이 건국되고 이때까지 몇 번의 공신 책봉이 있었는데요. 대표적으로 개국공신 52명, 정난공신 43명 정도였죠. 그런데 중종반정 후에는 120여 명이 공신이 됩니다. 이것도 '여 명'이라고 쓸 수밖에 없었던 게 원래는 100명이 조금 넘었는데, 뒤에 자꾸 추가되는 거예요. "어, 나도 그때 옆에 있었는데……" 이러면 "어, 그래?" 그러면서 또 넣어주곤 했던 거죠.

그날   어제까지 연산군 쪽에 붙어 있다가 하루아침에 입장만 바꿔도 공신으로 쳐줬다, 뭐 이런 셈이군요.

강희선   단경왕후 신씨의 아버지는 왜 중종 편을 안 들었을까요? 사위잖아요.

그날   연산군과 중종, 신수근의 관계를 알아야 할 것 같은데요.

송웅섭   연산군과 신수근은 처남 매부 간이구요. 신수근이 중종인 진성대군에게는 장인이 되죠.†

연산군과 중종의 가계도

그날   신수근이 사위 대신 매부를 택한 특별한 이유가 있을까요?

송웅섭   "내가 어떻게 매부를 배반할 수 있는가!"라고 이야기했다는 기록이 있는데, 아무래도 저울질을 좀 하지 않았을까 싶어요.‡ 신수근도 연산군 말년의 폭정에 대한 부담이 없지는 않았겠지만 반정 세력이 된다는 게 쉽지만은 않은 결정이거든요. 반정이라고 하는 게 지금 보면 성공한 사건이지만 당시에는 결과를 장담할 수 없는 위험한 일이니까요.

신병주   연산군 쪽에 붙는 게 더 안전하다고 판단했던 거죠.

그날   오판 아닌가요?

신병주   물론 오판이죠. 하지만 권력의 핵심에 있으면 주변이 어떻게 돌아가는지 제대로 읽지 못하는 경우도 많죠.

이해영   자기가 모셨던 왕에 대한 의리나 충절, 이렇게도 볼 수 있을까요? 만약 그렇다면 신수근은 대쪽 같은 간신이 되겠네요.

류근   좀 미안한 표현이지만 옛말에 '여자 팔자 뒤웅박 팔자' 이런 말이 있어요. 그런 것처럼 중종반정의 가장 큰 피해자는 중종의 아내였던 신씨가 분명하다는 느낌이 든단 말이에요.

그날   그런 면에서 중종은 아내를 지켜 주지 못한 무능한 남자로 비치죠.

신병주　당시 중종의 나이도 어느 정도 고려해 줘야 해요. 이때 중종이
　　　　열아홉 살이에요. 반면 반정공신들은 전부 노성한 대신들이고
　　　　요. 그 사람들이 와서 "왕 하시오" 하고 그다음에 왕비는 연산군
　　　　처남의 딸이니까 폐해야 된다고 했을 때 당시 중종이 거기에 이
　　　　의를 제기하기는 쉽지 않았을 거예요. 나이로 보든 위치로 보든
　　　　말이죠.

> † 수근은 신씨의 오라비이기 때문에 총애를 얻어 세력과 지위가 극히 융성하니,
> 권세가 한때를 휩쓸었다. 오랫동안 전조를 맡아 거리낌 없이 방자하였으며, 뇌
> 물이 폭주하여 문정(門庭)이 저자와 같았고, 조그만 원수도 남기지 않고 꼭 갚
> 았다. 주인을 배반한 노비들이 다투어 와서 그에게 투탁하였으며, 호사(豪奢)를
> 한없이 부려 참람됨이 궁금(宮禁)에 비길 만했으니, 죽음을 당하게 된 것이 마
> 땅하다.
> ─『중종실록』 1년(1506) 9월 2일

> ‡ 병인년(1506)에 중추부지사 박원종과 전 참판 성희안, 이조판서 유순정이 반
> 정을 하려 할 때에 우의정 강귀손을 시켜 비밀리에 좌의정 신수근의 생각을 떠
> 보게 하였다. 이에 수근이 말하기를, "매부를 폐하고 사위를 세우는 것이니 나
> 는 말할 수가 없소" 하였다. 곧 연산의 비는 수근의 누이요, 중종의 전 왕비는
> 수근의 딸이기 때문이다. 귀손이 마침 등극사(登極使)로 명나라 서울에 가는데
> 일이 발각될까 스스로 의심하여 근심하고 두려워한 나머지 병이 되어 길에서
> 죽었다.
> ─『기묘록속집』「구화사적」

폐비된 여인들의 삶은?

그날　　기구하고 안타깝네요. 조선 시대에 이런 식으로 폐비가 된 여성
　　　　들은 어떤 대우를 받고, 어떻게 살았나요?

신병주　폐비에 대한 기록은 자세하지 않습니다. 『실록』에 굳이 폐비 이
　　　　야기를 쓰진 않으니까요. 다만 '폐비 신씨에게 물건을 준 지 오
　　　　래 되었으니 지급하라'라는 기록이 있어요. 이걸 보면 왕실에서
　　　　폐비들을 완전히 나 몰라라 하지는 않았던 것 같아요. 그 지원이
　　　　라는 게 되게 적었던 건 분명하지만요.†

자주동샘 단종비 정순왕후 송씨가 여기서 염색업으로 생계를 이었다.

송웅섭 경제적으로 크게 어려웠던 경우도 있습니다. 단종비 정순왕후는 단종이 죽고 세조 정권과 어느 정도 거리감을 가질 수 밖에 없었죠. 그래서 염색업을 통해 생계를 유지해야 했습니다. 정순왕후가 염색을 했던 곳이 자주동샘인데요. 여기에서 고생했던 이야기들이 전해 오고 있어요.

신병주 염색을 하면 물이 자주색으로 변하니까 자주고요, 동은 설악동 할 때 동이 계곡을 뜻하는 거예요. 그래서 자주동샘이 된 거죠. 정순왕후가 폐위되고 나서 힘들게 살아가니까 사람들이 일감 몰아주기 같은 걸 해요. 덕분에 정순왕후가 어느 정도 생활을 유지할 수 있었죠. 염색업이 성공을 해서 그런지 정순왕후는 82세까지 살아요.

강희선 저는 몇 살까지 사나요?

신병주 단경왕후도 71세까지 삽니다. 폐위되기만 하면 장수하는 거죠. 연산군의 왕비인 폐비 신씨도 65세까지 살고요. 연산군이 31세에 죽었으니 이분은 34년을 더 산 셈이죠. 결국 오래 살려면 폐위되어야 할까요?

그날 남편 꼴 안 보면 오래 산다는 게 정답이 아닐까요?

신병주 단종비 사례를 보면 직업이 있는 것도 중요한 것 같아요. 오래 살려면 일을 하는 게 좋은 거죠.

---

† 정원(政院)에 전교하였다. "중종의 폐비 신씨가 사는 사제(私第)에 전에는 내관(內官)을 차출하지 않고 아랫사람이 지공(支供)하는 도움도 없었으므로 내가 매우 미안하니, 이제부터는 폐비궁이라 부르고 모든 일을 자수궁(慈壽宮)의 예와 같이 하라. 여러 후궁에게 지공하는 일도 전대로 하고 줄이지 말라고 유사(有司)에 말하라."

□ 『인종실록』 1년(1545) 4월 6일

유약했던 왕, 중종

그날 그래도 중종은 단경왕후하고 사이가 굉장히 좋았다고 들었어요.

강희선 열세 살에 결혼했다고 했잖아요. 그럼 한 7, 8년 정도 같이 산 거 아닌가요?

그날 그래도 명색이 왕인데 어쩜 그렇게 무기력할 수 있는지 궁금해요.

신병주 여러 기록들을 보면 실제 성격도 좀 강하지 못해요.

그날 선천적인 성격이라기보다 연산군 치세에서 살아남기 위해 환경적으로 만들어진 성격이 아닌가 싶어요.

송웅섭 저도 그 의견에 동의하는데요. 엄마가 일단 순하잖아요. 연산군을 친자식처럼 아꼈다는 정현왕후의 아들이니 중종도 기본적으로 그런 성품을 물려받았을 수 있죠.

신병주 연산군하고 중종이 이복형제잖아요. 같은 아버지에게서 난 자식인데, 어머니는 성격적으로 완전히 다른 사람들이에요. 폐비 윤씨 아들이 연산군이고, 정현왕후 윤씨 아들이 중종이잖아요. 이걸 보면 아들의 성격 형성에는 어머니가 큰 역할을 한다는 걸 알수 있죠.

강희선 아니 거기서 왜 여자 탓을 하십니까?

류근 아버지는 죄가 없어요.

그날 사실 중종도 왕이 되기 위한 수업을 받아본 적이 없잖아요. 어찌보면 왕으로 즉위하고 나서도 어찌해야 할지 몰랐던 거예요. 그러니 신하들의 눈치를 많이 보게 되고, 신하들을 잘 섬기고 그러지 않았나 싶어요.

신병주 그것과 관련된 일화도 있죠. 왕과 신하들이 함께하는 자리에서 보통은 왕이 자리를 뜨면 신하들이 뒤이어 자리에서 일어나야 되는데 반대의 경우가 많았어요. 당시 반정공신 삼대장으로 박원종, 성희안, 유순정을 꼽는데, 이 사람들이 먼저 자리를 뜨면 왕이 일어났다가 다시 앉았대요. 그 정도로 중종이 반정공신들의 위세에 눌려 있었던 거죠.

조선 시대의 이혼 제도

그날 아까 중종하고 단경왕후 신씨가 강제 이혼을 당했다는 표현이 있었는데, 조선 시대에도 공식적으로 법제화된 이혼 제도가 있지 않았을까요? 조선 시대에 이혼 제도가 있었는지, 그랬다면 어떻게 존재했는지에 대해 좀 더 자세히 알아보도록 하겠습니다. 이순구 교수님, 오늘 주제가 중종과 단경왕후 신씨 강제 이혼당한 날인데, 이것도 이혼이라고 볼 수 있나요?

이순구 왕비에서 폐위됐다, 쫓겨났다고 해야겠죠. 이걸 한자로 표현하면 출처(出妻)인데요. 『대명률』[1]에서는 출처도 이혼의 한 형태라고 말하고 있어요.

그날 조선 시대에도 공식적인 이혼 절차 같은 게 있었나요?

이순구 조선에서는 사회 안정을 위해 가능하면 이혼을 안 시키려고 했어요. 그러나 인륜에 반하는 일을 저지른 경우, 가령 사위가 장인을 구타했다든지, 아내나 남편이 있는데 다른 사람과 또 혼인을 한다든지, 역적 집안의 아들딸이 됐다든지 하면 이혼을 허락하는 경우가 있었습니다.

그날　여성도 이혼을 요구할 수 있었습니까?

이순구　『대명률』에는 뼈가 부서질 정도로 구타를 당했을 때 부인이 이혼을 제기할 수 있다고 되어 있습니다. 그에 반해 남자의 경우에는 상해 정도가 그렇게 심하지 않아도 이혼을 제기할 수 있었죠.

그날　이혼의 기준이 골절이라니 너무 끔찍한데요. 부부간의 잘잘못을 따져서 이혼을 판결해 주는 국가기관이 따로 있었던 건가요?

이순구　양반의 경우는 예조²에서 허락을 하게 돼 있었던 반면 평민들의 경우는 굳이 예조의 허락을 필요로 하지는 않았습니다. 예(禮)라고 하는 것이 원래 양반 이하로는 내려가지 않기 때문에 평민들은 만나고 헤어지는 게 비교적 자유로웠죠.

그날　이혼한 여자가 다시 남자를 만날 수 있는 기회는 전혀 없었나요?

이순구　습첩(拾妾)³이라는 게 있었다고 합니다. 이혼당한 여자가 새벽에 성황당 앞에 서 있으면 제일 먼저 지나가는 남자가 데려가서 사는 풍습인데요, 이건 어디까지나 평민들 얘기죠. 양반들은 그러지 않았을 거고요.

그날　여자에게 굉장히 불리한 결혼과 이혼 제도였네요. 습첩이라는 것도 참 재밌고요.

중종, 새 왕비를 맞다

그날　중종은 강제 이혼 후에 새 왕비를 맞나요?

송웅섭　반정 직후부터 많은 후궁들이 들어오게 되는데요. 그 후궁들 가운데 장경왕후라고 알려진 여인이 새 왕비로 책봉됩니다.

류근　노래 가사 중에 '사랑이 다른 사랑으로 잊혀지네' 이런 게 있던

데, 단경왕후 신씨에겐 좀 안됐지만 중종에게는 잘된 일 아닙니까?

그날   중종 입장에서 보면 본인의 의지나 취향과는 관계없이 공신들이 일방적으로 배당한 여성이기 때문에 전혀 기쁘지 않았을 거 같아요. 공신들이 전략적으로 후궁들을 심어 놓은 거잖아요.

송웅섭   대표적인 경우가 희빈 홍씨입니다. 반정공신 가운데 훗날 기묘사화와도 연결되는 훈구 대신 홍경주의 딸이죠. 이렇듯 반정공신과 관련된 여인들이 후궁으로 들어오고, 그 여인들은 중종을 보필하는 역할도 하지만 기본적으로 중종과 반정공신을 매개하는, 양자 사이의 보증수표 같은 의미도 있었다고 볼 수 있습니다.

그날   장경왕후는 어떤 사람이었어요?

신병주   장경왕후는 미리 후궁으로 뽑힌 처녀 서너 명 가운데 '성격 좋고 행실도 바른 여인이다' 해서 왕비가 된 거예요. 후궁에서 왕비로 승진하는 단계를 거쳤기 때문에 어느 정도 검증은 받은 거죠. 왕비가 된 지 8년 만에 아들 인종을 낳았는데 안타깝게도 산후병으로 사망을 하죠.

그날   아, 사망해요?

류근   저는 이걸 어떻게 이해했느냐면요. 단경왕후(端敬王后)는 짧을 단(短) 자를 써서 짧은 결혼 생활, 장경왕후(章敬王后)는 길 장(長) 자를 써서 오래오래 행복한 결혼 생활, 이렇게 알고 있었거든요.

송웅섭   단경왕후 시호의 의미는 밤낮으로 단정하고 조심스럽다는 뜻입니다. 그러니까 짧을 단, 길 장 그런 의미는 아니죠.

신윤복,「청금상련」 당시 의녀가 양반들의 놀이에 동원되었음을 보여 준다.

장경왕후의 산후병을 돌본 대장금

신병주 장경왕후가 돌아가시기 직전에 산후병이 있었잖아요. 그때 장경왕
       후의 산후병을 돌본 의녀가 바로 「대장금」의 주인공 장금이예요.

그날   「대장금」이 총 54부작이었잖아요. 근데 실제 기록에는 몇 줄 안
       나온다고 하더라고요.

송웅섭 대략 열 번 정도 등장합니다.

그날   장금이가 만드는 수라간 음식들이 모두 굉장히 화려하고 맛있어
       보이는데, 그 요리법이 다 『실록』에 있는 건가요?

송웅섭 그럴 리가 있겠습니까. 사실 대장금을 대개 수라간 나인으로 기
       억하시는데, 수라간과 관련된 기록은 없습니다.

신병주 만약 『실록』 기록만 가지고 드라마를 만들었다면 5부작으로 끝
       났을 거예요. 기록에 의하면 장금이는 전형적인 의녀로 나옵니

다. 중종의 총애가 상당했던 의녀였죠. 장금이가 의녀로 있을 때 장경왕후가 산후병으로 사망하잖아요. 왕비가 돌아가셨기 때문에 담당 의녀가 벌을 받아야 돼요. 그래서 신하들이 벌을 주자고 청하는데 중종이 막아요. '얘는 공이 많으니까 좀 봐줘야 된다' 그러죠.† 대장금 할 때 대(大) 자도 중종이 장금이의 실력을 높이 사서 특별히 붙여 준 거예요.

그날   저는 성이 대씨인 줄 알았어요. 서양식으로 치면 그레이트(Great) 군요.

---

† "대저 사람의 사생이 어찌 의약(醫藥)에 관계되겠는가? 그러나 대왕전에 약을 드려 실수한 자는 논핵하여 서리에 속하게 함은 원래 전례가 있었다. 왕후에게도 또한 이런 예가 있었는지 모르겠으니, 전례를 상고하여 아뢰라. 또 의녀인 장금은 호산(護産)하여 공이 있었으니 당연히 큰 상을 받아야 할 것인데, 마침내는 대고(大故)가 있음으로 해서 아직 드러나게 상을 받지 못하였다. 상은 베풀지 못한다 하더라도 또한 형장을 가할 수는 없으므로 명하여 장형(杖刑)을 속바치게 하였으니, 이것은 그 양단(兩端)을 참작하여 죄를 정하는 뜻이다. 나머지는 모두 윤허하지 않는다."
— 『중종실록』 10년(1515) 3월 21일

의녀의 요식(料食)에는 전체아(全遞兒, 급료의 전부를 받는 체아직)가 있고 반체아(半遞兒)가 있는데, 요즈음 전체아에 빈자리가 있어도 그것을 받을 자를 아뢰지 않으니, 아래에서 아뢰기 어렵다고 생각하기 때문일 것이다. 다만 의녀 대장금의 의술이 그 무리 중에서 조금 나으므로 바야흐로 대내(大內)에 출입하며 간병하니, 이 전체아를 대장금에게 주라.
— 『중종실록』 19년(1524) 12월 15일

그날   장경왕후가 너무 일찍 죽은 거 같아요.

송웅섭   네, 스물다섯 살에 사망하는데 장경왕후의 죽음은 한 여인의 비극이라는 의미도 있지만 왕자를 생산한 중전의 사망으로 인해 여러 가지 정치적 변수들을 야기한 사건이 되죠. 어떻게 보면 중종 10년에 정치가 어느 정도 안정되어 가는 상황에서 또 다른 문제의 씨앗을 뿌리는 계기로 작용하죠.

인왕산 치마바위 전설

한양 도성의 서편에 자리 잡은 인왕산,
이곳에는 중종과 단경왕후 신씨 부부의
애틋한 전설이 깃든 바위가 있다.

신하들의 압력에 못 이겨 생이별을 하게 된 우리 부부,
조강지처를 지켜 주기엔 나의 지아비가 너무나 힘이 없었다.

폐비가 되어 하루아침에 궁궐 밖으로 쫓겨났으나
애틋한 마음은 쉽게 잊히지 않았다.

열세 살 어린 나이에 혼인해 7년 동안이나
부부의 정을 나누지 않았던가!
나는 그리운 마음이 들 때마다 인왕산 자락에 올랐다.

부디 이 붉은 치마를 날 본듯 여겨 주시어요.

지아비의 눈길이 닿는 인왕산,
그곳에서 나의 마음을 전하고 싶었다.

우리 부부의 사랑을 안타깝게 여긴 것일까?
이후 백성들은 이 바위를 치마바위라 불러 주었다.

경회루에서 바라본 인왕산 치마바위

중종과 단경왕후의 애틋한 사랑

그날   경회루에서 치마바위를 맨눈으로 볼 수 있나요?

류근   제가 그 동네에 살아 봐서 아는데 좀 멀어도 보이긴 해요. 치마 바위가 인왕산 정상 바로 아래에 있다고 하더라고요.

이해영   거리가 굉장히 머네요. 바위는 보여도 치마가 얼마나 커야 저게 보일까요?

류근   중종에 대한 그리움도 있었겠지만 일종의 1인 시위 아니었을 까요?

이해영   KBS 드라마 「전우치」에도 중종이 사가로 나가서 단경왕후 신씨 를 몰래 만나는 장면이 있었죠.

단경왕후 복위 상소 사건

그날   사실이라면 진짜 아름다운 러브 스토리네요. 중종에 대한 노여 움이 좀 누그러들어요. 어쨌든 중종에게는 첫사랑인데 애틋한 마음이 조금은 있지 않았을까요? 저 때 단경왕후 신씨를 복위시켜 달라는 상소가 올라왔다면서요?

신병주 당시 중종이 신하들에게 구언상소[4]를 올리게 해요. 할 말 있으면
해 봐라 이거죠. 그때 단경왕후 신씨를 복위시켜 달라는 요구가
나온 거예요. 장경왕후 윤씨가 죽고 왕비 자리가 비어 있던 때
였거든요. 담양부사 박상과 순창군수 김정, 이 두 사람이 중심이
돼서 그런 상소를 올리는데 중종은 받아들이지 않죠.†

그날 중종반정 직후에는 본인의 의지와 상관없이 그렇게 됐다지만
10년이 지난 그 시점에서는 받아들일 수 있잖아요?

송웅섭 또 생각해 볼 문제가 장경왕후 소생의 왕자가 있지 않습니까. 이
상소가 올라왔을 때 여러 가지 논쟁이 일어나는데 그중 하나가
'만약 신씨가 복위가 된 다음에 아들이라도 낳으면 지금 원자[5]와
그 아이 가운데 누구를 세자로 삼을 것이냐?' 하는 논쟁이 일어날
수 있다는 거였어요. 그래서 괜한 문제를 야기한 박상과 김정을
벌주자는 얘기까지 나오죠. 중종도 신씨 복위 얘기가 나오면 옳
다구나 하고 좋아할 것 같지만 사실 전혀 그러지 않았어요. 오히
려 '왜 이런 문제를 일으키지?' 하면서 굉장히 괴로워합니다. 중
종이 상소를 올린 사람들을 '사특하다'라고 표현했다는 기록도
있습니다.

그날 그래도 왕인데 충분히 교통정리를 할 수 있었을 거 같아요.

신병주 문제가 또 있어요. 복위를 주장하는 사람들이 신씨를 폐위시키
는 데 주도적인 역할을 했던 박원종 등의 관작을 추탈하고 처벌
하자고 하거든요. 그러면 이미 죽은 박원종만 걸려들어 가는 게
아니라 살아 있는 반정공신들이 줄줄이 엮여 가요. 그러면 정국
이 매우 혼란해질 수밖에 없죠. 중종도 이런 상황은 원치 않았던
거고요.

† 윤4월. 장경왕후를 희릉에 장례 지냈다. 담양부사 박상과 순창군수 김정(金淨)이 연명으로 상소하기를, "옛 왕비 신씨는, 반정 초기에 박원종, 성희안, 유순정 등이 이미 신수근을 제거하고 보니 비가 그의 소출이었습니다. 그 아비를 죽여 놓고 그 조정에 서자니 훗날의 우환이 염려되었으므로 정당하지 못한 방법으로 자신의 목숨을 보전하려는 계책을 써서 모의하여 폐출하였으니, 잘못도 없었고 명분도 없었습니다. 신씨는 전하께서 잠저(潛邸)에 계시던 초기에 좋은 배필이 되었으며, 전하께서 대통을 잇게 되어서는 중전의 자리에서 신민들의 하례를 받으심으로써 존엄하신 모후(母后)가 되셨습니다. 그런데 저 박원종 무리가 공을 등에 업고 국모를 내쳐 천하 고금의 큰 분의를 범하였으니, 이는 바로 만세의 죄인입니다. 지금 내정에 주인이 없으니, 이를 계기로 신씨를 중전에 복위시켜 추락했던 큰 분의를 보전하고 외면했던 옛 은혜를 보전시키소서. 또 박원종 등의 죄를 분명히 바로잡고 관작을 추탈하여 중외에 효유함으로써 당세와 만세로 하여금 대의를 범해서는 안 된다는 사실을 분명히 알게 하소서" 하니, 이에 양사가 사의(邪議)라고 지목하며 상소하여 잡아다가 국문하기를 청하였다. 상이 육조 당상과 홍문관으로 하여금 의논하여 아뢸 것을 명하니, 모두 아뢰기를, "구언한 다음이므로 말이 맞지 않더라도 죄를 주어 언로를 막아서는 안 됩니다" 하였다. 마침내 유배 보낼 것을 명하였다.

— 『국조보감』 19권, 중종조 2, 10년

조선 최초의 왕비 오디션

그날   정국 안정이냐, 조강지처냐? 저는 중종의 선택에 아쉬움이 남네요. 그러면 누가 새로운 왕비가 되는 건가요?

신병주   너무나 유명한 여인이죠. 바로 문정왕후 윤씨가 이때 등장하게 됩니다. 문정왕후 윤씨는 조선 시대 왕비 중에는 최초로 외부 간택에 의해 뽑힌 왕비로서 친영(親迎)[6]이라는 의식 절차를 밟은 최초의 왕비입니다.

그날   후궁에서 승진한 게 아니고 말이죠. 그럼 그 전에는 간택이라는 제도가 없었던 건가요?

신병주   대부분은 왕세자빈으로 있다가 남편이 왕이 되면서 왕비가 됐죠. 조선 전기에는 왕비가 왕보다 먼저 죽은 사례가 몇 차례 있었는데 그땐 대부분 후궁 가운데 다음 왕비를 뽑았어요. 그러다

「영조정순왕후가례도감의궤」에 나온 왕비의 친영 의식

보니 정통성에 있어서는 문정왕후가 으뜸이었죠.

그날   '난 출신이 달라!' 이런 느낌이네요.

중종, 조광조를 만나다

송웅섭   신씨 복위 상소 사건이 진행되는 과정에서 스타덤에 오른 사람
이 있죠. 혹시 누군지 아시겠습니까?

그날   중종 하면 조광조죠.

송웅섭   조광조는 중종 10년에 알성시[7]를 통해 과거에 급제하고 사간원
정언[8]이라는 직책을 받습니다. 그런데 사간원 정언 자리에 앉자
마자 박상과 김정을 벌주자고 얘기했던 대사간 이하 대간[9] 모두
를 체직[10]해야 한다고 주장합니다.

그날   사간원 말단이 대간을 다 바꿔 달라는 건 갓 입사한 말단 사원이
'여기 팀원들 다 마음에 안 드니까 전부 바꿔 주세요' 하는 거랑
비슷한 거잖아요.

신병주   그런 셈이죠. 그런데 조광조가 체직시켜야 한다고 거론했던 사
람들이 전부 교체돼요. 그 이유는 당시 대간 제도의 운영 원리와
연관되어 있습니다. 조선에서 대간은 다른 사람들을 비판하고
공론을 전달해야 하는 사람이기 때문에 자기들은 흠결 없이 깨
끗한 존재여야 했거든요.

강희선   조광조가 카리스마 있는 인물인 건 분명한데, 중종은 갈등을 싫
어했잖아요. 근데 왜 조광조를 그렇게 예뻐했을까요?

신병주   당시에 다른 신하들이 서로 눈치 보느라 제대로 말을 못 할 때
혼자 일어서서 '이건 아닙니다' 이렇게 나오니까 중종의 마음에
든 거죠. 조광조와 함께라면 뭔가 할 수 있겠구나, 이런 생각으
로 그를 적극적으로 밀어준 거죠.

그날   조광조가 자아도취자였다는 얘기가 있던데 진짜인가요?

「조광조 초상」 1750년경 정홍래가 그렸다고 전해진다.

신병주   조광조가 인물이 좋았던 건 사실 같아요. 17세기에 유몽인이 쓴
       『어우야담』을 보면 "우리나라 인물 중에 조광조는 용모와 안색
       이 뛰어나고 아름다웠는데 그는 거울을 볼 때마다 '이 얼굴이 어
       찌 남자의 길상이겠는가?' 하면서 탄식했다"라는 이야기가 있어
       요. 얼굴이 너무 예쁘게 생겨서 남자로 살기에는 오히려 부담된
       다고 말이죠.

송웅섭   어쨌든 중종도 조광조에게 매력을 느끼고 조광조를 신임했던
       게 사실이에요. 조광조가 굉장히 신실한 마음으로 중종을 섬기
       고 또 경연을 통해 조선이 어떻게 나아가야 할 것인가에 대한 비
       전을 중종에게 계속 이야기해 주죠. 중종 입장에서는 '어떻게 하
       면 보위를 안전하게 지킬 수 있을까' 이런 문제에만 골머리를 썩
       고 있다가 조광조가 보여 주는 신세계, 왕도 정치와 안정적인 사
       회 건설의 가능성 같은 것들을 본 거죠. 그래서 조광조는 불과
       4년 남짓한 시간에 판서 자리에까지 오르는 파격적인 대우를 받
       을 수 있었습니다.

그날   타성에 젖지도 않고 기성 공신 세력에 휘둘리지도 않는 완전히
       새로운 인물이었으니† 사랑하지 않을 수 없었을 거 같아요. 업혀
       온 왕 중종이 공신들의 그늘에서 벗어나 자신의 세력 기반을 강
       화하기 위해 전략적으로 선택한 인물이 조광조였던 거죠.

강희선   조광조 정도면 나를 지켜 줄 수 있겠다 싶었던 거군요.

> † 타고난 자질이 심히 아름답고 지조가 굳었다. 세상이 말세가 되어 도학이 쇠
> 퇴하는 것을 보고 개탄하여 성현의 도를 행하기를 자기 임무로 알고 행동을 꼭
> 법도에 좇아 하고 언제나 두 손을 마주 잡고 꿇어앉아 엄숙한 말과 반드시 할
> 말만 했다. 시속 사람들은 손가락질을 하며 웃었으나 조금도 이에 동요되지 않
> 았다.
> ──『연려실기술』「중종조 고사본말」기묘당적

세력 기반이 약했던 왕 중종,
조광조가 자신의 뜻을 실현해 줄
든든한 지원군이 돼 줄 것이라고 믿었다.
중종은 조광조와 함께 새로운 정치를 꿈꿨다.

그러나 조광조의 세력이 커지면서 훈구파[11]의 반격이 시작됐다.
후원의 나뭇잎을 벌레가 파먹도록 꾸며 내
주초위왕(走肖爲王)*이라는 네 글자가 나타나도록 한 것.

더 이상 조광조와 함께할 수 없다고 판단한 중종,
훈구파 신하들에게 밀지를 내리고 조광조를 역모죄로 체포한다.

모든 것이 뒤바뀌었다.
중종은 가장 가까운 정치적 동반자였던 조광조를 유배 보낸다.
그리고 귀양 한 달여 만에 사약을 내렸다.

중종이 조광조를 정치 무대에 세운 지
불과 4년 만의 일이었다.

---

* 주(走) 자와 초(肖) 자를 합하면 조광조의 조(趙) 자가 된다. 곧 조씨(조광조)가 왕이 된다는 뜻이다.

조광조를 버린 중종의 두 얼굴

그날　정말 말 그대로 기묘한 밤이네요. 아니 그렇게 사랑하던 신하를 어떻게 하루아침에 버리죠? 어떻게 사랑이 변하니?

강희선　조강지처도 배신했는데 신하 배신하는 것쯤은 일도 아니겠죠.

송웅섭　당시 사관도 『실록』에 그와 비슷한 감정을 드러내는데요. 이렇게 썼어요. "정이 부자처럼 가까울 터인데 조금도 가엾게 여기고 불쌍하게 여기는 마음이 없으니 전일 도타이 사랑하던 일에 비하면 마치 두 임금에게서 나온 듯하다."

그날　사관이 대 놓고 '중종은 나쁜 놈이다' 이렇게 쓴 거예요.

신병주　결국 중종은 왕이죠. 허약해 보이지만 본인은 왕이고 조광조는 신하예요. 그런데 조광조가 추구하는 성리학 이념에 입각한 도덕 정치라는 게 기본적으로 신권을 강화하는 거거든요. 신하가 중심이 되어서 성리학적 질서를 바로 세우고, 그 과정에서 왕은 도덕 정치·왕도 정치를 하면서 철인이 되어야 한다고 하거든요. '왕은 항상 몸과 마음을 닦고 부족한 부분을 채우기 위해 경연을 해야 한다. 그리고 신하들의 조언을 들어야 된다' 조광조가 자꾸 이런 식으로 하니까 결국 중종은 '도대체 누가 왕이야?' 이렇게 생각하게 되는 거죠.

끝없는 경연과 이어지는 자연재해

그날　정치적 파트너로 세워 놨더니 자꾸 잔소리하고 왕을 가르치려 들고 굉장히 힘들었겠어요. 예전에 KBS 「역사스페셜」에서 중종을 가상으로 인터뷰한 적이 있습니다. 중종의 심정이 어땠는지 한번 보시죠.

고두심 경연을 무척 자주 하신 것 같은데, 하루에 몇 번이나 했습니까?

중종 아침, 낮, 저녁, 밤까지 하루에 네 번 한 적도 있소.

고두심 그렇다면 무척 피곤하셨을 텐데요.

중종 오후쯤 되면 하품이 나오고 졸음이 쏟아지는데 내가 먼저 끝내자고 할 수도 없고 정말 힘들었소. 그뿐만이 아니오. 내 명색이 왕인데 여러 대신들 앞에서 내가 부덕하고 학문이 부족하다며 몰아세우고, 게다가 지진이 일어난 것도 내 탓, 관리가 잘못한 것도 내 탓이라며 어떨 땐 너무 심하다는 생각까지 들기도 했소.†

그날 많이 피곤해 보이네요.

신병주 이 시기에 중종에게 상당히 부담스러운 게 있었어요. 자연재해가 굉장히 많이 일어났거든요. 조선 시대 지진 관련 기록을 검색하면 한 2000건 가까이 나와요. 그중에 중종 대의 기록이 498건입니다. 전체의 4분의 1이 중종 때 일어난 거죠. 그리고 이때는 지진이 일어나면 전부 왕이 잘못해서 그렇다고 했어요. 중종으로서는 부담스러울 수밖에 없죠. 지진뿐 아니라 가뭄 피해 같은 것도 심했던 시절이고요.‡

그날 왕 입장에서는 굉장히 힘들었겠죠. 그렇다고 해도 이렇게 급작스러운 변심은 납득이 좀 안 돼요.

---

† 임금이 모든 어진 이들을 사랑하고 대접하므로 그들은 매양 경연에 모일 때 글 한 대목을 강의하고는 의리를 인용하여 비유하고 경서를 두루 끌어내어 미묘한 이치를 캐었는데, 아침에 강론을 시작하면 해가 기울어서야 파하므로, 임금이 몸이 피로하고 괴로워서 하품을 하고 기지개를 펴고 고쳐 앉기도 하고 때로는 용상에서 퉁 하는 소리를 내니…….
□ 『연려실기술』 「중종조 고사본말」 기묘사화

‡영의정 김수동·우의정 성희안 등이 아뢰기를, "근래에 재이가 잇달아서, 수재
와 한재가 계속되고, 성문(星文)이 이변을 보이며, 충청도의 네 군에 지진이 있
었고 10월에 천둥을 하여, 시령(時令)이 순하지 못합니다. 이는 모두 신 등이 교
화를 돕지 못해서 불러온 것이니, 어진 이를 가려 정승 자리에 두고, 신 등의
직을 갈아서 하늘의 뜻에 응답하소서" 하니, 전교하기를, "모두가 나의 부덕함
이 불러온 것이요, 또 천심이 임금을 아끼기 때문이니, 공구수성(恐懼修省)하려
고 한다. 사직하지 말라."

□ 『중종실록』 6년(1511) 10월 10일

노회한 정치가 중종

송웅섭 너무 갑작스럽게 변하니까 당시에도 의아해하는 사람들이 굉장
히 많았어요. 연구자들도 지금까지는 남곤이나 심정 같은 훈구
파가 기묘사화를 주도하고 중종은 그것을 추인한 정도로만 인식
했었는데 사실은 중종이 핵심적인 역할을 했던 거지요.

신병주 조광조 입장에서 보면 며칠 전까지만 해도 '그래 잘 해봐' 이랬
던 중종이 어느 날 갑자기 자기를 체포해서 숙청하려 한 거죠.
그래서 처음에는 사약을 내리는 게 아니라 '나를 풀어 주러 왔구
나' 하고 착각했다고 해요. 조광조는 그 정도로 순진한 데 비해
중종은 아주 노회한 정치가가 되어 있었던 거죠. 그런 모습은 중
종이 내린 밀지 내용에도 자세히 나타나 있습니다.

강희선 중종의 밀지를 제가 한번 읽어 보겠습니다.

임금이 신하와 함께 신하를 제거하려고 꾀하는 것은 도적 모
의에 가까우나 간당(奸黨)이 이미 이루어졌고 임금은 고립해
제재하기 어려우니 함께 꾀하여 제거해서 종사를 안정케 하
려고 한다.(『중종실록』 14년(1519) 12월 29일)

그날　개혁을 할 때에도 조광조를 내세워 뒤에서 조종만 하시더니 조광조를 제거할 때에도 훈구파를 내세우네요. 이건 무슨 이이제이(以夷制夷)도 아니고 굉장히 전략적이네요. 조광조가 제거된 후에는 기묘사화의 주역들이 권력을 싹 차지했겠죠?

송웅섭　네, 중종과 밀월 관계가 생긴 남곤, 심정, 홍경주 등이 권력을 장악하게 되는데, 남곤과 홍경주는 일찍 사망합니다. 그래서 조정은 심정이 주도하고, 왕실은 경빈 박씨라는 여인이 중종의 장남인 복성군을 앞세워 영향력을 행사하는 형국이 되죠.

왕비가 되지 못한 여자, 경빈 박씨

강희선　경빈 박씨요? "뭐야?" 하는 도지원 씨 연기가 아주 인상적이었던 그분 말이에요?

그날　네, 맞습니다. 기록에 보면 경빈 박씨가 대단한 미모의 소유자였다고 해요. 이분이 경상도 상주 출신인데, 일찍이 그 동네에서 미모가 출중하다고 소문이 나서 중종반정 직후에 후궁으로 간택된 분이라고 하네요.

송웅섭　실제로 경빈 박씨는 중종이 가장 사랑했던 여인으로 언급되고 있어요. 복성군이라는 아들도 있었고요. 중종도 장경왕후가 사망한 다음에 경빈 박씨가 중전이 되었으면 하는 의향을 넌지시 비칩니다. 당시 대신들 사이에서는 의견 차이가 조금 있었는데 그중에서도 정광필이라고 하는 대신이 경빈 박씨의 중전 책봉을 적극적으로 반대했죠. 어쨌든 그 이후에도 경빈 박씨는 궁궐 안에서 지속적인 영향력을 행사해요. 장경왕후가 사망하고 문정왕후가 들어왔지만 세자는 어머니 없이 외로운 처지였고, 문정왕후도 아직 왕자가 없었거든요.

신병주　장경왕후가 죽고 다음 왕비를 뽑을 때 전처럼 후궁 가운데 한 명을 왕비로 골랐다면 경빈 박씨가 제일 유리했어요. 하지만 신하들 상당수가 경빈 박씨의 야심을 알아채고 왕비를 외부 공모제로 뽑자고 건의를 한 거죠. 경빈 박씨는 한이 맺힐 수밖에 없죠. 거의 왕비가 될 뻔했는데 되지 못한 억울함이 컸을 거예요. 자기 아들을 왕으로 올리려는 마음도 분명히 있었고요.

그날 　그분은 결국 어떻게 됩니까?

신병주 　1527년(중종 22)에 작서(灼鼠)의 변이 발생합니다. 여기서 작은 불 지를 작 자고, 서는 쥐 서 자예요. 누군가 쥐에 불을 질러서 세자가 거처하는 동궁 북쪽 나무에 매달아 놓은 사건이죠. 세자가 얼마나 놀랐겠어요. 결국 이 사건은 경빈 박씨가 세자를 저주한 사건으로 정리가 되는데요. 뚜렷한 물증이 없었음에도 경빈 박씨와 복성군이 함께 사사됩니다.

그날 　경빈 박씨가 그렇게 위험한 인물이었을까요? 중종은 그녀를 꼭 제거해야만 했나요?

송웅섭 　중종 입장에서는 선택을 한 것 같아요. 물증은 없지만 모든 사람들이 경빈 박씨를 지목하고 있었어요. 특히 세자의 누이를 며느리로 맞은 김안로가 그런 분위기로 몰아갔죠. 중종은 세자를 저주한 경빈 박씨를 어떤 식으로든 처리해야 했어요. 그게 사실이든 아니든 말예요. 경빈 박씨와 복성군은 두고두고 후환이 될 수도 있었기에 이쯤에서 정리하는 게 좋지 않을까 생각했던 거겠죠.†

† 미(嵋, 경빈 박씨의 아들 복성군)에게 사약을 내릴 적에 상이 슬픈 마음으로 정원에 전교하였는데, 이 전교를 들은 사람이 오열하지 않는 이가 없었다. 전교는 다음과 같다. "미가 어느 곳에서 죽느냐! 그가 죄 때문에 죽기는 하지만 바로 나의 골육이다. 시체나마 길에 버려지지 않게 거두어 주어야 하겠으니, 그의 관을 상주(尙州)로 실어 보내도록 하라. 이 뜻을 감사(監司)에게 하유하고, 지금 가는 도사(都事)에게도 아울러 이르라. 그리하여 연로(沿路)의 각 고을로 하여금 역군(役軍)을 내어 호송하게 하라."
□ 「중종실록」 28년(1533) 5월 26일

쓰고 버린다, 중종의 법칙

그날   중종이 굉장히 우유부단한 왕이라고 생각했었는데, 전혀 아니네요. 오히려 그때그때 해결사를 기용하는 느낌까지 들어요.

신병주   경빈 박씨 제거에 핵심적인 역할을 했던 김안로가 왕의 새로운 남자가 되죠.

그날   새로운 정치적 파트너, 그러면 이 사람도 제거됐겠네요?

신병주   그렇죠. 이제는 거의 법칙처럼 말예요.

그날   이제 알겠어요. 중종의 법칙.

송웅섭   김안로에 의해 기묘사화의 주역이었던 심정이 제거됩니다. 이를 통해 무소불위의 권력을 휘두르게 된 김안로가 급기야 문정왕후와도 대립각을 세우죠. 김안로를 점점 두고 볼 수 없는 상황이 되니까 양연에게 또 한 번의 밀지를 전달하게 합니다. 그 밀지를 근거로 반김안로 세력을 규합하고 최후에는 김안로를 쫓아내는 모습을 볼 수가 있습니다.

그날   간단히 말해 '쓰고 버린다' 이거네요.

송웅섭   중종이 표면적으로는 잘 드러나지 않아요.

신병주   사실은 그게 더 무서운 거예요. 어느 순간 은밀히 제거하는 거죠.

반전 군주, 중종

조선에는 총 27명의 왕이 있었다.
이들의 평균 재위 기간은 19년.

그중 우리 귀에 익숙한 임금들은 훌륭한 업적,
또는 사건이 있거나 재위 기간이 길었던 왕들이다.

조선의 역대 왕 재위 기간
1위 영조 (51년)
2위 숙종 (45년)
3위 고종 (43년)
4위 선조 (40년)
5위 중종 (38년)

의외로 중종의 재위 기간은 무려 38년,
역대 조선 왕 중 다섯 번째다.

38년이라는 오랜 재위 기간에도 불구하고
현대인들은 중종에 대해 특별한 인상을 갖고 있지 않다.

그날　우유부단한 왕에서 냉혈한 정치가로 이미지를 완전히 바꾼 중
　　　종인데요. 중종이 굉장히 오랜 기간 재위를 했다는 건 처음 알게
　　　된 사실이네요.

류근　38년 수개월이라니 정말 대단해요.

이해영　오늘 중종의 새로운 업적 하나를 알게 됐네요. 오래 하셨다는
　　　거. 그게 가장 큰 업적이에요. 우리가 중종 하면 굉장히 유약하
　　　고 우유부단한 왕이라고 생각했지만 알고 보니 반정으로 왕위에
　　　올라 살아남기 위해서 처절하게 평생을 살았던 왕이었네요.

중종의 입장에서 한마디

그날　중종의 입장을 그날의 소회로 하면 어떨까 싶어요.

이해영　'나는 예민한 무게중심점을 마침내 찾아냈다.' 무게중심점을 잘
　　　찾으면 볼펜처럼 뾰족한 물건도 세워 둘 수 있거든요. 마침내 이
　　　무게중심점을 찾아내서 38년 이상 균형을 잡았던 거죠.

류근　'나는 맹수들로 가득 찬 사파리에서 장기근속한 조련사였다.' 사
　　　림과 훈구의 첨예한 대립 속에서 어떻게든 살아남아 왕계를 유
　　　지하고 역사를 이어가게 한 분명한 주인공이었다.

신병주　중종 하면 떠오르는 인물이 조광조나 박원종, 김안로, 혹은 부인이
　　　었던 문정왕후 등이죠. 중종 스스로는 주연이 되지 못했어요. 그런
　　　데 재위 기간이나 그가 한 정치적 역할 등을 보면 중종은 16세기
　　　의 당당한 주연이었다고 볼 수 있죠.

송웅섭　'나는 생계형 국왕이었다.' 의도하지 않게 왕이 되었고, 그 과정
　　　에서 부인을 내치고 심지어는 사랑하는 여인과 아들을 죽이기까
　　　지 했죠. 중종은 수많은 신하들을 제거했지만 죽을 때까지 자신
　　　의 권력을 유지하기 위해 노력한 생계형 국왕이었던 겁니다.

3

조선,
임꺽정과의
전쟁을
선포하다

'도적'의 이미지는 당연히 부정적이다. 그러나 거기에 긍정적 의미가 겹치는 것은 그 시대가 그만큼 부정적이라는 방증이다. 이른바 '의적'은 부패가 만연한 혼란기에 나타난다. 한국사에서 임꺽정은 그런 의적의 대표적 인물이다. 억세고 거친 어감을 지닌 그의 이름은 조선 중기 사회사에서 누락할 수 없다. 성호 이익은 그와 홍길동, 장길산을 조선의 3대 도적으로 꼽았다.

임꺽정에 대한 기록은 자세하지 않다. 그는 경기도 양주의 백정 출신으로 명종 때 도적으로 활동했다. 그 시기는 자연과 사회 환경 모두 열악했다. 흉년이 여러 해 이어졌고, 정치도 문정왕후를 등에 업은 윤원형 등의 발호로 혼란스러웠다. 이런 상황을 틈타 지방 관원은 백성을 그악스럽게 수탈했다. 도적의 발생은 어쩔 수 없는 현상에 가까웠다.

임꺽정과 그 집단은 1559년(명종 14) 무렵부터 4년 정도 본격적으로 활동했다. 그들은 경기도부터 시작해 급속히 세력을 넓혔다. 조정에서 황해도, 평안도, 함경도, 강원도, 경기도에 그들을 잡는 대장을 둔 것은 그들의 폭넓은 활동 영역을 보여 주는 증거다. 그들은 관아를 습격해 창고를 털어 백성에게 나눠 주면서 의적으로 불리기 시작했다.

임꺽정 집단을 진압하려는 조정의 시도는 번번이 실패했다. 1559년 개성부 포도관 이억근은 그들의 소굴을 습격했다가 오히려 죽었다. 임꺽정 집단은 이듬해 서울까지 진출해 장통방(長通坊, 지금의 종로2가)에서 관군을 공격했다. 처자 몇 명이 사로잡혀 황해도 서흥 감옥에 갇히자 대낮에 습격해 구출하기도 했다.

조정의 대응은 1561년부터 강화되었다. 그해 10월 조정은 황해도 토포사에 남치근을 임명했다. 그는 무과에 장원으로 급제하고 전라도 병마 절도사, 한성부 판윤 등을 거치면서 능력을 인정받은 무장이었다. 남치근이 이끈 관군은 작전을 시작한 지 넉 달 만인 1562년 1월 서흥에서 임꺽정을 사로잡아 효수했다.

인조 때 박동량은 『기재잡기(寄齋雜記)』에서 임꺽정이 사로잡힐 때의 정황을 이렇게 묘사했다. "남치근의 포위가 좁혀 오자 임꺽정은 날래고 건장한 부하만 데리고 구월산 민가에 숨었다가 사로잡혔다. 그의 얼굴을 아는 사람이 없었는데, 앞서 관군에 생포된 참모 서림이 알아보고 고발했다." 그러니까 임꺽정은 가까운 부하의 배반으로 죽음을 맞이한 것이다.

『명종실록』의 사관은 임꺽정 집단이 등장하게 된 원인을 진단했다. "지금 나라가 선정을 펴지 않고 교화가 밝지 않으며, 재상이 욕심을 멋대로 채우고 수령이 백성을 학대해 손발을 둘 곳이 없으며 하소연할 곳도 없다. 가뭄과 추위가 절박해 하루도 버티기 어려워 잠시라도 목숨을 잇고자 도적이 되었으니, 그들을 도적으로 만든 것은 왕정의 잘못이지 그들의 죄가 아니다."

대부분의 의적처럼 임꺽정 집단의 활동은 이런저런 영웅적 설화를 낳았다. 이를테면 임꺽정은 한탄강에서 관군에게 쫓기다가 피할 곳이 없게 되면 강물에 몸을 던져 꺽지라는 물고기로 변신했다거나, 겨울에 눈이 내리면 미투리를 거꾸로 신어 행방을 감췄다는 것이다. 앞서 말한 조선의 세 의적은 문학작품의 주인공으로 다시 태어났다는 공통점을 갖고 있다. 이것은 그들의 삶이 그만큼 역동적이고 매력적이었다는 방증일 것이다.

조선, 임꺽정과의 전쟁을 선포하다

1559년(명종 14) 조선에서는
도적 떼의 횡포가 극에 달했다.

마을을 약탈하고 관아를 습격했으며,
심지어 토벌에 나선 포도관까지 무참하게 살해했다.

도적 떼는 황해도를 장악하기 시작했다.
거침없이 공권력에 저항한 도적 떼의 두목은 바로 임꺽정이었다.

임꺽정과 도적 떼의 횡포에 위기를 느낀 조선 조정은
임꺽정을 반역의 괴수로 규정하고
황해도 일원에 특별 포고문을 내린다.

포고문에는 파격적인 포상이 담겨 있었다.
도적을 잡는 이는 신분을 높여 주고,
임꺽정을 잡는 수령은 당상관으로 승진시킨다는 것이었다.

그러나 임꺽정 세력은 이를 비웃기라도 하듯
황해도를 넘어 경기도까지
활동 무대를 넓혀 가며 도적 활동을 벌였다.

그날　오늘 함께할 그날은 조선, 임꺽정과의 전쟁을 선포한 날입니다. 임꺽정은 역사 교과서에서 한두 줄 정도 스치듯 등장하는 인물이잖아요. 다들 임꺽정에 대해 얼마나 알고 계세요?

이해영　드라마나 영화 덕분에 굉장히 친숙하게 느껴지는 캐릭터죠. 임꺽정이 조선의 대표적인 의적이라는 건 너무나 유명한 사실인데, 단순히 신출귀몰하다고 해서 이렇게까지 회자됐을까 싶어요. 당시 민중들이 임꺽정에게서 희망을 읽은 건 아닐지 아니면 다른 어떤 상징이 있었는지, 그런 점이 궁금해요.

그날　어른들이 특히 임꺽정에 열광하는 것 같아요. 저희 아버지께 이번 주제가 임꺽정이라고 말씀드렸더니 이런저런 말씀을 하시는데 처음 듣는 정보도 많더라고요.

류근　저도 비슷한 경험이 있었어요. 택시를 탔는데 기사님이 저를 알아보시는 거예요. "다음 주에 뭐 해요?" 하시기에 "임꺽정 공부하고 있습니다" 했더니 갑자기 차를 세우고 막 흥분하시는 거예요. 또 임꺽정 하면 벽초 홍명희[1] 선생의 소설 『임꺽정』이 가장 먼저 떠오르잖아요. 저는 이게 임꺽정을 대중에 알린 최초의 문학작품이라고 알고 있거든요.

전국을 뒤흔든 임꺽정 세력

그날　임꺽정만 잡아 오면 신분도 올려 주고 도적들의 재산도 다 몰아준다고 했다면서요. 도대체 임꺽정의 행적이 어느 정도로 대단했던 건가요?

김성우　조선 역사상 가장 광범위하게 또 오랫동안 지속된 농민반란이 아닌가 싶어요. 하삼도, 즉 충청도·경상도·전라도를 제외한 나머지 지역에서는 어떤 형태로든 임꺽정 세력이 활동하고 있었습니다. 임꺽정 세력이 너무 커져서 수백 리가 황폐해졌다는 말이

《조선일보》에 실린 홍명희의 역사소설 「임꺽정」

있을 정도였죠. 이런 상황이었기 때문에 조정에서는 임꺽정 세력의 조속한 진압을 위해 막대한 포상을 내걸게 된 거죠.

신병주 1559년 3월 『명종실록』의 기록을 보면 임꺽정을 대장으로 하는 도적들이 성의 중심지까지 몰려들어서 주민들을 살해하는 등 행패가 아주 심했는데도, 백성들은 보복이 두려워서 감히 고발할 생각을 하지 못했다고 해요.[†] 관에서도 제대로 체포 계획을 세우지 못해서 도적이 계속 날뛰고 있었고요. 실제로 책임자를 앞세워 임꺽정 체포에 나섰다가 오히려 도적에게 당하는 상황까지 벌어지니 조정의 큰 근심거리였죠.[‡]

그날 토포[2]하러 갔다가 오히려 사살당했다는 걸 보면 임꺽정 부대가 단순한 도적 떼는 아니었던 모양이네요.

신병주 임꺽정의 본거지가 원래 황해도였어요. 황해도에서 개성을 거쳐 서울, 즉 한양까지 쳐들어온 거 같아요. 서울 장통방[3]에 임꺽정 부대가 나타났다는 기록도 나오고요. 조정에서는 임꺽정 무리가 너무 강성하니까 이들을 일컬어 적국(敵國)이라고까지 표현하죠.

그날 황해도에서 서울 청계천까지 왔다니 전국을 뒤흔들었다고 해도 과언이 아니네요. 적국이라고 칭할 만큼 존재감이 분명한 도적이었다니 호환마마보다 무서운 임꺽정이랄까요? 정말 나라에서는 그보다 훨씬 심각한 문제로 인식했을 것 같네요.

† "요사이 많은 도적들이 개성의 성 주변에 몰려들어 주민을 살해하는 일이 매우 많은데도, 사람들은 보복이 두려워 감히 고발하지 못하고, 관리들은 비록 보고 듣는 바가 있어도 매복을 시켜 체포할 계획을 세우지 못한다 합니다."
□ 『명종실록』 14년(1559) 3월 27일

‡ 개성부 포도관 이억근은 일찍이 도적 수십 명을 잡은 적이 있었다. 이때 개성부가 신계의 첩보를 듣고 군사를 동원하여 적을 포위하였는데, 이억근이 군사를 거느리고 가서 새벽을 이용하여 적소에 들어갔다가 일곱 대의 화살을 맞고 죽었다.
□ 『명종실록』 14년(1559) 3월 27일

학생들에게 임꺽정에 대해 묻다

교과서에는 등장하지 않는 인물 임꺽정,
그렇다면 학생들은 임꺽정이라는 인물에 대해 어떻게 알고 있을까?

"이름은 들어 봤는데, 뭐 하는 분인지는 잘 몰라요."
"실존 인물은 아니에요."

학생들에게 임꺽정은 다소 낯선 인물이었다.
하지만 임꺽정을 아는 학생들은 이렇게 얘기했다.

"탐관오리들을 처벌하고
그들에게 뺏은 것을 백성에게 돌려주는"
"의적으로 평가받고"
"용기 있고, 당당했던 약자"
"착한 사람"

설문 조사 결과
학생들 대부분이 임꺽정을 의적으로 생각하고 있었다.

그날 학생들의 궁금증을 제가 한번 읽어 보겠습니다. 여러 가지 궁금증들이 있네요. '정말 이름이 꺽정인가요? 왜 꺽정이죠?', '임꺽정은 정말 몸에 털이 많았나요?' 첫 번째로 이렇게 이름과 외모에 대한 궁금증이 있었고요. '무엇을 위해서 도적질을 했는지 궁금하다', '힘들고 살기 어려웠던 시대, 부조리가 가득한 사회에서 무엇을 바꾸고 싶었던가?' 이런 질문도 있었습니다. 한 학생은 반성문을 썼습니다. '자세히 알지 못해서 부끄럽다. 설문 조사를 하니 더 알고 싶은 마음이 든다. 앞으로 역사를 더 잘 알기 위해 공부할 것이다.'

윤초롱 시간이 부족해서 자세하게 이야기하지는 못하고 급하게 설명했더니 아이들이 명확하게 이해하지 못한 것 같습니다.

임꺽정은 이름이 왜 꺽정인가요?

그날 임꺽정에 대해 자세히 알아보기 위해서 호적을 떼 봤습니다.

신병주 정말 털이 굉장히 많네요.

그날 이름이 진짜 꺽정이냐고 물어본 학생이 있었는데, 이름 나오네요. 임거질정, 굉장히 거친 이름이죠.

신병주 임꺽정에 대해 제일 많이 하는 질문 중 하나가 '이름을 왜 임꺽정이라고 했나?' 하는 거예요. 원래 『실록』에는 임거질정이라고 나와요. 이걸 한자로 쓰면 거질(巨叱)인데 이두식 표현으로 '걱'이라고 읽습니다. 그러면 임걱정이 되죠. 19세기에 편찬된 『송남잡지』[4]를 보면 "거정이 속어로는 거억으로 읽혔다"고 기록되어 있어요. 거 자와 억 자를 연결하면 걱이거든요. 그래서 걱정이 된 건데, 그러면 왜 걱정이 아니라 꺽정이냐? 도적의 괴수쯤 되는 사람 이름이 걱정이면 느낌이 좀 약하죠. 백성들 사이에 이름이 전해지는 과정에서 걱정이 꺽정이 되었을 가능성이 큽니다.

이름	성별	출생~사망		
임거질정 (林巨叱正)	남	미상~1562		
신분	백정	직업	유기장 (柳器匠)	
아버지	임돌이	형	임가도치 (林加都致)	

구분	등록 기준지
출생지	경기도 양주(추정)
거주지	황해도 구월산(九月山)
사업장	한양 장통방, 개성 근방 등

임꺽정의 가족 관계 증명서

그날 　아, 악센트를 줘서 걱 자가 꺽 자가 된 거군요.

신병주 　자장면도 짜장면이라고 해야 더 맛있게 느껴지잖아요. 그거랑 같은 거죠. 또 당시 사람들이 마음으로 걱정하는 것, 심려 끼치는 것을 걱정이라고 하는 게 여기에서 유래했다는 기록까지 있어요. 한편 조선 시대에는 하층민들을 묘사할 때 인물의 용모나 특징을 보고 이름을 짓는 경우가 많은데 클 거(巨) 자를 쓴 걸 보면 임꺽정은 아마 덩치가 컸던 모양이에요. '덩치가 큰 장정' 이런 뜻이죠. 『의궤』 기록에 조선 시대 천민 이름으로 이런 한자가 나옵니다. 한자에 일가견이 있다고 주장하시는 류근 시인님, 한번 읽어 보시겠어요?

류근 　김자근로미(金者斤老味).

신병주 　그렇죠, 작은 놈. 신체적인 특징으로 이름을 붙인 거죠. 아마 임꺽정도 마찬가지였을 거예요.

고우영 화백(왼쪽)과 이두호 화백(오른쪽)이 그린 임꺽정

임꺽정은 소 잡는 백정이 아니었다?

그날 이름에 대한 궁금증은 풀렸고, 호적을 좀 더 살펴볼까요? 임꺽정의 직업 하면 소 잡는 백정이라고 알고 있었는데, 직업이 유기장[5]이라고 쓰여 있네요. 유기장이면 그릇 만드는 사람 아닌가요?

윤초롱 흔히 백정이 도축업에 종사했다고만 알고 있잖아요. 그런데 백정에도 여러 종류가 있습니다. 버드나무 가지로 바구니나 고리를 만들어 파는 고리백정도 있고, 줄 타면서 노래, 춤, 악기 연주 등을 하는 창우(倡優)라는 백정도 있습니다. 또 흔히 망나니라고 하죠. 사형 집행을 맡았던 회자수(劊子手)나 가죽신을 만드는 갖바치도 백정에 속했습니다.

유목 민족의 후예 임꺽정

그날 위에 만화가들이 그린 임꺽정의 모습이 있는데요. 왼쪽이 고우영 화백 작품이고, 오른쪽이 이두호 화백 그림이네요.

윤초롱 정흥채라는 탤런트가 출연했던 드라마 속 이미지를 떠올리면 이

두호 화백 그림이 더 비슷한 것 같아요.

김성우 저는 이두호 화백 그림보다는 고우영 화백 그림이 임꺽정의 실제 모습과 좀 더 가까울 거라고 생각합니다. 14~15세기에 조선에 이민족이 많이 넘어오거든요. 그중에서 시베리아 유목민들이 주로 백정이 되었습니다. 『실록』에서는 이들을 달단(韃靼)이라고 씁니다. 달단을 영어로 쓰면 타타르가 되는데, 타타르족이 넘어와서 백정이 되었다는 거죠. 실제로 세종 대에 타타르인들을 어떻게 조선 사람으로 만들 것인가 하는 논의가 있었고, 이들을 신백정 이라고 해서 양인으로 인정하는 정책을 펼쳤죠. 이 타타르인들은 이목구미가 뚜렷하고 수염도 많습니다. 고우영 화백의 그림이 그런 타타르인의 모습에 더 가깝다고 생각되네요.

그날 임꺽정에게 유목 민족의 피가 섞여 있다는 말씀이시군요.

신병주 8년 전에 임꺽정의 모습을 한 바위상이 북한 황해도에서 발견됐어요. 언뜻 보면 부처상 같은데 말이죠. 황해도 지역에서 일반인들에게 많이 회자되었던 인물이 임꺽정이니까, 임꺽정상일 거라고 추정했을 가능성이 높죠.

그날 덩치만 크다고 다 두목이 될 수 있는 건 아니잖아요. 오랜 기간 이렇게 큰 집단을 거느리고 지휘했다면 임꺽정에게도 특별한 리더십 같은 게 있었을 텐데, 어떤가요?

신병주 기록을 보면 임꺽정 부대가 상당히 조직화·체계화되어 있었다고 해요. 또 4년 이상 도적의 우두머리로 지낸 걸 보면 리더십뿐 아니라 지략도 상당했던 인물인 거 같고요.

토벌군을 초토화한 임꺽정과 도적단

조정은 황해도로 선전관[6] 정수익을 급파해
본격적인 토벌 작전에 돌입했다.
봉산과 평산 등 다섯 고을의 관군이 합류해
그 병력만 해도 500여 명이었다.

1560년 마침내 토벌군은 평산군 마산리에서
임꺽정 부대를 포위했다.
토벌군의 맹추격에 놀란 임꺽정 부대는
계곡을 따라 깊은 산속으로 도주하고,
수적으로 우세했던 관군에 밀려 벼랑까지 몰리게 되는데……

하지만 그것은 토벌군을 유인하기 위한 작전이었다.
임꺽정 부대는 계곡 위에서 매복하고 있다가
토벌군을 향해 공격을 퍼붓기 시작했다.
산악 지형을 이용한 임꺽정 부대의 게릴라전술에
토벌군은 쓰러져 갔다.

임꺽정 부대는 조정을 비웃듯
토벌군 부장 연천령을 죽이고 그의 말을 빼앗아 달아났다.

토벌군을 물리친 임꺽정 부대, 그 규모는?

그날 임꺽정과의 전쟁까지 선포했는데 관군이 볼품없이 참패했네요.

김성우 처음에는 중앙 군대를 파견하지 않다가 사태가 심각해지자 한양에서 관군을 파견하게 되죠. 중앙 관군의 핵심은 임금을 호위하는 선전관들입니다. 최정예라고 할 수 있죠. 그 선전관을 파견했음에도 불구하고 토벌군 부장이 화살을 맞고 죽는 문제가 생긴 거죠. 이 사건으로 조정에서는 임꺽정 무리가 단순한 도적 떼가 아니라고 판단하게 된 것 같습니다.

그날 정예부대를 초토화했다는 표현이 나오는 걸 보면 임꺽정 부대의 규모가 상당했던 것 같아요.

신병주 최종적으로 임꺽정 진압에 나서는 인물이 바로 토포사 남치근[7]입니다. 이 사람은 5년 전 을묘왜변(1555) 때 상당히 활약했던 무장이었어요. 그 공로로 지금의 서울 시장에 해당하는 한성판윤에까지 오른 인물이죠. 이 사람의 행적을 기록한 『남판윤유사』의 기록을 보면 당시 임꺽정 부대의 병력이 상당했음을 알 수 있어요. 기병이 60여 기의 말을 보유하고 있었고, 또 관군 4~5개의 연합 부대가 가도 제대로 진압하지 못할 정도였다고 해요.[†]

윤초롱 임꺽정 부대의 전술 가운데 엄청 기발했던 게 미투리를 거꾸로 신고 다닌 거예요. 발자국 방향이 반대로 찍히기 때문에 관군을 교란시킬 수 있었죠.

신병주 도적들이 안에 들어가 있는데 밖에 나와 있는 것처럼 보이니까 잘못 들어갔다가 기습을 당하는 거죠. 그런 걸 보면 임꺽정 무리가 상당히 전략적이라는 걸 알 수 있어요.

---

† 임꺽정은 60기의 기병을 보유하여, 4~5개 군의 연합 관군이 진압하지 못했다.
— 『남판윤유사』

조정에서 또 옹진, 장연, 풍천 등 네다섯 고을 무관 수령을 시켜 군사를 거느리고 서흥에 모이게 하였더니, 아전과 백성이 벌써 통지하여 적이 밤에 60여 기를 거느리고 높은 데 올라 내려다보며 활을 쏘아 살이 비 오듯 하니, 다섯 고을 군사가 지탱하지 못하고 붕괴되어 돌아왔다.
□ 『연려실기술』 「명종조 고사본말」 강도 임꺽정을 잡다

임꺽정 부대는 관군에 어떻게 대항했나?

그날　전략 전술을 조직적으로 훈련했다는 느낌이 드는데요. 임꺽정과 그 무리들이 관군에 어떻게 대항했는지 박금수 박사님 모시고 궁금증 풀어 보도록 하겠습니다. 박사님, 임꺽정이 관군과 싸웠다면 분명 조직적인 훈련이 있었을 거 같아요. 그냥 마구잡이로 싸운 건 아니죠?

박금수　네, 마구잡이로 싸우면 이기기 쉽지 않겠죠. 기록에 의하면 임꺽정 부대는 익숙한 산악 지형을 적절하게 활용하고 각종 기만 전술을 구사하여 수적으로 우세한 관군들을 상대할 수 있었던 것으로 보입니다. 또 낮에는 온순한 백성으로 행세하다가 밤이 되면 도적이 돼서 목표를 집중 타격하고 홀연히 사라지는 일종의 게릴라전술을 구사했습니다.

그날　게릴라전술이라고 하면 왠지 맨몸으로는 싸우지 않았을 거 같은데, 뭘 갖고 싸웠나요? 혹시 오늘도 삼지창 들고 나오셨나요?

박금수　오늘은 다른 무기를 갖고 나왔습니다. 요즘 군대에서 신병들에게 "총은 사왔냐? 안 사오면 기합 받는다" 이런 식으로 장난을 친다고 하는데요.

류근　저도 많이 혼났어요. 총 안 사 가지고.

박금수　지금은 사사로이 무기를 소지하거나 제작하면 큰일 나죠. 하지만 조선 시대에는 상황이 좀 달랐습니다. 창이나 칼처럼 화약을 쓰지 않는 냉병기는 군사들이 개인적으로 소지하면서 관리하고,

편곤 보리타작에 쓰는 도리깨와 비슷해서 농민들도 쉽게 사용할 수 있었다.

병조에서 주기적으로 상태를 점검하도록 했습니다. 심지어 기병은 말도 자기가 직접 가지고 와서 검사를 맡아야 했죠. 그만큼 민간에서 무기를 구하기 쉬웠다는 얘기입니다. 그래서 한때는 이 검사용 무기와 말을 전문적으로 빌려주는 업체가 생기기도 했습니다. 또 농기구 같은 것들도 무기로 사용됐는데요. 자, 이것은 어디에 쓰는 물건일까요?

그날 쌍절곤 아닌가요?

박금수 이 무기는 편곤인데요. 봉의 아랫부분을 잘라내면 쌍절곤이 되죠. 이것과 매우 유사한 것이 바로 보리타작에 쓰는 도리깨입니다. 임진왜란 이후에 편곤을 군대에서 정식으로 쓰게 되는데요. 편곤은 대충 휘둘러도 큰 타격을 줄 수 있는 무시무시한 무기입니다. 도리깨 사용에 익숙했던 농민들은 이런 편곤을 자유자재로 사용할 수 있었던 것이죠. 편곤 외에도 호미나 낫, 곡괭이 같은 농기구들은 거친 삶을 살아온 화적들의 손에 잡히면 곧바로 무기로 바뀌곤 했습니다. 한편 대나무로 만든 죽창 역시 구하기

죽장창 조선 후기 『무예도보통지(武藝圖譜通志)』에 정식으로 등재되었다.

쉽고 굉장히 위력적이었습니다. 곧게 뻗은 대나무의 가지를 걷어 내고 맨 끝을 예리하게 잘라 내면 뾰족한 날이 만들어지죠. 조선 후기에는 여기에 창날을 달아 만든 죽장창[8]이라는 무기가 만들어져서 『무예도보통지』[9]에 정식으로 등재되기도 했습니다. 이렇게 다양한 무기로 무장한 임꺽정 부대는 무게 때문에 화포를 자유롭게 사용할 수 없었던 야전에서 관군에 밀리지 않을 수 있었던 것입니다.

전략가 임꺽정, 관군까지 무너뜨리다

윤초롱 게릴라전투 때 화살도 사용했죠?

박금수 임꺽정 부대에 최초로 희생된 관리는 개성도도사 이억근이었는데요. 이억근은 일곱 대의 화살을 맞고 죽었다고 합니다. 특히 평산군 마산리에서 관군에게 포위당했을 때 임꺽정은 60기의 기병을 이끌고 빠르게 이동해서 높은 곳에서 관군을 향해 화살 세례를 퍼부은 다음, 관군의 지휘 계통을 교란시킨 후에 곧장 돌격해서 진영을 흩트리는 전형적인 조선 전기 진법을 구사했습니다.

신병주 임꺽정 부대를 직접 지휘하셨던 것 같아요.

박금수 발각되었군요. 그 외에도 이런 일화가 있습니다. 당시 임꺽정 부
대의 소굴이었던 황해도 봉산에 무관 윤지숙이 군수로 부임하여
내려가는 중에 임진강 나루터에서 무뢰배를 만났어요. 윤지숙이
그 무뢰배를 혼내 주려고 보니 그들은 사실 장사치로 변장한 임꺽
정 무리였던 겁니다. 제대로 혼내기도 전에 등짐에서 활, 화살, 창,
칼 등을 주섬주섬 꺼내면서 "뭐라굽쇼?"라고 한 거죠. 당시 윤지
숙은 당황하지 않고 곧바로 도망가서 살 수 있었다고 합니다.

당시 병역제도의 문제점

그날 일개 도적 떼에 당할 만큼 관군의 훈련 수준이 높지 않았던 거
같은데, 당시 병역제도는 어땠습니까?

박금수 양인개병제[10]에 의해서 양인들은 모두 군역을 지게 되어 있습니
다. 군 복무 기간을 보면 조선 시대에는 16세부터 60세까지가 군
역 대상에 포함되어 있습니다.

그날 16세부터 60세까지 근무를 한단 말이에요?

박금수 네, 중3에 입대해서 환갑에 제대를 하는 건데요. 일부 상비군을 제
외하고 대부분의 군사들은 1년에 한두 달 정도를 교대로 근무하
는 번상제를 유지하고 있었습니다. 하지만 농번기에 순번에 걸리
면 굉장히 곤란하겠죠. 누구든지 두 달 정도 노동을 못 하게 되면
생계에 큰 지장이 있을 거고요. 그래서 세 사람을 한 무리로 묶어
서 한 명이 군역을 지면 나머지 두 명이 일을 도와주거나 당시에
화폐로 사용되던 면포를 내서 경제적으로 보조하게 되어 있었는
데요. 이 제도가 악용되면서 돈 있고 권력 있는 자들은 군역을 면
제받고 힘없는 자들만 군역에 동원되거나 면포를 내도록 강요받

았습니다. 심지어는 할아버지나 갓난아이의 몫까지 감당해야 했는데요. 신성한 국방의 의무가 착취 수단으로 변질된 것이죠.

그날 저 때에도 병역 비리가 있었네요.

박금수 착취를 견디지 못한 민초들은 도적이 되었고, 관군은 제대로 훈련받지 못해 오합지졸이 되었죠. 명부에만 존재하는 유령 관군도 많았고요.

모이면 도적, 흩어지면 농민

그날 임꺽정 부대가 농민 겸 군인이었다고 해도 어쨌든 전문적인 훈련을 거치지 않은 오합지졸 아니에요? 관군이 도적 떼 토벌을 이 정도로 어려워했다는 건 좀 이해가 안 되네요.

신병주 지방 아전들 가운데 임꺽정 부대와 내통했던 사람들이 상당히 많았어요. 임꺽정을 체포하러 가면 이미 정보가 다 누설된 뒤였죠.

그날 내부 첩자가 있었군요.

신병주 네, 그렇습니다. 백성들이 도적을 제대로 고발하지 않는 상황에 대해서 조정에서는 "백성들이 도적이 있는 줄만 알고, 나라가 있는 줄은 모른다"† 하고 탄식할 정도로 도적의 기세가 아주 거셌죠.

그날 요즘도 경찰이 단속 정보를 미리 알려줘서 문제 되는 경우가 많잖아요. 그때도 이미 그런 커넥션들이 있었군요. 임꺽정 부대가 강한 것도 있지만 관군들, 아니 국가 시스템이 정말 무능했네요.

김성우 임꺽정 무리에 참여했던 사람들을 보면 특정 계층에 집중된 건 아니었던 것 같습니다. 백정도 있고, 일반 농민이나 상인들도 있었죠. 심지어 서울의 서리나 지방 향리 혹은 관청의 아전들까지 참여했어요. 여러 계층들이 다양한 목소리를 내면서 광범위하게 퍼져 있었기 때문에 처단하거나 체포하기가 어려웠던 거죠.

신병주 그래서 '모이면 도적이 되고, 흩어지면 농민이 된다'라는 표현까지 나오게 된 거죠.

그날　특별한 사람이 도적이 되는 게 아니라는 말씀이군요.

> † 당당한 국가의 위엄으로 한 도적에게 꺾였으니 조정에 기강이 있다고 말할
> 수 있겠는가. 황해도 백성들로 하여금 도적이 두려운 줄은 알고 국가가 있는 줄
> 은 모르게 하였으니, 자격 있는 관찰사가 있다고 말할 수 있겠는가. 관찰사는
> 변방을 경계하기 위하여 보내는 것인데 임금을 속여 요행히 상을 받으려는 마
> 음을 가지고 도리어 군대를 적의 손에 죽게 하였으니 국가를 욕보인 죄는 사형
> 을 받을 만하다.
> ─ 『명종실록』 16년(1561) 8월 19일

백정들이 왜 난을 일으켰을까?

그날　흔히 천민들은 군역 같은 걸 지지 않는다고 알고 있는데, 왜 백
　　　정들이 난까지 일으키게 됐는지 설명 좀 해 주세요.

김성우　16세기부터 국가 재정에 여러 가지 문제가 생기면서 취약 계층
　　　에 대한 수탈이 심해졌습니다. 그 과정에서 신량역천(身良役賤)[11]
　　　에 대한 착취가 극에 달합니다. 신량역천이란 법적으로는 양인
　　　으로 인정함에도 불구하고 하는 일은 천인이기 때문에 사회적으
　　　로 천대받았던 사람들을 말하죠. 백정도 이 신량역천에 속했습
　　　니다. 또 백정은 본래 우리나라 사람이 아니고 시베리아 쪽에서
　　　넘어온 타타르 계통일 가능성이 상당히 크기 때문에 조선인과는
　　　혈통적으로 거리가 좀 있죠. 그래서 착취가 더 심해진 거고요.

그날　지금도 다문화 가정 아이들에 대한 차별이 있는 것처럼 당시에
　　　도 다른 혈통을 가진 사람들을 차별했나 보네요.

김성우　네, 임꺽정도 결국은 벼랑 끝에서 살아남기 위해 들고일어난 경
　　　우가 아니었나 싶습니다.

그날　백정은 의무만 지고 권리는 누리지 못하는, 피해를 많이 받는 계
　　　층이었네요.

황해도에서 반란이 일어난 이유

바닷가를 따라 끝없이 펼쳐진 갈대밭
갈대는 봄부터 싹이 나기 시작해 가을이면 절정을 이룬다.

한때 갈대밭은 마을 주민들의 주요 수입원이었다.
갈대 순으로 음식을 해 먹고,
공산품을 만들어 생계를 이어 갔다.

임꺽정이 활동했던 황해도 지역도 갈대밭으로 유명했다.
그러나 권세가들이 이곳 갈대밭을 자신의 사유지로 만들어
백성들에게 도리어 갈대를 팔았다.

> 권세가들이 황주, 안악, 봉산, 재령의 갈대밭을 빼앗고
> 갈대를 팔아 이익을 남기니 백성들이 생업을 잃었다.
> ─『명종실록』8년(1553) 8월 14일

갈대밭뿐만이 아니었다.
부패한 권세가들은 백성을 동원해 갯벌을 개간했다.
그리고 그 땅의 소유권은 백성이 아닌 권세가에게 돌아갔다.

마구잡이로 토지를 수탈하자 살길을 잃은 백성들은
양반 지주들 밑으로 들어가 소작농으로 전락할 수밖에 없었다.

결국 민심은 폭발했다.
삶의 터전을 빼앗긴 백성들 스스로 도적이 된 것이다.

갈대밭을 빼앗긴 황해도 백성들

그날 결국 백성들을 도적으로 내몬 것은 양반들이었네요.

류근 "재상들의 횡포와 수령들의 포학이 백성들의 살과 뼈를 깎고, 기름과 피를 말려 손발을 둘 곳도 없고 호소할 곳도 없으며, 추위와 배고픔이 절박하여 하루도 생명을 보존하기 어려워 잠시나마 연장시키기 위해 떠돌다 도적이 되었다." 이게 명종 16년의 『실록』 기록인데요. 사관이 이렇게까지 표현했다는 게 인상적이네요.

그날 유리걸식하다가 도적이 될 수밖에 없는 안타까운 현실을 그대로 적어 놓았군요.

류근 갈대로 만든 물건이라고 해 봐야 재료를 공짜로 가져다 만들어 팔아도 얼마 남지 않을 것들인데, 돈을 주고 갈대를 사서 물건을 만들어야 하니 당연히 이윤이 안 남죠.

신병주 임꺽정 세력이 일어나기 3년 전인 1556년에 황해도 지역의 갈대밭을 내수사[12]에 소속시키거든요. 내수사는 왕실의 재산을 관리하는 관청인데, 갈대밭이 내수사의 관할이 되어 농민들이 갈대를 채취할 때 내수사에 이용료를 내게 된 거죠.

조선판 워킹 푸어 들고일어서다

그날 내수사가 백성들의 땅을 빼앗으면 그 땅에 대한 세금은 누가 냅니까?

김성우 아무도 세금을 내지 않습니다. 특히 훈척들이나 내수사 같은 데서 땅을 가져갈 경우에는 세금이 거의 없는 땅으로 개간됩니다.

신병주 간척 사업으로 생기는 이익이 백성들에게 거의 돌아가지 않아요. 백성들은 간척 사업에 동원되기만 하고 땅은 대부분 양반들이 가집니다. 농민들은 결국 소작농으로 전락하게 되죠. 사회경제 분야에서는 '조선 중기 이후에 양반지주제[13]가 확대된다'라

토지 1결당 수확량 = 쌀 240두(斗)	
소작료	120두(斗)
세금	70두(斗)
남은 곡식	50두(斗)

남은 곡식
50두(斗) ⟨ 1년 최저생계비
144두(斗)

조선 시대 소작농의 가계부

는 표현을 하는데요. 결국 이것도 분배의 문제죠. 경제력은 확대
되는데 혜택은 전부 양반 지주들에게 몰리니 일반 농민들은 더
곤궁해지는 겁니다.†

윤초롱   그래서 소작농이 된 농민들이 얼마나 피폐한 삶을 살았는지 가
계부를 작성해 봤습니다. 기록을 토대로 작성한 가계부인데
요. 소작농 한 사람이 한 해 동안 토지 1결을 경작해서 얻는 곡
식이 쌀 240두예요. 이때 땅을 빌려 쓴 대가로 내는 소작료가
수확량의 절반인 120두입니다. 그리고 국가에 내는 각종 세금
인 인두세, 토지세, 가호세 이런 것들이 또 70두거든요. 그러면
50두가 남는데 문제는 8인 가족 기준으로 한 해를 살려면 최소
144두가 필요하다는 겁니다. 오늘날의 워킹 푸어처럼 아무리 뼈
빠지게 일해도 돈이 부족한 거죠.

류근   일을 하면 할수록 빚만 자꾸 쌓여 가는 구조네요.

이해영   그야말로 워킹 푸어죠. 백성이 이렇게 어렵게 사는데 국가는 뭘
하고 있습니까?

그날   가계부를 통해 보니까 당시 백성들의 삶이 어려웠다는 게 제대
로 느껴지네요.

† 사신은 논한다. 도적이 성행하는 것은 수령의 가렴주구 탓이며, 수령의 가렴주구는 재상이 청렴하지 못한 탓이다. 지금 재상들의 탐오가 풍습을 이루어 한이 없기 때문에 수령은 백성의 고혈을 짜내어 권력자를 섬기고 돼지와 닭을 마구 잡는 등 못 하는 짓이 없다. 그런데도 곤궁한 백성들은 하소연할 곳이 없으니, 도적이 되지 않으면 살아갈 길이 없는 형편이다. 그러므로 너도나도 스스로 죽음의 구덩이에 몸을 던져 요행과 겁탈을 일삼으니, 이 어찌 백성의 본성이겠는가. 진실로 조정이 청명하여 재물만을 좋아하는 마음이 없고, 수령을 모두 공(龔)·황(黃)과 같은 사람을 가려 임명한다면, 검을 잡은 도적이 송아지를 사서 농촌으로 돌아갈 것이다. 어찌 이토록 심하게 기탄없이 살생을 하겠는가. 그렇게 하지 않고, 군사를 거느리고 추적·포착하기만 하려 한다면 아마 포착하는 대로 또 뒤따라 일어나, 장차 다 포착하지 못할 지경에 이르게 될 것이다.
□ 『명종실록』 14년(1559) 3월 27일

양재역 벽서 사건

그날 양재역 벽서 사건이 뭔가요? 여기에서 말하는 양재역이 지하철 3호선 양재역과 관련이 있나요?

신병주 양재역 벽서 사건은 명종 때 양재역에 벽서가 붙은 사건을 말합니다. 당시 정치가 워낙 혼란하니까 누군가 백성들 살기가 너무 힘들다고 하소연한 거예요. 당시에도 양재역이 있었는데, 조선시대의 역은 왕명을 받아 지방에 공문 같은 것을 전달하는 관리가 말을 갈아타는 곳이었어요.

그날   여주(女主)가 위에서 정권을 잡고,
         간신 이기(李芑) 등이 아래에서 권세를 농간하고 있으니
         나라가 장차 망할 것을 서서 기다릴 수 있게 되었다.
         어찌 한심하지 않은가.
         ─ 중추월 그믐날

이렇게 쓰여 있네요. 당시 정권을 아주 신랄하게 비판하는 내용입니다. 여주, 보통 여자 주인공을 여주라고 하는데 그런 뜻은

아니겠죠.

신병주 　여주는 여성 군주라는 뜻입니다. 당시 왕은 명종이었지만 권력은 명종의 어머니였던 문정왕후가 쥐고 있었어요. 수렴청정¹⁴ 중이 었거든요. 문정왕후가 실질적인 왕이라는 의미로 비꼰 거죠. '외척 정치의 횡행이 우리를 이렇게 힘들게 만들었다', 이렇게 하소연한 겁니다. 벽서라는 표현은 벽에 써 붙인 글이라는 뜻이고요. 이 양재역 벽서 사건으로 말미암아 관련자들이 상당히 많이 처형을 당합니다. 사림파도 화를 입었어요. 이해 1547년(명종 2)이 정미년이었기 때문에, 여기에 사화(士禍)라는 이름을 붙여서 정미사화라는 표현을 씁니다.

윤초롱 　대표적인 외척이었던 윤원형 등이 거의 20년간 척신 정치를 이어 가잖아요. 그러니 백성들의 불만이 상당했을 거예요.

신병주 　또 문정왕후가 불교 중흥에 꽤 공을 들여요. 그러다 보니까 재정이 많이 필요하게 되고, 그 재정을 모으는 과정에서 자신의 오라비인 윤원형을 이용합니다. 윤원형이 문정왕후의 정치자금을 모으기 위해 간척 사업을 실시한 거죠. 결국 권세가들의 토지 확대 과정에서 농민들은 더 빈곤해지는 악순환이 계속됩니다.

그날 　윤원형 하면 사치의 대명사라고 할 만큼 호화 생활을 즐겼다고 하는데, 기록에 보면 "장안에 일급 저택이 열세 채나 되었고, 비단으로 만든 휘장을 치고 금은으로만 꾸민 그릇을 사용했다" 이렇게 되어 있습니다. 항간에는 왕실보다 더 부자라는 말이 떠돌았다고 해요.†

신병주 　뇌물을 워낙 많이 받아서 윤원형 집 곳간에는 고기들이 썩어 난다는 이야기까지 나돌아요.

그날 　간척 사업이라는 게 지금이야 기계로 하지만 그때는 일일이 손으로 흙을 퍼 날랐을 텐데 그게 보통 노동이 아니잖아요. 그런데 노동의 대가는 전부 양반들이 가져갔다니 너무 속상할 것 같아요. 중산층은 붕괴하는데 내수사 소속의 땅은 많아지고, 그러면 세금은 적게 걷어지니까 국가 재정은 또 줄어들고. 이런 악순환이 계속된 거군요. 황해도가 임꺽정의 본거지가 된 게 이해가 되네요.

김성우 황해도에는 또 다른 문제가 있었어요. 서울에서 의주로 가는 제일 큰 도로, 조선의 1번 국도가 황해도를 가로지른다는 게 문제였죠. 조선에서 해마다 세 번씩 중국에 사절단을 보내고 또 중국 사신들이 오죠. 사절단이 오고 갈 때마다 도로를 정비해야 되니까 이 지역 주민들을 계속 동원합니다. 이미 취약할 대로 취약해진 백성들이 이런 데 계속 동원되니까 문제가 더 심각해지는 거죠.

그날 굉장히 살기 힘들었겠어요.

김성우 율곡 이이가 황해도 사정에 대해서 쓴 글이 있습니다. "황해도는 사신이 왕래하는 길목에 있어 백성들이 숙식을 접대하는 비용이 다른 도의 열 배에 이른다. (중략) 백성들이 이리저리 떠나가 마을은 쓸쓸해지고 논밭은 거칠어졌으며 100리를 가도 사람의 그림자를 보기 힘든 처량한 광경이 벌어지게 되었다."

그날 황해도의 황 자는 누를 황(黃) 자일거 아니에요? 이쯤 되면 거의 거칠 황(荒) 자의 황해도가 되었을 것 같네요.

---

† 모든 군국(軍國)의 정사가 대부분 윤원형에서 나와 상은 내심 그를 미워하여 이양(李樑)을 신임해 그 권한을 분산시켰다. 정사를 잡은 지 20년. 그의 권세는 임금을 기울게 하였고 중외가 몰려가니 뇌물이 문에 가득해 국고보다 더 많았다.
─『명종실록』20년(1565) 11월 18일

방납의 구조

특산물은 원래 고을 수령이 걷어서
나라에 바치도록 되어 있었다.

하지만 방납[15]은 권세가를 등에 업은 상인들이
먼저 특산물을 바친 다음,
백성들에게 그 값을 수백 배로 부풀려 받아 착취하는 것이었다.

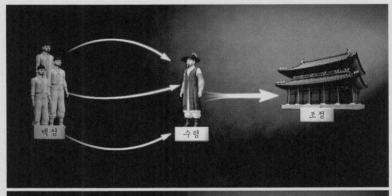

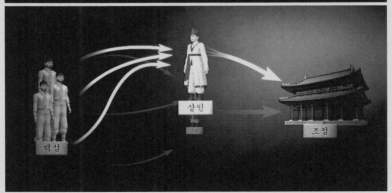

방납의 폐단

그날   윤초롱 선생님, 수업 시간에 임꺽정에 대한 얘기를 많이 못 한다고 하셨지만 그래도 이 시대를 설명할 때 꼭 짚고 넘어가는 부분이 있을까요?

윤초롱   임꺽정이 활동했던 시기가 16세기잖아요? 교과서에서는 16세기를 대개 정치·경제적인 상황으로만 묘사하거든요. 그때 민중들이 부담했던 세금 중 하나가 각 지역에 할당된 특산물을 납부하는 공납인데, 그 공물의 정상적인 납부를 막는 방납의 폐단이 농민들의 삶을 파탄에 이르게 하는 주범이었음을 강조하죠.

김성우   특산물은 일반적으로 호피나 담비 가죽 이런 것들인데요. 이것들의 통상 가격이 대략 50필쯤 됩니다. 그런데 이 무렵에는 여기에 방납 비용이 더해져서 가격이 200필 정도까지 치솟습니다. 200필이면 여덟아홉 가구의 1년 최저생계비에 해당하는 금액이죠.

그날   어마어마한 양이네요. 아까 병역 이야기도 했는데 거기에 공납까지, 정말 힘들었겠어요. 노동력은 노동력대로 착취당하고 소작농으로 전락하고 말이죠. 결과적으로는 이게 단순한 재정 문제가 아니라 조선 사회 전체의 문제인 거예요. 시스템 자체가 백성들을 도적으로 내몬 거네요. 내용을 계속 보다 보니 이 시대의 부조리에 너무 화가 납니다. 만약 그 시대에 태어났다면 저도 도적이 됐을 것 같아요.

조선의 3대 도적

그날   조선의 3대 도적이 있잖아요. 홍길동, 임꺽정, 장길산. 과연 이 셋밖에 없었을까요? 한 20대, 30대 도적쯤 나와야 하는 거 아니에요?

신병주   흔히 홍길동을 소설 주인공으로만 알고 있는데 연산군 시대에 활동했던 실존 도적이었고, 임꺽정도 명종 때 활약했던 실존 인물이죠. 그리고 장길산 역시 숙종 때 활약했던 실존 도적입니다.[†] 이 세 사람의 공통점은 뭐죠?

그날 소설로 살아남았다는 거죠.

신병주 사람들 사이에서 계속 회자되면서 이들의 영웅적인 행적이 부각될수록 그 시대의 사회 모순 같은 게 더 강하게 표출되는 거죠.

그날 그렇죠. 그 세 도적은 역사가 남긴 인물이라기보다 사람들의 기억과 목소리로 남은 인물이라는 특징이 있네요.

---

† 영의정 한치형, 좌의정 성준, 우의정 이극균이 아뢰기를, "듣건대, 강도 홍길동을 잡았다 하니 기쁨을 견딜 수 없습니다. 백성을 위하여 해독을 제거하는 일이 이보다 큰 것이 없으니, 청컨대 이 시기에 그 무리들을 다 잡도록 하소서" 하니, 그대로 좇았다.
□ 『연산군일기』 6년(1500) 10월 22일

대신들과 비변사의 여러 재상들을 불러 만났다. 이때 도둑의 괴수 장길산이 양덕 땅에 숨어 있으므로, 포도청에서 장교를 보내어 덮쳐서 잡도록 했는데 관군이 놓쳐 버렸다. 대신이 그 고을 현감을 죄주어 다른 고을들을 경계하도록 청하니, 임금이 옳게 여겼다.
□ 『숙종실록』 18년(1692) 12월 13일

임꺽정 관련 전설

한탄강 물줄기가 굽이쳐 흐르는 강원도 철원의 고석정,
철원 팔경 중 첫 번째로 손꼽힐 만큼 풍경이 아름다운 이곳은
임꺽정의 활동 무대로 유명하다.

"임꺽정이 관군을 피해 숨어 있던 곳이라고 알고 있습니다."

이곳 고석정에서 임꺽정이 노린 것은
한성으로 운송되는 곡물 운송선이었다.

"이곳은 함경도에서 서울로 통하는 길목입니다.
공물이나 세곡 같은 것들이 이곳을 통해 올라갔거든요.
그런 물건들을 훔쳐서
주변의 굶주리고 약한 백성들에게 나눠 줬기 때문에……."

관군에게 쫓기던 임꺽정은
한탄강 가운데 있는 바위 속에 은신했다가
피할 재간이 없게 되면 강물 속으로 몸을 숨겨
꺽지라는 물고기로 변신했다는 전설도 전해진다.

또한 고석정 인근 산자락에는
축조 연대를 정확히 알 수 없는 석성이 있다.
이곳 주민들 사이에선 임꺽정의 성으로 전해진다.

"전설에는 임꺽정이 이곳에 와서
축성을 하고 관군에 대항했다고 해요."

이곳 고석정은 임꺽정이 공물을 약탈해
어려움에 처한 백성들에게 나눠 준 의적의 근거지로 남아 있다.

임꺽정을 의적으로 기억하는 이유

그날   임꺽정 하면 많은 사람들이 갖는 로망 같은 게 있잖아요. '도적이냐, 의적이냐?' 하는 논쟁들을 많이 하는데, 임꺽정을 의적이라고 할 만한 이유가 있다고 생각하세요?

이해영   조선의 슈퍼 히어로 같은 존재였던 거죠. 당시의 민심이 왜 그들을 정의로운 도적으로 읽으려 했는지, 그들이 바란 것이 무엇이었는지를 다시 한 번 생각해 보면 이게 단순한 옛날이야기만은 아닌 것 같아요. 지금 내가 겪고 있는 삶과 정서에도 적지 않은 영향을 준다는 생각이 들어요.

윤초롱   저희 반 학생 하나는 이렇게 표현을 하더라고요. "백성들에게는 천사, 정부에는 악마" 왜 사람 심리가 그렇지 않나요? 나한테 피해를 줘도 내가 정말 싫어하는 사람에게 더 큰 피해를 주면 적이 아니라 내 편이라고 느끼게 되잖아요. 당시 민중들에게는 뒤집어엎어 버리고 싶을 만큼 힘든 세상이었으니 임꺽정 무리가 도적이 아닌 의적으로 느껴졌겠죠.

가짜 임꺽정 소동

그날   낮에는 잘 숨어 있다가 밤에 활동하는 꺽지라는 민물고기처럼 임꺽정도 관군의 눈을 요리조리 잘 피해 다녔지만 그래도 결국 붙잡히잖아요.

신병주   임꺽정이 붙잡히는 과정에서 가짜 임꺽정 소동이 여러 차례 일어나요. 3년 동안 전국을 휘젓고 다니니까 조정은 임꺽정 체포에 혈안이 됐죠. 실제로 황해도순경사 이사증이라는 사람이 임꺽정을 체포했다고 당당하게 보고했는데, 나중에 조사해 보니까 임꺽정이 아니라 형 가도치임이 밝혀졌어요. 또 의주목사 이수철도 해주에 사는 윤희정을 위협해서 임꺽정이라고 자백하도록 했어요. 결국에는 가짜임이 밝혀졌죠. 이런 소동이 여러 차례 벌어졌다는 것은 그만큼 임꺽정의 존재가 매우 컸음을 보여 주는 거죠.

윤초롱 현상금도 현상금이지만 고위 관직까지 걸려 있으니 가짜 임꺽정이라도 내세워서 승진하려는 사람들이 많았을 것 같아요.

신출귀몰 임꺽정, 부하의 배신으로 체포되다

그날 결국 임꺽정은 누가 잡나요?

김성우 명종 16년에 포악하고 잔인하기로 소문난 용장 남치근을 토포사로 파견합니다. 『실록』에는 남치근이 지나가면 수백 리가 초토화된다는 얘기가 있을 정도였어요. 사람뿐 아니라 닭과 개까지 완벽하게 제압하면서 올라가죠. 그러다 마침내 임꺽정의 아지트를 공격하게 된 것이죠.

신병주 임꺽정이 변신에 능했는지 그가 체포되는 순간까지 사람들이 임꺽정을 알아보지 못했다고 해요. 『기재잡기』라는 기록에 보면 임꺽정이 최후의 순간에도 기지를 발휘해서 한 노파를 앞세우고, 이 노파가 "도적이야!"라고 소리칠 때 관군처럼 위장해서 노파를 뒤따라 나왔다고 합니다. 관군들이 '어? 저 사람도 우리 편인가?' 하고 우왕좌왕할 때, 임꺽정을 알아본 사람이 바로 서림이에요.† 서림은 관군에 투항하기 전에 임꺽정의 참모로 활약했기 때문에 누구보다 임꺽정을 잘 알고 있었죠. 결국 서림이 임꺽정을 지목하는 바람에 임꺽정이 체포된 거죠. 그래서 임꺽정이 마지막에 이렇게 한탄했답니다. "내가 이렇게 된 것은 모두 서림 때문이다. 네가 어떻게 내게 이럴 수 있느냐?"

그날 당시 사람들이 서림의 서 자를 쥐 서(鼠) 자로 바꿔서 그를 쥐새끼에 비유했다고 하잖아요. 당시에는 인터넷도 없었고, 그림도 명확지 않았을 테니 서림만 아니었으면 잡히지 않았겠죠.

> † 꺽정은 골짜기를 넘어 도망하였는데 치근이 황주에서 해주까지의 모든 장정
> 들을 동원하여 사람으로 성을 쌓고, 문화에서 재령까지를 한 호(戶), 한 막(幕)
> 할 것 없이 샅샅이 뒤지게 하니, 꺽정이 비로소 할 수 없게 되어, 한 촌가에 뛰
> 어 들어갔다. 치근이 전진하여 포위하니, 꺽정이 그 집 주인 노파를 위협하기
> 를, "네가 급히 외치면서 뛰쳐나가지 않으면 죽이겠다" 하므로 드디어 노파가 도
> 적이야 하고 외치며 문밖으로 뛰쳐나가자, 꺽정이 활과 살을 차고 군인 차림으
> 로 칼을 빼어 들고 그 노파를 쫓아오며, "도적은 벌써 달아났다"라고 하니, 군인
> 들이 그가 도적의 괴수임을 알지 못하고 일제히 외치며 뛰어갔다. 그러는 북새
> 통에 한 군사를 끌고 내려가 그가 탄 말을 빼앗아 타고 군중 속으로 달려 들어
> 가니, 역시 누가 빼앗아갔는지 몰랐다. 이윽고 한 사람이 천천히 진중에서 나와
> 산 뒤를 향하여 가면서, "갑자기 아프니 좀 누워서 치료해야겠다" 하자, 다른 한
> 사람이, "어찌 한 걸음이라도 진을 떠난단 말인가? 이놈이 의심스럽다" 하고,
> 5~6명의 말 탄 군사가 그를 추격하였는데, 서림이 멀리서, "도적이다" 외치며,
> 마구 활을 쏘아대니 상처가 심했다. 그제야, "내가 이렇게 된 것은 모두 서림의
> 행위 때문이다. 서림아, 서림아, 끝내 투항할 수가 있느냐" 하였다. 이것은 그가
> 먼저 투항하여 죽임을 당하게 한 것을 분하게 여긴 것이다.
> □ 『기재잡기』 역대 조정의 옛이야기 3

임꺽정 체포, 그 후

그날　어쨌건 조정은 완전히 축제 분위기였겠어요.

신병주　임꺽정이 체포됐다는 소식을 듣고 명종이 직접 이런 표현을 씁
니다. "나라에 반역한 큰 도적 임꺽정이 체포되어서 내가 심히
기쁘고 즐겁다." 그리고 공을 세운 사람들의 직급도 올려 주죠.
남치근은 직급이 올라가고, 그보다 공이 적은 사람들에게는 말
을 한 필씩 선물로 줍니다. 지금도 큰 행사에 승용차가 경품으로
나가죠. 이때는 말이 나갔습니다.

그날　임꺽정의 최후는 굉장히 끔찍했을 것 같은데 어땠나요?

김성우　임꺽정이 사형을 당했는지 또 어떻게 취조했는지 등에 대한 기
록은 없습니다. 다만 후대 기록 중에는 임꺽정이 끝까지 싸우다
가 화살에 맞아 죽었다는 내용이 있어요. 임꺽정의 최후에 대한

기록들을 좀 애매모호하게 처리한 거죠.

이해영 재밌네요. 임꺽정 정도 되는 사람의 죽음이라면 본보기로 삼기 위해서라도 상세한 기록을 남겼을 것 같은데 말이죠. 기록이 없다는 건 임꺽정이 영웅적으로 죽었다는 방증 아닐까요? 그래서 기록을 남기지 못하게 한 거죠.

류근 이두호 화백의 『임꺽정』에서는 끝까지 저항하다가 활을 맞고 장렬한 최후를 맞는 것으로 표현되어 있어요. 아무래도 구차하게 잡혀 죽는 것보다는 끝까지 항전하는 편이 임꺽정의 영웅 서사에 더 어울리지 않나? 이렇게 해석하신 것 같아요.

그날, 이두호 화백을 만나다

짓밟히고 천대받던 민초,
임꺽정은 바로 그의 손끝에서 재탄생했다.

꼬박 5년 2개월이란 긴 연재 끝에
대단원의 막을 내린 만화 『임꺽정』
그는 자신의 만화에서
임꺽정을 어떤 모습으로 그려 내고 싶었던 걸까?

"아무 일 없으면 그냥 백정으로 살아갈 사람인데
도적이 될 수밖에 없는 상황으로 몰고 가니까…….
저는 임꺽정을 처음부터 영웅으로 내세우진 않았거든요.
이 평범한 사람이 어떻게 도적이 될 수밖에 없었는지…….
도적이 되면 어떤 도적이 되느냐? 의적이 될 수밖에 없죠."

처음부터 도적이 되고 싶었던 자가 어디 있겠소?
백성을 도적으로 만든 자, 과연 누구란 말이오?

내가 임꺽정이라면?

그날   조선, 임꺽정과의 전쟁을 선포하다라는 주제로 많은 얘길 나눠 봤는데, 가슴이 굉장히 뜨거워지지 않으요? 당시 민초들의 삶이 오늘날 우리의 모습과도 다르지 않다는 생각을 하게 됩니다. 이 두호 화백님께서 「역사저널 그날」을 위해 직접 임꺽정을 그려 주셨어요. 여러분이 임꺽정이라면 어떤 말을 남기고 싶었을지를 여기 말풍선에 적어 주세요.

이해영   나는 지금 여기 있다! 그리고 꺽정적 상태. 민중들이 꺽정적 상태에 몰리게 되면 임꺽정은 언제라도 그곳에 있을 것이다. 백성들을 위해 존재해야 할 국가와 사회가 부조리하게 그들을 벼랑 끝으로 내모는 순간 꺽정적 상태가 된다. 바로 그곳에 임꺽정이 있을 것이다.

류근   나는 먹을 만큼 훔쳤으나 너희는 백성이 죽을 만큼 빼앗았다! 결국 누가 더 큰 도적이냐?

윤초롱   제2의 임꺽정은 없는 그날. 훗날 학생들이 배울 교과서에는 지배층의 부조리함이나 부정부패 없이 민중들이 정말 행복하게 살았던 시대가 그려지면 좋겠습니다.

김성우   더 좋은 세상에서 태어났더라면. 어려운 시대니까 그와 같은 영웅이 태어나는 것이죠. 임꺽정이 더 좋은 세상에서 태어났다면, 그래서 역사에 임꺽정이란 존재가 아예 새겨지지 않는 편이 더 좋지 않았을까? 그렇게 생각합니다.

신병주   임꺽정이 이렇게 항변했을 것 같아요. "나는 단지 안에서 곪은 종기를 터뜨렸을 뿐이다." 조선 사회가 안고 있던 문제를 그가 이렇게 터뜨렸기 때문에 이후 조정이 더 안정된 측면이 분명히 있죠. 그런 면에서 임꺽정은 역사적 역할을 한 거고요.

4

정철,
기축옥사
특검 되던 날

한 뛰어난 문필가는 "사람과 글은 다르다"라고 말했다. 사람은 글로 자신의 본모습을 감추거나 아름답게 치장할 수 있는 능력을 가졌기 때문이라는 것이다. 그런 지적은 진실에 가까운 것 같다. 나이가 들고 이런저런 경험이 많아질수록 그 지적의 설득력을 보강하는 사례를 자주 만나게 된다.

정철이라는 이름은 우선 뛰어난 문학가로 익숙하다. 그는 '송강가사'라는 표현으로 일컬어질 만큼 한국 문학사에 굵은 글씨로 기록된 인물이다. 지역과 시대를 뛰어넘어 문학가의 공통적 속성은 대체로 현실과 밀착되어 있지 않은 것이라고 생각한다. 다시 말해 뛰어난 문인은 삶이나 생각이 현실과 어느 정도 거리를 둔 경우가 많다. 이런 측면은 정철이라는 인물을 이해하는 데 중요한 요소다.

우리가 아는 조선 시대의 인물은 대부분 정치가이자 문학가, 사상가였다. 이것은 그들이 그만큼 여러 방면에 뛰어났기 때문이 아니라 시대적 환경 때문이었다. 그 사회를 지배한 근본 원리인 신분제도는 물리적으로 바꿀 수 없는 '몸의 구분'에 따라 그 밖의 거의 모든 가치를 종속시켰다.

정철은 여러 분야에서 우뚝한 인물이었다. 앞서 말했듯 그는 문학사가 기록하는 뛰어난 문인이었고 좌의정까지 오른 저명한 정치가였다. 그러나 이런 두 광채는 서로 충돌하면서 정철의 삶에 더 짙은 그림자를 만들었다. 정철이 본격적으로 활동한 시기는 조선 후기를 지배한 당쟁이 시작되던 때였다. 동서 분당(1575)이 일어났을 때 그는 40세였다.

여느 정치적 갈등을 뛰어넘는 충돌과 반목의 격랑에 대응하려면 좀 더 유연하고 현실적인 태도가 필요하다. 바로 여기서 정철의 불행이 시작되었다. 정철의 뛰어난 문학적 감수성은 이른바 '정무적'으로 행동하는

데 상당한 저해가 되었다. 그는 대부분 직설적으로 말하고 행동했다. 그 결과는 자연히 잦은 파직과 귀양으로 이어졌다. 그의 문학작품은 대부분 그런 시기의 산물이었다.

정철의 삶에서 가장 논란이 되는 부분은 기축옥사(1589)의 처리에 대한 것이다. 그는 동갑인 율곡 이이와 함께 서인을 대표하는 인물이었다. 기축옥사가 일어나기 전 정철은 대사헌으로 활동하다가 동인의 탄핵으로 고향 창평에서 4년 동안 은거했다. '미인'을 그리는 「사미인곡」, 「속미인곡」은 이때의 산물이다.

기축옥사가 일어나자 정철은 우의정으로 화려하게 복귀했다. 그때 이이는 별세했기 때문에 정철은 서인의 영수로 받들어졌다. 위관에 임명된 정철은 사건을 강경하게 처리했다. 그 과정에서 최영경, 이발을 비롯한 동인의 주요 인물들이 비참하게 죽었다. 반면 정철은 이듬해 좌의정에 오르고 인성부원군에 책봉되어 외형적 경력의 정점에 올랐다.

정여립이 실제로 모반을 추진했는지는 지금까지 논란에 싸여 있다. 다시 말해서 정철은 좀 더 신중하게 수사했어야 할 사건을 가혹하게 처벌한 것이다. 이런 직정적(直情的) 행동은 그의 문학적 감수성과 상당한 관련을 맺고 있다고 생각한다. 최근에는 이 사건에 선조가 가장 크게 개입했다는 견해가 많다. 왕정의 원리나 선조의 정치 운영 방식 등을 생각할 때 타당한 판단이다. 앞서 말했듯 사람은 거의 모두 이중적이거나 다면적인 존재다. 정철이 남긴 문학적 업적과 정치적 행보는 그 도드라진 사례다.

정철, 기축옥사 특검 되던 날

1589(선조 22)년 10월,
선조 앞으로 한 통의 비밀 장계[1]가 올라온다.
바로 역모를 고발하는 내용이었다.

크게 노한 선조는
역모 사건의 주모자로 지목된 정여립이 죽은 뒤에도
그와 관련 있는 사람들까지 모조리 잡아들인다.

3년이나 이어진 수사 기간 동안
목숨을 잃은 사람만 1000여 명.
조선 최대의 옥사, 기축옥사다.

그런데 이 참극의 한가운데엔 송강 정철이 있었다.
역모 가담자를 색출하는 총책임자로서 국문[2]을 담당한 것이다.

조선 시대를 대표하는 가사 문학의 대가로,
정치인보다는 시인으로 널리 알려진 송강 정철.

그는 왜 피비린내 나는 정치 참극의
중심에 있었던 걸까?

그날 오늘 살펴볼 그날은 정철, 기축옥사 특검 되던 날입니다. 흔히
송강 정철 하면 시인이라고 알고 있는데, 이처럼 냉혹한 정치인
이었다는 거 알고 계셨나요?

이해영 그러게요. 학교 다닐 때 국어 교과서에서만 봤던 분이라 약간 의
외네요. 학생 때 「관동별곡」 외우느라 고생 많이 했죠. '강호에
병이 깊어 죽림에 누웠더니' 이렇게 시작하잖아요. 제가 이 나이
먹도록 「관동별곡」 시작을 외우고 있을 정도면 국문학에서 정철
의 존재감은 정말 엄청난 거죠.

조선 최대의 정치 참사에 개입한 정철

그날 정철은 조선 최대의 정치 참극이라고 불리는 기축옥사에 왜 개
입하게 된 건가요?

이근호 기축년(1589)에 일어난 일이기 때문에 기축옥사라고 얘기를 하
는데요. 다른 말로 하면 정여립 역모 사건이 됩니다. 사건의 주
모자 정여립과 관련자들을 처벌하는 과정에서 많은 사람들이 고
초를 겪고 화를 입어요. 바로 이때 정철이 이 사건의 위관으로
임명된 것이죠.

신병주 위관은 수사 책임자를 말해요. 기축옥사가 얼마나 큰 사건이었
냐면 여기에 연루되어 희생된 사람만 1000명이 넘었다고 합니
다. 우리가 흔히 16세기 4대 사화로 무오사화, 갑자사화, 기묘
사화, 을사사화를 꼽잖아요. 이 4대 사화의 희생자를 다 합하면
500명 정도 된다고 해요. 그런데 기축옥사 하나의 희생자 수가
그 두 배에 가까우니 당시에 이 사건이 얼마나 엄청난 것이었는
지를 알 수 있죠.

그날 송강 정철이 한국사 교과서에 자주 나오나요?

이다지 교과서에 정철이 나오기는 하는데, 정치인으로서의 모습은 거의

정선, 「죽서루」 정철이 「관동별곡」에서 노래했던 강원도 삼척의 죽서루를 그렸다.

부각되지 않고 주로 문학 파트에 등장합니다. 가사 문학의 대가
로요. 기축옥사와 관련해서는 역모의 주인공인 정여립만 부각됩
니다.

정철에 대한 극과 극의 평가

류근   '정철은 이런 사람이다.' 이렇게 한 줄로 요약하기가 참 곤란해
요. 정철에 대해서는 "성품이 편협하고 말이 망령되며 행동이 경
망했기 때문에 원망을 자초했다"라는 기록도 있고, 다른 한편으
로는 "충성스럽고 청렴하며 강직하고 절개가 있어 한결같은 마
음으로 나라를 근심했다" 이런 기록도 있어요.[†] 한 사람에 대한
평가가 이렇게 극단적으로 나뉠 수가 있는 겁니까?

이해영   다른 사람 이야기라고 해도 좋을 만큼 상반되는 평가네요. 대체
정철이 무슨 일을 어떻게 했기에 이렇게까지 극단적으로 평이
나뉘는 건가요?

신병주   정철에 대한 부정적인 기록은 북인들이 주도해서 쓴 『선조실록』

에서 따온 것이고요. 긍정적인 것은 『선조수정실록』의 기록인데, 『선조수정실록』의 편찬을 담당한 세력이 서인이에요. 정철이 바로 서인 소속이었죠. 그래서 서인들이 기록한 『선조수정실록』에는 긍정적인 표현들이 꽤 있는 거죠.

> † 정철은 성품이 편협하고 말이 망령되고 행동이 경망하고 농담과 해학을 좋아했기 때문에 원망을 자초하였다. 최영경이 옥에 갇혀 있을 적에, 그가 영경과 사이가 좋지 않다는 것은 나라 사람이 다 같이 아는 바이고 그가 이미 국권을 잡고 있었으므로 법을 집행하는 사람들도 모두 정철과 잘 알고 지내는 사이였다. 그런데 마침내 죽게 만들었으니 가수(假手)했다는 말을 어떻게 면할 수 있겠는가. 게다가 일에 대응하는 재간도 모자라 처사가 소루하였기 때문에 양호(兩湖)의 체찰사로 있을 때에는 인심을 만족시키지 못하였고, 중국에 사신으로 가서는 전대(專對)에 잘못을 저지르는 등 죄가 잇따랐으므로 죽을 때까지 비방이 그치지 않았다.
> ☐ 『선조실록』 26년(1593) 12월 21일

> 정철과 같은 사람은 충성스럽고 청렴하고 강직하고 절개가 있어 한결같은 마음으로 나라를 근심하니, 비록 국량이 좁고 소견이 편벽되어 고집을 세우는 병통이 있으나 그 기개와 절조를 논한다면 실로 한 악조(鶚鳥)에 견줄 수 있는 자인데……
> ☐ 『선조수정실록』 12년(1579) 5월 1일

정철, 로열패밀리에서 나다

그날   정철에 대한 이해를 돕기 위해서 특별한 걸 준비해 봤습니다. 바로 정철을 이해하는 키워드인데요. 먼저 은수저에 대해 이야기해 볼까요? 이게 무슨 뜻이죠?

이근호   아마도 정철이 귀한 집안에서 나고 자랐음을 이야기하는 것 같습니다.

그날   아, 입에 은수저를 물고 태어났다. 그런 얘기군요.

이근호   정철의 가계를 살펴보면 누이 가운데 한 분이 인종의 후궁이 되고, 다른 한 분은 성종의 손자인 계림군³에게 시집을 갑니다. 말하자면 정철 집안은 왕실과 인척 관계를 맺을 만큼 대단한 집안

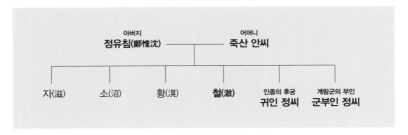

<table>
<tr><td colspan="3"></td><td>아버지
정유침(鄭惟沈)</td><td colspan="3">어머니
죽산 안씨</td></tr>
</table>

| 자(滋) | 소(沼) | 황(滉) | **철(澈)** | 인종의 후궁
귀인 정씨 | 계림군의 부인
군부인 정씨 |

정철 가계도

이었던 거죠. 실제로 정철은 명종이 임금이 되기 전 대군으로 있을 때 같이 놀기도 했대요. 정철이 스물일곱 살에 과거에 급제를 하는데요. 그때 명종이 정철을 특별히 불러서 술과 음식을 내릴 정도로 친한 사이였다고 해요. "자주 보고 싶으니 내가 다니는 서문 쪽으로 출입하라" 이렇게 명할 정도로 말이죠.† 그러니 왕실과 상당히 밀접한 관련이 있는 인물이라고 볼 수 있죠.

그날   왕의 소꿉친구라면 로열패밀리 출신이 맞네요.

신병주   정철의 두 누이가 왕실에 시집간 걸 보면 정철 집안이 아주 훌륭한 집안이었음을 알 수 있죠. 그런데 사실 정철은 어린 시절에 큰 비극을 겪어요. 매형인 계림군이 을사사화에 연루되어 그의 형과 함께 처벌을 받거든요. 그래서 정철도 전라도 창평으로 낙향해요. 그러다가 비교적 늦은 스물일곱 살에 중앙에 진출하게 되었죠.

> † 어린아이 때 동궁을 드나들었는데, 명종이 대군으로 있을 때 정철과 유희하면서 매우 가깝게 지냈다. 정철이 장원에 등제한 방목(榜目)을 보고는 매우 기뻐하여 액문(掖門) 안에서 특별히 주찬(酒饌)을 내리라고 명하니, 정철이 사양하기를, "이미 출신(出身)한 이상 남의 신하 된 입장에서 감히 이런 사례(私禮)를 받을 수 없습니다" 하였다.
> □ 『선조수정실록』 26년(1593) 12월 1일

일필휘지, 천부적인 문학가 정철

그날　다음은 붓인데요. 이건 좀 뻔하네요. 정철은 시인이니까. 문학적
　　　재능이 대단했다고 하죠.

이다지　정철은 시를 쓸 때 단숨에 한 장을 쭉 써 내려갔다고 해요. 저는
　　　친구나 부모님께 감사 편지 한 장 쓸 때에도 문구가 잘 생각이
　　　안 나는데 말예요. 이렇게 글을 줄줄 써 내려간다는 건 정철에게
　　　천부적인 재능이 있었다는 뜻 아닌가요?

신병주　네, 맞습니다. 붓은 정철의 문학적 재능을 나타내죠.

한 잔 먹세그려, 정철의 못 말리는 술 사랑

류근　다음 키워드는 술병이네요. 이것도 설명이 필요 없을 것 같아요.
　　　그렇죠? 정철 하면 떠오르는 이미지가 술이잖아요? 이분이 권주
　　　가도 많이 지었어요. 대표적으로 「장진주사」, 다들 아시죠?

　　　　　　　한 잔 먹세그려.
　　　　　　　또 한 잔 먹세그려.
　　　　　　　꽃 꺾어 술잔 수 세며
　　　　　　　무진무진 먹세그려.

　　　당시 남자들의 호기로운 낭만 같은 게 느껴지죠.

신병주　정철이 술을 너무 좋아하니까 선조가 정철에게 은잔을 하사하면
　　　서 "하루에 한 잔씩만 마시시오" 그랬대요. 그러니까 정철이 그
　　　은잔을 두드려 펴요. 그럼 잔이 움푹 패이잖아요. 그렇게 잔을
　　　늘여서라도 술을 더 마시고자 한 거죠.

그날　술꾼들은 어떻게 해서든 술 마실 방법을 마련하네요. 그런데 술
　　　을 잘 마신다는 건 장점일수도 있지만 큰 단점이 될 수도 있는

선조가 정철에게 하사한 은잔

거 아닌가요?

이근호 그렇죠. 실제로 술과 관계된 단점들을 지적한 기록들이 많습니다. 평상시에 정무를 보다가도 술 때문에 태도가 흐트러졌다는 기록도 있고요. 선조 16년에 정철이 예조판서로 임명되는데, 이때 대간들이 '정철은 술을 너무 좋아해서 일이 안 된다. 저런 사람이 어떻게 예조판서를 할 수 있겠느냐?' 하면서 탄핵했다고 해요. 정철의 정적들이 그를 공격할 때 술을 자주 언급했다고 할 만큼 곳곳에 술과 관련된 얘기가 있어요.†

이다지 정철이 쓴 글을 보면 스스로도 그걸 괴로워하고 있다는 게 느껴져요. 자기가 술에 취해 했던 행동을 기억하지 못하는 거예요. 그래서 '생각이 안 나는데 부끄러워 죽고 싶다' 하고 반성문을 쓴 적도 있대요. 또 친구에게 자기를 좀 제어해 달라고 부탁하기도 하고요. 그런 걸 보면 정철이 정치적으로는 독단적인 면이 있지만 실제로는 마음이 여린 사람이었을 것 같다는 생각이 들더라고요.

그날 충분히 가능한 얘기예요. 인간적인 면이잖아요.

† 사헌부가 아뢰기를, "도승지 정철은 술주정이 심하고 광망(狂妄)하니 체직시
키소서. 원접사의 종사관은 그 재주만을 취하는 것이 아니라 반드시 한때의 극
선(極選)인 물이어야 하는데 고경명은 전일에 권간에게 붙었었으니 다시 차
임하도록 하소서" 하니, 윤허하지 않는다고 답하였다. 연일 아뢰었으나 끝내 윤
허하지 않았다.
☐ 『선조실록』 13년(1580) 9월 13일

사헌부가 아뢰기를, "예조판서 정철은 술을 좋아하고 실성하여 지난날 승진 발
탁했던 일에 대하여도 아직까지 물의가 많은데 반년도 채 못 되어서 또 갑자기
종백(宗伯)으로까지 초수(超授)하니 물정(物情)이 온편치 못하게 여깁니다. 개
정하소서" 하였으나, 윤허하지 않았다.
☐ 『선조실록』 16년(1583) 4월 1일

정철, 왕에게 돌직구를 던지다

그날 　마지막 남은 키워드는 야구공이네요. 이게 뭐죠?

신병주 　요즘 돌직구라는 표현 쓰죠? 야구공은 아마 돌직구를 상징하는
　　　　물건 같아요. 정철은 원칙에 충실하고 고집이 세고, 또 자기 신
　　　　념을 굽히지 않는 사람으로 유명했죠. 일례로 명종의 종형인 경
　　　　양군이 자신의 서얼 처남을 때려죽인 사건이 발생해요. 이때 정
　　　　철이 사간원 정언으로 있었어요. 그래서 명종이 정철을 불러다
　　　　가 "이게 다 우리 왕실 사람들 일이니, 너무 시끄럽게 하지 말고
　　　　가만히 있어라" 그랬대요. 그런데 "안 됩니다" 하면서 끝까지 버
　　　　틴 거죠. 이 일로 정철은 명종의 눈 밖에 나서 주요 관직에는 오
　　　　르지 못하게 돼요.†

이근호 　한번은 정철이 선조 앞에서 "국왕께서 아무리 청천벽력같이 진
　　　　노하셔도 저는 할 말 다 하겠나이다"라고 말했다고 합니다. 이에
　　　　선조가 크게 화가 나서는 결국 정철의 관직까지 빼앗아요. 그만
　　　　큼 정철은 소신을 굽히지 않았어요.

그날 　대쪽 같은 면모가 있었네요. 어쨌건 정철이 위관으로 활약했던

기축옥사라는 게 애초에 정여립이 역모를 꾸몄다는 고변에서 시작되잖아요. 마침 이 사건을 다룬 드라마가 있어서 준비해 봤습니다.

† 얼마 후에 정언(正言)에 임명되었는데, 이때 대중(臺中)에서는 바야흐로 경양군(景陽君)이 처가의 재산을 빼앗으려고 서얼 처남을 꾀어 죽인 사건을 논하면서 법대로 처벌할 것을 청하고 있었다. 명종이 친속으로 하여금 정철을 설득시켜 논박을 정지하도록 하였는데, 정철은 감히 그렇게 하지 못하였다. 이로부터 정철은 파면되어 광주에 돌아가 있게 되었는데, 여러 번 청망(清望)에 주의(注擬)되었으나 3년 동안 낙점을 받지 못하였다.
□ 『선조수정실록』 26년(1593) 12월 1일

기축옥사의 시작, 정여립 역모사건

역모의 주모자로 몰린 정여립이
관군에 쫓기다 최후를 맞은 곳 죽도.
정여립의 시체를 찾으러 온 관군들이
하나둘 목숨을 잃는다.

관군들은 억울하게 죽은 정여립과 죽도 사람들의 원혼이
한을 품었다고 생각한다.
과거 정여립을 알았던 한 관군은
정말 역모 사건이 있었는지 의문을 품는다.

모두가 평등한 세상을 꿈꿨던 정여립.
하지만 정여립의 사상은 지나치게 시대를 앞선 것이었다.
정여립과 그를 따르던 사람들은 관군에게 쫓기게 된다.

결국 정여립은 역모를 꾀했다는 이유로
그 자리에서 죽음을 맞는다.
하지만 정여립이 죽은 후에도 진안 일대에는
그가 아직 살아 있다는 소문이 돈다.

정여립 역모 사건과 그의 죽음을 둘러싼 의혹,
과연 진실은 무엇일까?

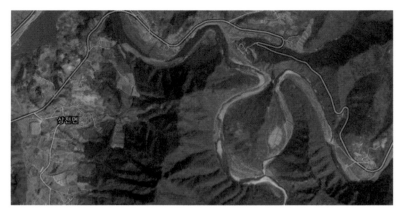

전라북도 진안군에 위치한 죽도 강물이 삼면을 휘감아 섬과 같은 형태를 이루고 있다.

죽도에 맺힌 정여립의 한

그날   추억의 드라마, 「전설의 고향」으로 본 정여립 역모 사건이었습니다. 그런데 저게 어디까지가 사실인가요? 죽도는 실제로 있는 곳인가요?

신병주   네, 지금도 전라도 진안에 가면 강물이 삼면을 휘감고 들어가서 섬과 같은 형태를 이룬 곳이 있는데, 그곳이 바로 죽도예요. 기록에는 정여립이 죽도에서 자결한 것으로 나오는데 드라마에서는 처형당한 것으로 그려졌죠.

이근호   정여립의 죽음과 관련해서는 두 가지 이야기가 있습니다. 첫 번째는 드라마에서처럼 선전관이 군사를 대동하고 근방을 포위하고 있다가 정여립을 죽인 뒤 조정에는 자결했다고 보고했다는 것이죠. 여기서는 정여립의 시신을 한양으로 옮긴 뒤 추가로 능지처참까지 했다고 합니다. 다른 의견은 정여립이 체포될 것을 예상하고 선전관이 파견됨과 동시에 자살했다는 것이고요.†

† 17일에 선전관 이용준, 내관 김양보가 전주에 달려가니, 그때 여립은 금구 별장에 있다가 일이 발각되어, 밤중에 그 아들 옥남과 일당인 안악 사는 변범과 박연령의 아들 춘룡 등을 데리고 진안 죽도로 도망가서 숨었다. 진안현감 민인백이 관군을 거느리고 가서 둘러싸서, 여립의 무리가 바위 사이에 둘러앉아 있는 것을 보고, 인백이 여립을 생포하고자 왕명을 전한 후, 관군들로 하여금 너무 적에게 가까이 달려들지 않게 하였다. 여립이 먼저 칼을 들어 변범을 치니 곧 죽었다. 또 옥남과 춘룡을 쳤으나 죽지 않고 땅에 쓰러졌다. 여립은 칼자루를 땅에 꽂아 놓고 스스로 칼날에 목을 대고 황소울음 같은 소리를 하면서 곧 죽었다. 관군은 두 시체와 옥남, 춘룡을 잡아 왔다.
□ 『연려실기술』 『선조조 고사본말』 기축년 정여립의 옥사

정여립은 어떤 인물인가

그날   정여립은 어떤 사람이었나요?

신병주   정여립은 어려서부터 기백이 남달랐고 무술, 특히 활쏘기에 뛰어났다고 해요. 열다섯 살 무렵에 현감이었던 아버지를 대신해 정무도 봤다고 하고요. 그때 아전들이 진짜 현감보다 아들인 정여립을 훨씬 더 두려워했다는 기록이 있습니다. 실제로 정여립이 일도 더 잘한 모양이에요. 정여립은 또 언변이 뛰어나서 '그의 이야기를 들은 사람들은 모두 탄복했다'라는 기록도 전해집니다.[†]

이근호   또 하나 주목되는 것은 정여립의 사상이 굉장히 급진적이었다는 거예요. 그는 '천하는 공물(公物)인데 어찌 정해진 임금이 있겠는가?' 이런 얘기도 했다고 해요. 당시로서는 상당히 급진적이고 선진적이었다고 할까요.

그날   '어찌 정해진 임금이 있겠는가.' 16세기 조선이라는 배경을 놓고 보면 정여립은 정말 선구자거나 몽상가였던 것 같아요. 어찌 됐건 평범한 사람은 아닌 거죠. 또 대동사상[4]이라는 것은 근대 민주주의 사상과도 통하는 면이 있고, 공화제와도 닮아 있네요.

이다지   서양 근대사를 살펴보면 영국의 청교도혁명[5]에서 처음 공화정이

선포되는데, 그때가 1649년이에요. 시기적으로 봐도 거의 60년
이나 앞선 사상이었던 셈이죠.

그날 체제에 불만 있죠, 카리스마 있죠, 게다가 혁명 사상으로 뭉쳐
있기까지. 기득권 입장에서 정여립이 굉장히 위험한 인물이었
음은 틀림없네요. 그런데 아무리 급진적인 생각을 갖고 있다 하
더라도 가만히 있는데 역모로 몰릴 일은 없을 테고, 역모 혐의가
입증이 됐나요?

이근호 기록에 따라서 입증이 안 된 부분도 있습니다. 선조 즉위 이후에
사림이 집권하게 되고, 그 후에 동인과 서인이 등장을 하죠. 정
여립은 처음엔 서인의 후원을 받고 정계에 진출했다가 나중에는
동인으로 당색을 바꿉니다. 때문에 서인들에게서 미움을 받았던
게 아닌가 싶어요.

그날 서인 입장에서 보면 변절자죠. 또 선조가 정여립을 특히 미워했
다고 하잖아요.

> † 여립의 나이 십오륙 세가 되었을 때에 그 아버지 희증이 현감이 되었는데 여
> 립이 따라가서 한 고을 일을 전부 제 마음대로 처단하니, 아전들은 여립의 말만
> 을 따르게 되었고 희증은 혀만 찰 따름이었다. 금구에서 장가들어 그곳에서 살
> 았고 과거에 급제하였다. 벼슬을 버리고 돌아와서 글 읽기에 힘쓰니, 이름이 전
> 라도 일대에 높이 나서 죽도 선생이라고 일컫기에 이르렀다.
> 여립이 기백이 굉장하고 말솜씨가 좋아서 입을 열기만 하면 그 말이 옳고 그른
> 것은 불문하고 좌석에 있는 이들이 칭찬하고 탄복하였다. 항상 말하기를, "사마
> 광이 위나라로 정통을 삼아 기년(紀年)한 것은 참으로 직필(直筆)이다. 천하는
> 공물(公物)이니 어찌 일정한 주인이 있으리요. 요, 순, 우가 임금의 자리를 서로
> 전하였으니 성인이 아닌가" 하였다.
> □ 『연려실기술』 「선조조 고사본말」 기축년 정여립의 옥사

16세기 조선의 정치 지형, 사림의 분당

이다지 사림의 분당, 이 부분이 학생들이 정말 어려워하는 부분이에요.
학생들이 농담 삼아서 한국사에 무덤이 몇 개 있는데, 그 첫 번

째 무덤이 여기라고 하거든요.

이해영 저도 그래요. 「관동별곡」은 외워도 이건 헷갈려요.

신병주 우리가 흔히 16세기를 사림의 시대라고 하죠. 사림파가 등장해서 훈구파와 대립하다가 결국 4대 사화가 일어나잖아요. 그런데 궁극적으로는 4대 사화 이후에 사림파가 승리를 해요. 훈구 세력을 몰아낸 사림파가 권력을 잡으면서 사림 내부에서 의견 다툼이 일어납니다. 이때 가장 큰 이슈는 '기존의 훈구 세력을 어떻게 처리할까?' 하는 거예요. 이 중에서 훈구, 특히 외척을 확실하게 내치자는 쪽이 동인이 되고, 일부 양심 있는 외척과는 함께 갈 수도 있다는 쪽이 서인이에요. 지역적으로는 동인의 영수였던 김효원이 서울의 동쪽, 예전 동대문운동장 근처인 건천동에 살아서 동인이고, 서인의 영수 심의겸은 서쪽의 정릉에 살아서 서인이 되는 겁니다.

그날 현대 정치에서도 상도동 YS, 동교동 DJ 이렇게 동 이름을 붙이잖아요. 저 때에도 그런 개념이 있었나 봐요.

신병주 그 뿌리가 여기서 나오는 거예요. 흔히 상도동계, 동교동계라는 말을 쓰는데, 뒤에 김대중 대통령이 일산으로 이사 가셨는데도 일산계라고 안 하잖아요.

이해영 비슷한 예로 흔히 영화계를 충무로라고 부르지만, 지금 충무로엔 영화사가 하나도 없거든요.

정여립 역모 사건은 조작된 것이 아닐까?

류근 아무리 생각해도 정여립 역모 사건은 조작 같아요. 기록에 보면 정여립이 사건이 터졌을 때 도망을 갔다고 나와요. 보통 역모라고 하면 증거인멸이 상식 아니겠어요? 그런데 도망가면서 편지 한 장 폐기한 바가 없어요. 그냥 맨몸으로 도망가거든요. 그 문서들이 단서가 돼서 기축옥사가 났을 때 정여립과 조금이라도 인연이 있던 사람들은 전부 걸려 들어간단 말이죠. 이렇게 어리숙한 역모가 가능할까요?

그날　서신에서 이름만 발견돼도 가담자라고 모두 죽임을 당했다면서요. 역시 큰일을 도모할 때는 흔적을 전부 다 지워 버려야 돼요.

이다지　실제로 이 사건이 발각됐을 당시 역모 사건인데도 무기 한 점 발견되지 않았다고 해요. 무기 없이 역모가 가능한가요? 더군다나 체포령이 떨어져서 도망을 가는데 굳이 자신의 근거지인 죽도로 갔다는 것도 굉장히 의심스러운 일이죠. 정여립의 정적들이 이 사건을 1000여 명이 희생되는 엄청난 옥사로 확대했다는 점도 중요한 사실이고요.

신병주　처음 정여립 사건의 수사 책임자, 즉 위관을 맡았던 사람은 동인이었어요. 심지어 정여립과 친분도 상당했던 사람이어서 서인들이 크게 반발했죠. 그래서 결국 정철이 수사 책임자가 된 거고요.

이근호　선조는 동인과 서인을 적절히 섞어서 정치 운영을 하는데요. 선조 17년에 율곡 선생이 돌아가신 뒤에는 대체로 동인이 집권합니다. 결국 서인들은 정계에서 물러나게 되었고, 정철 또한 절치부심했을 거예요. 바로 그때 정여립이 역모을 꾀했다는 고변이 올라옵니다. 정철은 이걸 기회라고 생각했을 수 있죠. 주위에서는 정철의 성격을 알고 좀 만류했던 거 같아요. '너무 급하게 하지 마라' 그랬는데도 굳이 궐에 들어가 상소를 올립니다. 형벌을 엄하게 하고 계엄령을 선포하여 관련자를 더 잡아들이라고요. 그렇게 옥사가 확대된 거죠.

그날　기회만 벼르고 있던 서인들이 정여립 사건을 계기로 동인을 다 쓸어버리고자 했던 것 같아요. 사건을 본질과 다르게 확대해서 이용하기 시작한 거 같네요. 심지어는 "정여립, 그 양반 인물 참

헌칠해"이 정도 말한 걸로도 잡아갔대요. 스치기만 해도 잡혀갔
다는 게 맞는 거죠.

신병주 기축옥사가 전개되는 과정에도 문제가 많습니다. 본래 사형이
성립되려면 결안(結案)[6]이라는 문서가 있어야 하는데, 문서가 작
성되기 전에 먼저 처형해 버려요. 결국 이 사건은 정여립 역모의
진위를 밝히고, 가담자를 처리하는 문제가 아니라 반대 세력인
동인을 탄압하는 수단으로 변질돼 버린 거죠.

이다지 어떻게 보면 일제강점기에 순사나 헌병 경찰들이 한국인들 대상
으로 시행했던 즉결 처분과 비슷하네요. 적법한 절차 없이 처벌
할 수 있었다는 거잖아요.

그날 계유정난 때 한명회의 살생부에 오른 인사들을 처리하는 과정과
도 비슷한데요.

이근호 처리 과정에 문제가 있었다는 것은 서인들도 어느 정도 인정을
합니다. 이 사건과 관련해서 희생된 사람 중에 조대중이라는 사
람이 있는데, 이분이 전라도 도사를 역임했어요. 조대중이 자기
가 데리고 있던 기생하고 이별하면서 눈물을 보인 모양이에요.
그런데 그 눈물이 정여립의 죽음 때문이라고 와전된 거죠. 또 한
분이 김빙이라는 사람인데, 이분은 평소에 눈병을 앓았대요. 눈
병 때문에 바람만 불면 눈물이 줄줄 흘렀는데 마침 정여립의 시
신을 서울로 가지고 와서 능지처참할 때 바람이 불어서 눈물을
흘리게 된 거예요. 이게 정여립의 죽음을 슬퍼한 거라고 오해를
사서 화를 당했다는 기록도 있습니다.

그날 연산군 때도 그렇고 사화나 옥사 때는 어이없는 죽음들이 너무
많네요.

국문은 어느 정도로 잔혹했나?

그날　기축옥사의 국문 과정이 굉장히 잔인했다고 들었어요. 어느 정도였나요?

신병주　이때는 단근질[8]이라고, 불에 달군 쇠로 몸을 지지는 참혹한 고문으로 사람을 죽였다는 기록도 나와요. 특히 정철하고 앙숙 관계에 있던 이발이라는 인물을 처리하는 과정이 문제가 됩니다. 이발의 경우는 본인은 물론이고 그의 80세 노모와 열 살 된 아들이 끌려가 처형을 당합니다. 잔혹한 고문 끝에 말이죠.[†]

그날　노모와 열 살 아들까지 죽였다는 건 너무 충격적인데요. 대체 고문이 어땠기에 사람이 죽기까지 하는 건가요?

심재우　이발의 아들은 매를 맞다가 죽고, 노모는 압슬이라는 고문을 받다가 죽습니다. 압슬은 바닥에 사기 조각이나 자갈을 깔고 무릎을 꿇게 한 뒤, 그 위에 널빤지를 올려놓고 여러 사람이 올라가서 짓밟는 고문입니다.

그날　매를 맞았다고 해서 저는 곤장을 친 줄 알았어요. 그런데 곤장도 종류가 여러 가지인가 봐요.

심재우　그렇죠. 사람들이 많이 오해하는 부분인데요, 사실 곤장은 조선 후기에 나옵니다. 정조 때 관리들의 형장 남용을 막기 위해서 형구 규격을 전부 통일했는데요. 그중에서 제일 길고 무거운 게 중곤(重棍)입니다. 무거울 중 자를 쓰고, 길이는 180센티미터 정도 됩니다.

그날　제 키보다 크네요.

심재우　그다음 대곤은 170센티미터 정도고, 가장 작은 소곤은 160센티미터보다 조금 짧습니다. 곤장이 상당히 가혹한 매인데요. 구한말 외국인 선교사들의 기록을 보면 곤장 서너 대에 피가 솟고 열 대에 살점이 묻어났다고 합니다.

김윤보, 「형정도」 조선 시대 형정(刑政)을 잘 보여 준다.

그날　정말 잔인하네요.

> † 이발, 이길이 죽은 뒤 12월에 이발의 어머니 윤씨와 여러 손자가 모두 끌려와 갇혔다. 윤씨는 그때 나이 82세였고, 여러 손자들은 8, 9세짜리가 많았다. 상이 국문하고자 하자, 정철이 끝까지 법을 인용하여 논계하니, 그대로 옥중에 구류하였다. 이후 경인년 5월에 유성룡이 위관이 되자, 윤씨를 추문하여 압슬형(널빤지로 무릎을 누르던 형벌)까지 가하니, 윤씨는 다만 말하기를, "아프구나, 아프구나. 자식이 이미 역적과 친했으니 진실로 죽어 마땅하지만, 만약 함께 역모했다 이른다면 천만 애매하다. 설사 함께 역모를 했다 하더라도 이 늙은 몸이 어떻게 알겠는가?" 하고, 마침내 죽었으며, 여러 손자들도 모두 불복하고 죽었으며, 하인 10여 명이 하나도 난언(亂言)하는 자가 없었다. 이길이 역적의 정상을 알면서도 즉시 고발하지 아니하여 온 집안이 씨도 남지 못하게 하였으니, 이길의 무식은 죽어도 아까울 것이 없으나, 이발 같은 효도와 우애로서 마침내 이 지경에 이른 것은 운명이다.
>
> □ 『혼정편록』 5

드라마 속 고증 바로잡기, 주리와 사약의 비밀

그날　보통 드라마에서 국문하는 장면이 나오면 "저놈의 주리를 틀라" 이게 제일 인상적인데 주리는 언제부터 쓰기 시작한 건가요?

심재우　조선을 배경으로 하는 사극을 보면 조선 전기 후기 할 것 없이 국문할 때 으레 주리를 틉니다. 고증이 잘못된 겁니다. 주리는 17세기 정도부터 시작되었고, 그것도 포도청이나 지방의 토포영에서 도적을 심문할 때 썼던 고문입니다. 또 하나 『춘향전』에 보면 춘향이가 목에 칼을 쓰고 옥에 갇히지 않습니까? 당시 규정에 의하면 여성의 경우에는 목에 칼을 씌울 수 없었습니다. 이렇게 했다는 얘기는 변학도가 규정을 무시하고 직권을 남용한 것이죠. 또 사극에 자주 등장하는 장면이 사약을 마시는 장면입니다. 하지만 사극에서처럼 죄인이 사약을 마시자마자 그 자리에서 바로 죽지는 않았던 거 같아요. 야사에 의하면 숙종 대 송시열은 사약 한 사발을 마시고 죽지 않아서 두 사발이나 마셨다고 합니다. 명종 때 을사사화에 연루된 임형수라는 분은 사약을 무려 열여덟 사발이나 마셨는데도 죽지 않아서 결국 목을 매어 죽였다는 기록도 있어요.†

† 금호 임형수는 사약을 받을 때에 형관(刑官)에게 청하기를, "조정에서 자진하라는 명을 내렸으나 반드시 약을 마시고 죽어야만 자진이 되는 것은 아니니, 목을 매어 죽게 할 수도 있겠느냐"라고 하자, 형관이 그의 청을 들어주었다. 드디어 방에 들어가서 벽에다 구멍을 뚫고 나졸에게 밖에서 목맨 끈을 당기라 하였다. 이윽고 나졸이 죽었는지를 확인하기 위하여 방에 들어가 보니 벽 구멍에는 목침 하나가 붙어 있을 뿐이고 금호는 방 한구석에 누워서 손으로 자기 엉덩이를 치고 웃으면서, "평생에 해학을 좋아했으므로 오늘 마지막으로 해 본 것이다" 하고, 마침내 목을 매어 죽었으니 이는 단정한 선비의 할 일은 아니나 역시 금호공의 호탕한 기개를 볼 수 있었네.
☐ 『송자대전』 제75권

기축옥사의 중심에 섰던 정철

그날 노모와 어린 자식까지 고문으로 죽임을 당하는 그런 잔인한 옥사의 한가운데에 정철이 있었다는 거잖아요.

신병주 정철은 수사 책임자로서 옥사를 강경하게 진행했기 때문에 욕을 많이 먹어요. 『선조실록』을 보면 '정철은 자기와 뜻이 다른 자는 모조리 때려잡았다', '나라에 큰 함정을 만들어서 사람들을 빠뜨렸다' 이런 식으로 사건에 가담하지 않은 사람들에게도 죄를 뒤집어씌웠다는 내용이 많습니다.†

이다지 정철도 이 사건의 책임자가 되면 비난받게 될 것을 충분히 예상했을 텐데, 애초에 왜 이런 자리를 맡았는지 이해가 안 돼요.

이해영 아까 말한 은수저에 답이 있지 않을까요? 좋은 집안 태생으로 대군 시절의 명종과 함께 뛰어놀면서 궁궐 생활도 좀 엿보았고요. 그래서 본인은 유복한 삶을 살 거라고 철석같이 믿었는데, 사화 때문에 형과 매형이 비참하게 죽고 아버지도 유배를 가잖아요.

그때 권력에서 내쳐지면 어떻게 되는지 깨달은 거죠. 그게 정철에게 일종의 트라우마로 작용하지 않았나 싶어요. 오랫동안 칼을 갈고 있었던 거죠.

류근 정철 개인의 권력욕만으로 설명하기에는 일이 너무 커졌단 말이에요. 정치가로서의 정철은 소신이 매우 강한 원칙주의자의 면모를 보이잖아요. 그런 것 때문에 정여립 사건이 터졌을 때 '서인의 영수로서 내가 나서지 않을 수 없겠다' 이런 생각을 하지 않았을까요?

이다지 저도 비슷한 생각인데요. 서인의 대표 하면 누가 떠오르세요? 보통은 율곡 이이를 생각하는데 율곡이 죽은 뒤로는 서인의 대표 혹은 정신적 지주가 따로 없었던 거 같아요. 정철은 자신이 정한 원칙을 철저하게 지켰고, 동인은 틀리고 서인이 옳다고 확신했던 사람이기 때문에 서인의 영수로서 그렇게 했던 게 아닌가 하는 생각이 들어요.

이해영 정철이 서인의 영수를 자처했다면 1000명이 넘는 사람의 목숨을 빼앗기 전에, 먼저 대화하고 관용을 베풀어서 화해할 방법을 고민했어야 하는 거 아닌가요? 칼을 너무 빨리 뽑아 든 것 같아요. 서인의 영수로서 불가피한 선택이었다고 해도 이해할 만한 부분은 좀 적죠.

류근 우리가 정치에 대해 이야기할 때 소신과 명분을 이야기하잖아요. 소신과 명분이 아무리 중요해도 소통과 관용이 없으면 불구가 되거든요. 어느 하나만 가지고는 정치가 성립되지 않는다는 거죠.

이해영 매번 이렇게 불가피한 선택을 하게 되면 사람이 극단적으로 변해서 아예 한쪽을 잊어버리게 돼요.

류근 지금 정철이 바로 그 경우예요. 소신과 원칙, 그리고 당파적 이

익에 너무도 충실하다 보니 상대방을 배려할 틈이 없었던 거예요. 그래서 1000명 이상이 피를 흘리게 하는 무리한 옥사를 벌이게 된 거죠.

† "정철은 사갈(蛇蝎, 뱀과 전갈) 같은 성품으로 귀역(鬼蜮, 귀신과 불여우) 같은 꾀를 품고 전번 역변(逆變)을 만났을 때 들어와 조정의 권력을 쥐고서 국가의 화를 계기로 하여 감정을 풀 소지로 삼았습니다. (중략) 아래로 위포(韋布)에 미치기까지 널리 하수인을 두어 그물을 대대적으로 쳐서 자기와 뜻이 다른 사람을 모조리 잡아 없애고 나라에 함정을 파서 사람들을 빠뜨릴 기구를 만들었습니다."
□ 『선조실록』 27년(1594) 11월 13일

기축옥사 이후의 조선

그날   기축옥사 이후에 사회 분위기는 어땠나요?

신병주   물론 서인이 권력을 잡습니다. 이때 중요한 점은 기축옥사로 인해 정여립처럼 진보적인 지식인이 목소리를 낼 수 있는 사회적 토양이 거의 사라져 버렸다는 거죠. 당시 진보적이고 급진적인 생각을 가졌던 지식인들은 정여립의 역모 사건을 보면서 '잘못하면 큰일 나겠구나' 하면서 움츠러들게 됐죠.

그날   답답한 일입니다. 정철은 그토록 많은 피를 묻혀 가며 권력의 정점에 오르지만 그리 오래가지도 못했다는 거 아닙니까. 옥사가 끝나기 무섭게 선조의 태도가 돌변했다면서요?

선조의 변심

수많은 사람들이 희생된 기축옥사
기축옥사의 광풍이 지난 지 얼마 되지 않아
선조는 돌연 태도를 바꾼다.

호랑이와 독수리의 절개를 가졌다며
정철을 총애했던 선조.
하지만 정철 때문에 무고한 사람들을 죽였다며
혹독하고 간사한 정철이란 표현까지 쓰며
그를 강하게 비난한다.

기축옥사가 진정된 1591년,
좌의정까지 올랐던 정철은 파직돼
결국 평안도 강계에 위리안치⁹된다.

그토록 아끼던 정철을 철저하게 외면한 선조
왕이 갑자기 변심하게 된 이유는 무엇일까?

정철, 선조의 희생양이었나?

그날   무슨 일이 있었기에 선조의 마음이 이렇게 확 바뀌었나요?

이근호   세자 책봉 문제 때문에 그렇습니다. 하루는 영의정인 이산해와 좌의정 정철, 우의정 유성룡, 이 세 사람이 모여서 세자 책봉 문제를 논의했어요. 그러고선 모월 모일에 모여서 임금에게 건의하자고 의견을 모았죠. 그런데 왕을 찾아가기로 한 그날, 이산해는 나오지 않고 정철하고 유성룡만 어전에 들어가서 얘기를 해요. 이때 왕 앞에서 소신 있게 광해군을 세자로 책봉하자고 발언한 사람이 정철입니다. 하지만 당시 선조의 의중에는 인빈 김씨의 아들 신성군이 있었어요. 정철은 선조의 의중을 저버리고 광해군을 얘기한 거죠. 결국 그 사건으로 유배까지 가게 된 거예요.

이해영   결국 너무 강하기만 하면 구부러지지 않고 부러져 버린다고. 돌직구 날리는 정철의 성향을 이산해가 이용한 거네요.

류근   노회한 선조가 역으로 후계자 문제를 핑계 삼아 서인을 무너뜨리려고 했던 건지도 몰라요. 선조는 재위 기간 내내 어느 한 세력에 힘을 몰아준 적이 없어요. 계속 이쪽 밀었다 저쪽 밀었다 하면서 자기의 왕권을 수호하는 데만 급급했죠.

이근호   선조는 방계[10]에서 왕이 된 분이죠. 아버지인 덕흥대원군이 중종과 후궁 창빈 안씨 사이에서 난 아들이거든요. 선조의 할머니가 후궁이었던 거지요.

신병주   조선 개국 후에 왕자의 난도 일어나고 계유정난, 중종반정 여러 가지 정변이 있었지만 결과적으로 왕위를 계승한 사람은 왕비 아니면 계비의 아들들이에요. 줄곧 적자가 왕위를 계승해 왔는데 선조 때 처음으로 방계 출신이 왕이 된 거예요. 그다음부터는 이상하리만큼 연이어 방계 출신이 왕위에 오르죠. 광해군, 영조, 순조, 철종, 고종 전부 방계 출신이에요.

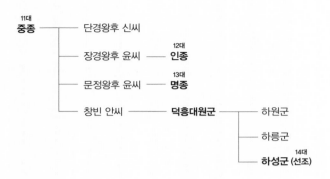

```
        11대         ┌── 단경왕후 신씨
        중종 ──┤
                     │                       12대
                     ├── 장경왕후 윤씨 ─── 인종
                     │
                     │                       13대
                     ├── 문정왕후 윤씨 ─── 명종
                     │
                     └── 창빈 안씨 ─── 덕흥대원군 ──┬── 하원군
                                                        │
                                                        ├── 하릉군
                                                        │
                                                        │        14대
                                                        └── 하성군 (선조)
```

선조 가계도

그날   그런 게 상당한 콤플렉스로 작용했겠어요.

이다지   만약 조선 시대 왕들을 두고 인기투표를 하면 선조는 하위권에
        가깝지 않을까 생각해요. 왕으로서의 자질은 떨어지는데 권력
        간의 미묘한 긴장감을 읽고 균형을 잡는 정치가로서의 자질은
        굉장히 뛰어났던 것 같아요. 특정한 지지 기반 없이 40년간 재위
        했다는 것 자체가 내공이 어마어마한 거죠.

신병주   선조의 정치적 균형 감각과 관련된 재미있는 에피소드가 있어
        요. 명종의 적자였던 순회세자가 요절하면서 덕흥대원군의 아들
        들이 왕위 계승 후보로 떠오르게 되는데요. 덕흥대원군에게는
        아들이 세 명 있었죠. 하원군, 하릉군, 하성군. 선조가 셋째 하성
        군입니다. 명종이 이 세 사람을 불러 놓고 익선관[11]을 써 보라고
        합니다. 익선관은 왕이나 세자만 쓰는 관이죠. 그때 나머지 형님
        들은 전부 덥석 익선관을 쓰고 좋아하는데 하성군만 "제가 왕이
        아닌데 어찌 익선관을 쓰겠습니까"라고 했대요. 이건 그냥 일화
        지만 그 일로 명종에게 가산점을 받았다고 해요.[†]

† 처음에 명종이 여러 왕손들(하원군, 하릉군, 선조, 풍산군)을 궁중에서 가르칠 때 하루는 왕손들에게 익선관을 써 보라 하면서 말하기를, "너희들의 머리가 큰 가 작은가 알려고 한다" 하시고, 여러 왕손들에게 차례로 써 보게 하였다. 선조는 나이가 제일 적었는데도 두 손으로 관을 받들어, 어전에 도로 갖다 놓고 머리를 숙여 사양하며, "이것이 어찌 보통 사람이 쓸 수 있는 것이겠습니까" 하니, 명종이 심히 기특하게 여겨, 왕위를 전해 줄 뜻을 정하였다.
☐ 『연려실기술』 「선조조 고사본말」 선조가 들어와 대통을 계승하다

판서 민기(閔箕)가 수상 이준경에게 은밀히 말하기를, "왕의 환후가 오래가는데 대감은 나라를 맡고 있으면서 어찌 사직(社稷)을 근심하는 마음이 없으십니까?" 하니, 이준경이 크게 깨닫고, 계사를 정할 것을 들어가서 청하였으나, 임금의 말은 벌써 알아들을 수 없는 상태였다. 인순왕후가, "순회세자가 돌아간 후에 왕이 덕흥군의 셋째 아들을 보시고 탄식하시며, '참 임금 될 사람이 이미 났으니, 내 자식은 의당 죽을 것이다'라고 말씀하였다" 하니 이준경이, "천의(天意)가 거기에 계십니다" 하고, 마침내 장수에게 명하여 선조의 집을 호위하게 하였으나 명종은 모르셨다.
☐ 『연려실기술』 「선조조 고사본말」 선조가 들어와 대통을 계승하다

선조는 기축옥사에 얼마나 관여했나?

그날 　기축옥사가 이토록 확대된 데에는 위관이었던 정철의 책임이 컸겠지만, 좀 더 생각해 보면 선조의 의지 없이 그렇게까지 할 수 있었을까 싶어요. 왕조 국가에서 절대 권력자의 지지 없이 정적 1000여 명의 목숨을 합법적으로 뺏는다는 게 가능했을까요?

이다지 　저도 그렇게 생각해요. 어떻게 보면 정철은 선조 대신 손에 피를 묻힌 희생양이었던 거죠. 그렇게 많은 사람을 죽이면서 충성을 다했는데 일이 다 끝나고 버림받잖아요.

그날 　그야말로 토사구팽[12]이네요. 근데 이분은 너무 많은 사람들을 물어뜯었어요.

신병주 　정철이 기축옥사를 주도하고 확산시킨 중심인물인 건 분명한데, 그 역시 일이 이렇게까지 커질 줄은 몰랐던 것 같아요. 기록을 보면 당시 정철이 위관이 되는 걸 말렸던 사람들이 찾아와요. 그

때 "나도 일이 이렇게 커질 줄 몰랐다. 이제는 수습할 방법이 없다" 이랬다는 거예요. 그건 결국 정철 뒤에 선조가 있었음을 어느 정도 암시하는 거죠.

류근 　그건 너무 무책임한 거 아니에요? 어쩔 수 없이 나섰다면 좀 더 유연하게 대처할 수도 있었을 텐데 말이죠. 결론적으로 순진한 예술가가 노회한 정치인 선조에게 이용만 당한 거네요.

이해영 　맞습니다. 그래도 위관직을 맡았다면 최소한 진실은 밝혔어야죠. 수백 년이 지난 지금도 정여립의 역모에 대해 궁금해하잖아요. 특검이 뭡니까. 진실을 밝히기 위해 만든 제도 아닌가요.

신병주 　안타깝게도 예나 지금이나 이런 미제 사건들이 너무 많죠.

기축옥사가 백성들의 삶에 미친 영향은?

그날 　기축옥사가 백성들의 삶에는 어떤 영향을 미쳤을까요?

신병주 　당시 백성들은 엄청난 정치적 공황을 겪죠. 희생자만 1000여 명에 달했다고 하니 당시 선비 사회에는 엄청난 광풍이 몰아쳤겠죠. 백성들도 '나라가 도대체 백성들에게 해 주는 게 뭐냐?' 이런 생각을 가졌을 테고요. 결과적으로 정치에 대한 믿음도 사라졌을 거예요. 백성들이 거의 자포자기하게 되는 거죠. 게다가 이 사건 직후에 임진왜란이 일어나잖아요. 당시 민심의 동요와 전쟁 대비에 소홀했던 사회상이 임진왜란에 어느 정도 악영향을 미쳤다고 봐야죠.

이해영 　당시에 제가 조선에 살았다고 생각해 보면 진짜 끔찍했을 것 같아요. 3년 가까이 이런 사건이 계속된 거잖아요. 당시 백성들은 나라가 너무 원망스럽고, 허망하다는 생각을 했을 것 같아요.

류근 　기축옥사가 백성의 삶과 유리된 그들만의 이전투구[13]였음이 자명해진 건데, 역사적으로도 왕이 아니라 국가와 백성에게 충성했던 사람들을 충신이라고 하지 않습니까? 그런 의미에서 정철을 충신이라고 볼 수 있을까요?

기축옥사 이후 정철의 삶

그날 한평생 임금에게 충절을 지켰던 정철, 정철의 말년에 대해서 얘기해 볼까요? 어땠습니까?

신병주 정철은 임진왜란 때 잠시 부름을 받기도 했지만 임진왜란 발발 1년 뒤인 1593년 12월에 임시로 살던 강화도에서 사망합니다. 『선조수정실록』에는 술병으로 죽었다고 기록되어 있으니 정철은 자신이 그렇게도 사랑했던 술과 마지막까지 인연을 같이 했던 거죠.

그날 참 허무한 얘기예요. 누군가 정치는 허업(虛業)이라고 했다는데, 정철은 평생 무엇을 위해 투쟁했을까? 그런 생각이 드네요.

보답받지 못한 연군지정(戀君之情)

배꽃 피는 시절에
비는 주룩주룩
창과 방패
눈에 가득하니
홀로 사립문 닫았네.

아득한 변방 하늘
임금님 걱정에
늙은 신하는
눈물이 날마다
옷에 젖나니.

── 정철, 「도영유현(到永柔縣)」

이다지　정말 절절하네요. 정철은 정치보다 문학에 훨씬 재능이 있었잖
　　　　아요. 그가 문학에 더 몰두했더라면 훨씬 훌륭한 작품들을 많이
　　　　만날 수 있었을 텐데 아쉬워요.

그날　　그렇죠. 우리가 정철의 4대 가사로 「관동별곡」, 「사미인곡」, 「속
　　　　미인곡」, 「성산별곡」을 꼽잖아요. 만약 이분이 문학에만 몰두했
　　　　다면 학생들이 죽어났을 거예요. 40대 가사가 됐을 수도 있으니
　　　　까 말이죠.

내가 당시의 사관이었다면 정철을 어떻게 기록할까?

그날　　정철에 대한 평가는 『실록』에서조차 완전히 엇갈리는데요. 여러
　　　　분들이 만약 당시의 사관이었다면 정철에 대해 어떻게 기록하시
　　　　겠습니까?

이해영　저는 정철로 2행시를 한번 지어보겠습니다.

> 정말 독선적인,
> 철저히 감성적인,
> 그러므로 필연적으로 쓸쓸했던.

류근　　저는 이렇게 썼어요. '붓은 부드러우나 관모는 사나웠으니. 부드
　　　　러운 붓으로는 능히 500년 이름을 남겼으되, 사나운 관모로는 일
　　　　천의 억울한 영혼을 남겼다. 아, 놀랍다. 이 어찌 한 사람의 일이
　　　　라 하겠는가.' 정철은 예술가적 기질과 정치가적 기질이 충돌해
　　　　서 빚어낸 모순적 인물이 아닐까 싶어 이런 글을 써 봤습니다.

이다지　'내리지 못하는 말에 타서 울다.' 기축옥사 때의 정철을 보면 스
　　　　스로 제어할 수도 없고, 자기 마음대로 내리지도 못하는 말에
　　　　타고, 그 위에서 울고 있다는 느낌이 들어요.

신병주 '정치로 얻은 오명, 문학으로 씻어내다.' 정철의 정치적 오명은 사실 많이 가려져 있어요. 지금은 대부분 정철을 문학가로 알고 있으니까요. 그런데 정치인 정철은 분명히 존재했고, 우리 역사의 중요한 고비에 엄청나게 큰 역할을 했죠. 물론 시대가 만든 불가피성이라는 측면도 있겠지만요. 이 시간을 계기로 문학인 정철뿐 아니라 정치인 정철도 기억하게 되면 좋겠습니다.

5

조선을 뒤흔든 교육열

　　대한민국의 교육열을 누가 말릴 수 있을까? 이제 겨우 말하기 시작한 아이들이 열심히 위인전을 읽고, 웬만한 도시의 학원가는 밤늦도록 학생들로 넘쳐난다. 최근에는 노인들까지 각종 강연에 몰려다니면서 못 다한 공부를 한다. 조선 시대의 교육 열기도 이에 못지않았다. 선비 집안에서는 과거 준비를 위한 교육에 전념했고, 왕실에서도 체계적인 교육 시스템을 갖추고 있었다.

　　왕실에 원자(元子)가 태어나면 보양청을 설치하고, 원자 양육에 대한 일기인 『보양청일기』를 남겼다. 4~5세가 되면 강학청을 설치해 교육했다. 원자가 세자로 책봉되면 보다 체계적인 교육이 이루어졌다. 현재 경복궁 동쪽에 위치한 세자시강원은 세종 때 문종의 교육을 위해 처음 설치했는데 최고의 스승들을 배치하여 차기 왕이 될 세자의 교육을 맡겼다. 성종은 세자 시절 공부에 많은 스트레스를 받아서인지 아들 연산군은 엄격하게 교육하지 않았다. 영조와 사도세자의 갈등 역시 공부에서 시작되었다. 사도세자는 영조의 기대에 부응하지 못했고, 영조의 질책이 계속되면서 아버지와 아들의 사이는 더욱 멀어졌다. 영조는 자식 교육에는 실패했지만, 손자인 정조의 교육에 성공하면서 조선 후기를 대표하는 성군을 탄생시켰다. 왕실 교육을 필두로 조선 시대 양반 사회 전반에 교육 열기가 퍼졌다. 교육이 과거로 연결되고 과거 합격은 가문의 영광을 보장했기 때문이다.

　　특이하게 할아버지가 손자의 육아 일기를 쓴 것도 주목된다. 16세기 선비 이문건은 조광조의 문하에서 학문을 배우면서 관료의 꿈을 키워나갔지만 사화(士禍)의 여파로 경상도 성주(星州)로 유배를 갔다. 가정적인 불운도 겹쳤다. 23세가 되던 해에 혼인하였으나, 아이들은 대부분 천연두

(마마) 등의 병으로 불구가 되거나 일찍 사망하였다. 유배 길에 있었던 이문건에게 희망의 빛이 찾아들었다. 1551년 1월 5일 아들 온이 고대하던 손자를 낳은 것이다. 58세에 얻은 2대 독자 손자. 이문건의 모든 관심은 손자에게 향했다. 아이가 차츰 일어서고, 이가 나고 걷기 시작하는 모습, 그 모든 것이 신기했다. 이문건은 손자가 자라나는 모습을 기록으로 담기 시작했고, 이렇게 『양아록(養兒錄)』이 탄생했다.

이문건은 일기를 쓴 동기에 대해, "아이를 기르는 일을 꼭 기록할 것은 없지만 기록하는 것은 할 일이 없어서이다. 노년에 귀양살이를 하니 벗할 동료가 적고 생계를 꾀하려고 해도 졸렬해서 생업을 경영할 수 없으며 아내는 다시 고향으로 돌아갔다. 고독하게 거처하는데 오직 손자 아이 노는 것을 보는 것으로 시간을 보냈다. (중략) 습좌(習坐), 생치(生齒), 포복(匍匐) 등의 짧은 글을 뒤에 기록하여 애지중지 귀여워하는 마음을 담았다. 아이가 장성하여 이것을 보게 되면 아마 글로나마 할아버지의 마음을 알게 될 것이다"라고 하여, 고독한 귀양살이에 희망을 준 손자의 모습을 글로 남겼다.

왕실 교육부터 할아버지의 손자 교육까지 조선 시대 교육의 다양한 면모들을 접하면서 현재의 교육과 비교해 보기를 바란다.

김홍도, 「서당」 (국립중앙박물관 소장)

그날　여름방학 특집으로 조선 시대 교육 2부작을 준비했습니다. 학생들 입장에서는 방학인데 또 공부 얘기하나 지레 겁먹지 않을까 걱정도 되는데요. 조선 시대 교육의 뒷이야기들을 재미나게 풀어 놓을 예정이니 많은 기대 바랍니다.

김현정　저는 대학생 때부터 사교육 현장에서 종종 아르바이트를 했었거든요. 그래서인지 교육 하면 숨이 막히고 좀 답답해요.

신병주　요즘 학생들은 학원 다니느라 방학 때가 더 바쁜 거 같아요.

그날　사교육·좌절·공교육 붕괴, 이런 부정적인 이미지만 떠오르죠.

최태성　생각하는 방향이 정말 다르네요. 저는 교육 하면 떠오르는 게 희망이거든요. 좌절·공교육 붕괴, 이런 얘기를 들으니까 교사로서 더 열심히 해야겠다는 책임감이 느껴지네요.

조선 시대 왕세자가 조기교육을?

그날　조선 시대에도 교육에 대한 관심이 굉장히 높았죠?

김문식　네, 그렇습니다. 특히 왕실 교육은 굉장히 체계화되어 있었습니다. 원자가 태어나면 보양청(輔養廳)[1] 교육이라고 해서 양육에 대한 일기를 쓰기 시작하고요, 원자가 네다섯 살이 되어서 글자를 익히기 시작하면 강학청(講學廳)[2] 교육으로 단계가 바뀝니다. 한 단계 높아지는 거죠. 원자가 세자로 책봉이 되면 국왕이 될 후계자임이 확실하므로 강도 높은 훈련이 시작됩니다. 실제로 국왕 교육은 세자시강원에서 담당했는데요. 이곳은 학생은 세자 한 명인데 스승이 스무 명이나 배치된 특별한 교육기관이었습니다.

신병주　세자시강원은 경복궁 안에 위치했습니다. 사진에 표시된 다섯 곳 가운데 어디였을까요?

류근　세자는 동궁에 거처하니까 동쪽에 있어야 돼요. 오른쪽이 동쪽이니까 2, 3, 4번 중에 답이 있겠네요.

경복궁의 건물 배치 ①번은 경회루, ②번은 자경전, ③번은 동궁, ④번은 세자시강원 터, ⑤번은 궐내각사 터이다.

김현정 3번이 아닐까 싶습니다.

그날 왜 3번이라고 생각하세요?

김현정 아들 교육에 관심이 많았던 왕이 세자시강원을 근정전과 가까운 곳에 두지 않았을까요?

신병주 3번은 동궁이고, 답은 4번인데요. 지금은 빈터만 남아 있습니다. 이곳 시강원에서는 스승들이 거의 24시간 교대 근무를 하면서 세자 교육을 담당했습니다.

최태성 방금 동궁이 나왔잖아요. 혹시 동궁의 의미를 아십니까?

류근 동쪽에 있는 궁이잖아요.

최태성 맞습니다. 그런데 세자가 거처하는 곳이 왜 동쪽에 있을까요? 해는 동쪽에서 떠오르잖아요. 이제 막 떠오르는 그 해가 언젠가는 하늘 한가운데에 들어서겠죠. 그러면 임금이 되는 거고요. 그런 의미에서 왕세자의 거처를 동궁이라고 불렀다고 합니다.

영조의 교육열

영조 11년(1735),
마흔둘에 원자를 얻고 왕은 무척이나 기뻐했다.

원자는 매우 총명했다.
영조는 원자가 돌이 되자
왕세자로 책봉하고 교육에 힘을 쏟는다.

사도세자를 향한 영조의 기대는 학업 진도를 통해 확인된다.
세자 나이 세 살 무렵, 『효경』, 『소학』을 공부하는데
이는 다른 왕세자들에 비해 2년이나 빠른 진도였다.

그런데 너무 일찍 공부를 시작한 탓이었을까?
왕세자 교육이 거듭되면서
영조와 사도세자 사이에는
심상치 않은 기류가 흐르기 시작한다.

조선의 왕세자 수업과 두 사람의 갈등,
여기에 어떤 사연이 있는 것일까?

	3세	4세	5세	7세	8세
사도세자	효경·소학		소학초략	동몽선습	소학
정조		효경·소학		소학	소학
경종			효경·소학	효경	동몽선습
효명세자			천자	소학초략	소학

조선 왕세자의 교육 진도

사도세자는 어떤 교육을 받았나?

그날 보통 영조와 사도세자 하면 뒤주 하나를 놓고 죽이고 죽임을 당하는, 애초부터 불화했던 부자 관계로 알고 있잖아요. 그런데 영조가 사도세자를 예뻐하고 대견해하는 그런 모습도 있네요.

최태성 두 살 때 세자로 책봉했다는 사실도 참 놀랍죠. 애기 2살 때 기억나세요?

그날 겨우 걸어 다니고, 옹알이하고, 엄마 아빠 하는 정도죠.

최태성 두 살 된 아이를 세자로 책봉했다는 건 정말 빠른 거죠.

신병주 원래 영조의 맏아들로 효장세자[3]라는 분이 계셨어요. 그런데 이 효장세자가 1728년(영조 4)에 죽습니다. 세자가 죽고 영조는 실의에 빠졌죠. 그로부터 7년 후인 1735년(영조 11)에 사도세자가 태어났어요. 영조 입장에서 이 아이가 얼마나 예뻤겠어요. 그래서 보통은 일고여덟 살 정도에 세자 책봉이 이루어지는데, 이때는 파격적으로 갓 돌 지난 아이를 세자로 책봉했던 거죠.

김현정 교육을 받으면서 갈등이 생겨났다고 했잖아요. 세자가 수업 도중에 혹시 말썽이라도 부린 건가요?

김문식 그렇진 않고요. 대체로 열 살까지는 정상적인 부자 관계였던 것 같아요. 사도세자가 세 살 때 『효경』, 『소학』을 시작합니다. 물론 어린아이를 위한 요약본이긴 하지만요. 정조가 학문적으로 굉장히 뛰어난 왕이잖아요. 그런데 정조는 같은 책을 네 살 때 시작하거든요. 경종은 다섯 살 때죠. 그러니 진도가 상당히 빠른 거예요. 그런 걸 보면 사도세자가 천재 소리를 들을 정도로 똑똑했던 건 사실 같아요.

그날　세 살이면 「뽀로로」나 「로보카 폴리」 이런 거 볼 때 아니에요?

최태성　맞아요. 『실록』을 보면 사도세자가 한 살 때 왕(王)이라는 글자를 보고 아버지인 영조를 가리켰대요. 그리고 세자(世子)라는 단어를 보고는 자신을 가리키고요. 첫돌 때 글자를 63자 정도 읽었다고 하니까 그렇게 똑똑한 아들을 바라보는 영조의 마음이 어땠겠어요.

그날　욕심날 만하죠.

신병주　그래서 영조가 사도세자를 위해 『어제상훈(御製常訓)』⁴이라는 책을 써요. 여기서 어제는 왕이 직접 썼다는 뜻인데요. 이런 책을 지어서 사도세자에게 읽혔던 거죠. 책 내용은 학문에 힘쓰고, 효제(孝悌)를 지키라는 거예요. 여기서 재밌는 것은 납간(納諫), 즉 간쟁을 잘 받아들여야 된다는 이야기까지 합니다. 왕이 지켜야 할 내용들을 어린 세자에게 계속 학습하게 했던 거죠.

그날　아들만을 위한 맞춤형 교재를 만든 거네요.

최태성　저는 영조의 마음이 이해가 돼요. 저한테 초등학교 3학년짜리 딸이 있는데, 초등학생들은 5학년이 되면 본격적으로 한국사를 배우기 시작하거든요. 그러니 욕심이 생기더라고요. 우리 딸이 5학년이 되었을 때, 아빠가 만든 교재로 한국사를 가르쳐 주고 싶다. 주위에서는 욕심이라고 말리는데 꼭 그러고 싶어요.

왕세자 교육의 실체

그날　왕세자 교육이라는 게 서책 공부만 하는 건 아니잖아요.

김문식　훌륭한 인간이 되라는 덕성 교육이 기본입니다.『소학』⁵이 사실은 구체적인 사례를 들어 오륜을 설명하는 책이잖아요. 그래서 이 책이 가장 기본적인 텍스트가 되는 거고요. 아침에 일어나면 부모님께 문안 인사 올리고, 저녁 때 잠자리를 보살펴 드려야 합니다. 혼정신성(昏定晨省)이라고 표현하는데, 이걸 다 실천하게 하는 거죠.

김현정　왕세자도 시험을 봤나요?

김문식　매일 그 전날 학습한 걸 체크해요. 또 한 달에 두 번씩 회강(會講)⁶을 열어 시험을 치르는데, 스무 명의 스승들이 모두 모인 자리에서 시험이 이루어집니다.「회강반차도」그림을 보면 오른쪽 빈자리가 세자의 자리고요. 왼쪽의 두 분이 사(師)와 부(傅)입니다. 합쳐서 사부라고 하죠. 이들이 정1품, 즉 제일 높은 스승이죠.

그날　흔히 말하는 사부가 바로 저 뜻인가요?

김문식　네, 원래 사와 부가 별개의 직책인데 이걸 합쳐서 부르는 거죠. 사와 부 두 분이 평가를 하시는데요. 그동안 배운 것에 대한 질의 토론이 있어요. 문답을 한 뒤, 그 결과에 따라 강경패로 성적을 매깁니다. 예전에 수우미양가로 성적 매긴 것 기억하시죠? 그것처럼 통(通), 약(略), 조(粗), 불통(不通)으로 성적이 나뉩니다.

그날　통이면 합격인가요?

김문식　네, 통은 제일 우수한 성적이고, 불통은 통하지 않는다는 거니까 낙제점이죠. 그리고 방외(方外)라고 해서 아예 등급을 매기지 않는 것도 있습니다.

최태성　재수강해야 되겠네요.

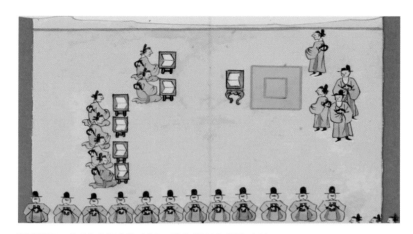

「회강반차도」 조선 시대 세자들은 한 달에 두 번씩 회강을 통해 시험을 치렀다.

그날　　왕세자 시험장이 거의 인사청문회 분위기잖아요. 저런 분위기라면 밤새 열심히 공부를 했어도 자기 기량의 10분의 1도 발휘하기 어렵지 않나 싶어요.

신병주　실제 영조는 저렇게 많은 사람들이 모인 공개 석상에서 사도세자에게 질문을 합니다. 시험 보는데 주변에 사람이 너무 많으면 아는 것도 대답이 잘 안 나오잖아요. 실제로 사도세자도 대답을 잘 못해요. 그러면 영조가 사람들 앞에서 꾸중하고, 사도세자는 또 기가 죽고, 이게 반복됩니다. 사도세자의 부인인 혜경궁 홍씨가 쓴 『한중록』[7]에 이 순간을 상당히 안타까워했던 모습이 잘 나타나 있습니다.

그날　　그래도 왕이 될 때까지는 해야 될 거 아니에요.

최태성　네, 한 달에 두 번씩.

그날　　정말 힘들었겠네요.

시험 스트레스에 시달린 세자

그날   만약 시험 결과가 계속 불통이면 어떻게 되나요?

류근   양녕대군처럼 폐위되는 거죠.

그날   그건 좀 예외적인 경우 아니었나요?

류근   양녕대군이 폐위된 이유가 불성실이잖아요.

그날   여자 문제도 있었잖아요. 기녀 어리와 있었던 스캔들이요. 어쨌든 그럼 왕세자도 혼나고 벌받고 그랬나요?

김문식   세자는 지엄한 존재이기 때문에 직접 회초리를 들 수는 없고, 세자를 수행하는 내관에게 대신 벌을 줍니다. 수하가 벌을 받는 것 자체가 세자에게는 엄청난 모욕이기 때문에 징계 효과가 있습니다.

신병주   성종은 공부를 굉장히 많이 했던 왕이에요. 그 스트레스를 누구보다 잘 알죠. 그래서 연산군의 왕세자 교육은 좀 느슨하게 시켜요. 대개 일고여덟 살에 하는 성균관 입학도 열두 살에, 되게 늦게보내죠. 또 여름에는 너무 더우니까 낮에는 강의하지 말고 아침에만 공부하라고 했죠. 연산군을 많이 풀어 줬던 거예요.

그날   오냐오냐 키워서 그런 아들이 됐네요. 풀어 준 게 화근이 된 건가요?

신병주   연산군이 성군이 되었으면 세자의 스트레스를 풀어 주는 자율교육이 좋은 평가를 받았을 텐데 연산군이 사고를 워낙 많이 쳤고 결국은 쫓겨났기 때문에 성종의 교육은 실패했다고 평가되죠. 결국 사람을 봐 가면서 교육해야 하는 것 같아요.

그날   맞아요. 교육에는 정답이 없어요.

사도세자는 세자 수업에 적응하지 못했나?

최태성   사도세자가 반항을 했다거나 잘 따라오지 않았다거나 그런 문제도 꽤 있었을 것 같아요. 둘의 성향이 완전 반대잖아요.

김문식 네, 대체로 열 살 이후부터 영조와 사도세자의 성향 차이가 드러나는 것 같습니다.

신병주 열 살 전까지는 영조가 사도세자를 되게 예뻐했죠. 초기에는 천재 소리 들을 정도였으니까요. 요즘도 그렇지만 다섯 살까지 천재 아닌 자식이 없잖아요.

그날 그 부분 전적으로 공감해요.

신병주 초상화에도 나오지만 영조는 체형이나 외모만 봐도 상당히 마르고 깐깐한 모습이죠. 반면에 사도세자는 덩치도 크고 성격도 호쾌해서 무인 기질이 좀 있었다고 하죠.

김문식 영조가 경연 자리에 세자를 불러서 참석하게 하고, 테스트를 합니다. 당시 세자가 『자치통감』이라는 책을 읽고 있었어요. 중국 역사서죠. 영조가 사도세자에게 '한나라의 군주 중에서 어떤 군주가 훌륭하다고 생각하느냐?' 이런 질문을 합니다. 영조가 생각하는 훌륭한 군주는 문제, 경제 이런 왕들이거든요. 사도세자가 문제라고 답을 해요. 그러니까 영조가 '너는 무제를 더 좋아하지 않느냐?' 하고 받아치죠. 둘 사이의 마찰이 확연히 드러나는 부분이에요.

무인의 기질이 강했던 사도세자

사도세자는 영특했지만
강인하고 호방한 무인의 기질이 강했다.

열다섯 살 때부터
웬만한 무사들은 들기도 힘든
월도를 자유자재로 사용했고,

무예서인 『무예신보』[8]를 편찬하며
무에 대해 남다른 열정을 보였다.

아들의 기질을 염려하고 받아들이지 않았던
아버지 영조와는 물과 기름처럼 섞일 수 없었고,
결국 파국을 맞는다.

심리 분석으로 본 영조와 사도세자

그날 　영조와 사도세자의 심리적인 차이를 파악해 보면 영조의 세자 교육이 실패했던 이유를 어느 정도 알 수 있을 것 같아요. 정신 건강의학과 전문의 정재훈 교수님 연결해서 이야기 나눠 보도록 하겠습니다. 영조의 과도한 조기교육이 세자를 엇나가게 했다, 이렇게 볼 수도 있을까요?

정재훈 　사도세자는 어릴 적부터 상당히 영특했기 때문에 조기교육이 그렇게 나쁜 것은 아니었다고 봅니다. 문제는 사도세자가 본인의 가치관과 주체성을 확립해야 할 시기에 영조가 자신의 의지대로만 끌고 가기 위해 강압적인 교육 환경을 조성했다는 데 있죠. 부모의 욕심 때문에 아이에게 너무 무리한 것을 강요하다 보면 아이는 점점 자존감이 낮아지고 실패를 당연하게 받아들이게 됩니다. '실패는 당연한 것이고, 성공은 우연일 뿐이다.' 심각한 경우에는 이렇듯 극단적으로 우울한 성격을 가지게 되는 경우도 있습니다.

그날 　물론 좋은 마음으로 아이를 키우고 싶죠. 그런데 계속 타일러도 말을 안 듣는 경우가 대부분이거든요.

정재훈 　그렇기 때문에 대화가 중요하다고 생각합니다. 아이들에게는 자기의 부모가 완벽하고 이상적인 사람이기를 바라는 판타지가 있습니다. 그건 본능에서 오는 판타지인데, 아이가 부모에게 실망하게 되면 심할 경우 부모에게 분노까지 느낄 수 있습니다. 그렇기 때문에 사과할 것은 사과할 수 있도록 대화가 자연스러운 가정 분위기를 만드는 것이 상당히 중요합니다.

그날 　참고 기다려 주고 대화하고, 그러다 보면 부모도 사람이라 스트레스가 쌓이거든요. 부모의 스트레스는 어떻게 풀어야 하나요?

정재훈 　저도 부모이기 때문에 그런 스트레스에서 완전히 자유로울 수는 없습니다. 그렇다고 모든 부모들이 신경안정제를 복용할 수도 없고요. 일단은 다른 부모들과 교류하는 모임을 갖는 것이 도움이 됩니다. 또 지금은 많이 나아졌지만 예전에는 아버지들이 자식 교육을 아내에게 모두 맡기는 경향이 있었잖아요. 아이가 조금만 잘못돼도 아내를 비난하고 그랬죠. 그러기보다는 부부가 아이의 교육 문제에 대해서 함께 의논하고 대화하는 자세가 필요합니다. 가족 전체가 모이는 가족회의를 여는 것도 방법입니다. 단 가족회의의 전제 조건은 모두가 동등한 위치에서 발언할 수 있어야 한다는 것입니다.

자식을 사랑하는 법을 몰랐던 영조

김문식　사도세자는 말년에 영조와 직접 만날 기회가 거의 없었어요. 원래 정기적으로 문안 인사를 하게 되어 있는데 이게 막힙니다. 대화를 나눌 시간이 없었죠. 어찌 보면 영조는 사도세자를 사랑하는 방법을 잘 몰랐던 거예요. 훗날 사도세자가 죽은 뒤에 영조가 직접 '내 사랑이 지나쳤다', '내가 교육에 실패했다'라고 자인합니다.

류근　너무 아픈 사랑은 사랑이 아니었던 거예요.

김문식　그 반성의 혜택을 정조가 받았다고 볼 수 있죠. 정조의 교육은 조금 늦춰져요. 네 살 때 교육을 시작하고요. 세손에 책봉되는 것이 여덟 살입니다. 많이 기다렸죠. 결국 영조는 자식 교육에는 실패하고, 손자 교육에는 성공한 것이죠.

그날　할아버지의 자리에서는 교육에 성과를 냈던 영조, 결국 할아버지와 손자는 잘 통했던 거네요.

할아버지가 쓴 조선판 육아 일기, 『양아록』

조선 시대에 한 선비가 육아 일기를 썼다.
아버지도 아닌 할아버지가 쓴 손자의 육아 일기.

이불에 파고들어 내 가슴을 만지며
잠들 때면 내게 안기는구나.

선비는 사대부 명문가의 후손으로
손수 손자를 먹이고 재우며 보살폈다.
직접 글공부를 시키며 교육에도 열성을 보였다.

머리를 끄덕이며 책 읽는 흉내를 내는구나.

손자가 병에 걸려 죽을 고비를 넘기던 날의
애타는 심경도 절절하게 기록된 육아 일기 『양아록(養兒錄)』

뺨에 연이어 종기가 돋아나는데 이 몸이 대신 아프면 좋겠다.

일기는 손자가 열여섯 살 되는 해까지
꼼꼼히 기록돼 있는데…….

가부장적인 사회였던 조선 시대에
선비가, 그것도 할아버지가
직접 손자의 육아 일기를 쓴 이유는 무엇이었을까?

가부장적인 조선 선비가 쓴 육아 일기?

그날 　조선 시대 선비가, 그것도 할아버지가 직접 손자의 육아 일기를 썼다는 게 굉장히 특이하네요.

신병주 　『양아록』[9]은 조선 시대에 묵재 이문건이라는 사람이 쓴 책인데, 할아버지가 쓴 손자의 육아 일기로는 현존하는 기록 가운데 가장 오래된 것입니다. 굉장히 희귀한 기록이기도 하고요. 조선처럼 가부장적인 사회에서 여자도 잘 쓰지 않을 육아 일기를 남자가 썼다는 데 의문을 가지실 텐데, 저런 것이 그렇게 큰 흠이 되지 않을 만큼 당시 조선 사회가 가부장적인 문화에 완전히 지배되지 않았다는 거죠.[†]

김현정 　김홍도의 「평양감사향연도」라는 작품이 준비되어 있는데요. 뱃놀이하는 모습이 보이죠?

그날 　뱃놀이를 정말 규모 있게 하는군요. 평양 감사 할 만하네요.

김현정 　구경 온 사람들을 한번 살펴봐 주세요. 아이를 데리고 온 사람들이 모두 다 남자예요. 아이를 업은 아빠도 보이고 할아버지가 손자를 데리고 오기도 하고요.

그날 　삼대가 같이 구경하는 거네요. 아이를 업고 있는 아버지 모습이 참 정답지 않습니까?

김현정 　다음 작품은 「회혼례도」[10]라는 그림인데요. 회혼례는 혼례를 한 지 60년 되는 해에 다시 혼례를 치르는 것이라고 합니다. 여기도 보면 선비들 옆에 아이들이 보이죠? 할아버지 뒤에 숨어 있기도 하고, 아버지 옆에도 아이가 있습니다.

최태성 　근엄한 어르신 뒤에 귀여운 아이가 딱 있네요.

신병주 　전통 시대에는 어머니가 아이를 데리고 다녀야 한다는 인식이 거의 없었다는 거죠.

그날 　할아버지가 아이를 봐 주고 교육도 시키고 그랬나요?

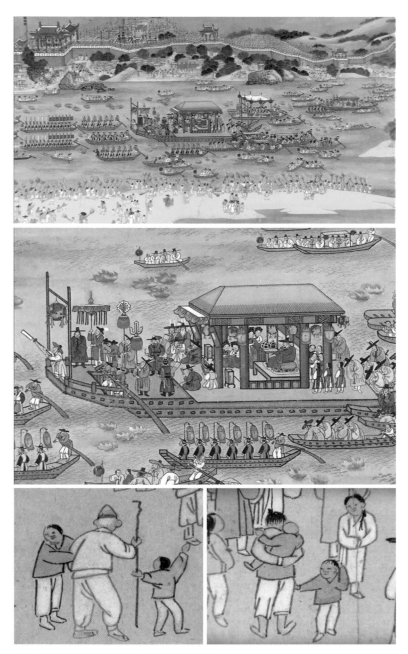

김홍도, 「평양감사향연도(平壤監司饗宴圖)」 (국립중앙박물관 소장)

작자 미상, 「회혼례도(回婚禮圖)」 (국립중앙박물관 소장)

김문식 아이의 첫 교육은 할아버지나 외할아버지가 맡습니다. 친가와 외가에서 교대로 교육을 시키죠. 어릴 때에는 아이가 안채에서 자라지만 글을 배우기 시작하는 다섯 살에서 일곱 살 정도가 되면 사랑채로 옮겨 옵니다. 『양아록』에도 그런 장면이 나오죠.

최태성 어릴 때부터 사랑채에 들어가서 자연스럽게 할아버지, 아버지의 모습을 보고 사회화 과정에 참여하게 되는 거군요.

류근 그런 말이 있잖아요. 아버지의 무관심과 어머니의 정보력, 할아버지의 경제력이 아이를 좋은 대학 보낸다. 사실은 그게 아니고 할아버지, 할머니의 오랜 경험에서 우러난 삶의 지혜와 무한 신뢰가 주는 긍정의 힘, 이런 것들이 아이들을 훌륭하게 키운다는 거예요.

김현정 버락 오바마와 빌 게이츠도 조부모 손에 컸다고 하더라고요.

그날 『양아록』이 담고 있는 내용은 주로 어떤 것인가요?

신병주 일단은 개인적인 이야기가 많아요. 아이의 질병이나 사고, 이가 나고 말을 시작하는 것 등의 성장 과정, 당시의 생활 모습 같은 것들이 나타납니다. 가령 당시 아이들은 몇 세쯤에 술을 마셨나? 이런 소소한 내용까지 담고 있는 책이 『양아록』입니다.

† 숙길(이수봉의 첫 이름)의 생일이었다. 일찍 아랫집으로 가서 옥책, 붓과 먹과 벼루, 활, 도장, 토환(土環), 쌀, 실, 떡 등의 여러 물건을 자리에 깔아 방 중간에 차려 놓고 숙길이를 동쪽 벽 밑에 앉혀 놓아 세로로 그것들을 보게 하였다. 그러자 숙길이가 엉금엉금 기어와 가장자리에서 응시하더니 오른손으로 필묵을 쥐고 한참 동안 가지고 놀았다. 또 토환을 집어 만지작거리기를 오랫동안 하였다. 그리고 활을 집어서 놀다가 다시 이동해 창 앞으로 가서 섰다. 다시 쌀그릇 옆에 앉더니 손으로 쌀을 쥐고는 다시 앞으로 옮겨가 도장을 잡고 놀았는데 한참 동안이나 잡고는 버릴 줄을 몰랐다. 또 옥책을 펼치고 책을 읽는 시늉을 했다. 또 쌀을 쥐고 입에 넣어 씹었다. 다시 실을 잡고 흔들었다.
☐ 『묵재일기』 상 (1552년 1월 5일)

숙길이 근자에 계속해서 설사를 하였는데 그 색은 파랗고 모양은 미끌미끌하였다. 하루에 네다섯 번씩 설사를 하는데 얼굴빛이 하얗게 되었다. 걱정이 된다.
☐ 『묵재일기』 상 (1551년 5월 5일)

김홍도, 「포의풍류도(布衣風流徒)」(개인 소장)

조선 시대 사대부의 교육

그날 　할아버지 이문건이 대표적인 사대부 아닙니까? 당시 사대부 선
　　　비의 교육법은 어땠습니까?

김문식 　사대부나 왕실이나 교재는 비슷해요.『소학』,『효경』, 사서, 삼
　　　경 이런 식으로 가거든요. 이문건의 손자 이름이 이숙길(나중에
　　　이수봉으로 개명)인데, 숙길이도 비슷한 교육을 받았을 거예요.
　　　여섯 살 때 글자를 배우기 시작했고요. 그다음이 육예라고 일종
　　　의 교양 교육인데요. 예악사어서수(禮樂射御書數), 여기서 예는
　　　예절, 악은 음악이고, 사가 활쏘기, 어는 말타기 즉 체육 기능이
　　　라고 할 수 있죠. 그다음이 서예인 글씨 쓰기, 마지막 수는 오늘
　　　날의 수학에 해당하는 것이죠. 일종의 전인교육을 시행했던 겁
　　　니다.

김현정 선생님께서 말씀해 주신 부분이 김홍도의 「포의풍류도」에 그대로 담겨 있어요. 그림을 보면 선비 주변에 책만 있는 게 아니라 비파나 화분 같은 물건들이 잔뜩 있죠.

최태성 사진 속 선비를 고3 수험생이라고 생각해 볼게요. 고3 수험생이 전자 기타를 들고 있어요. 그 옆에 국어·영어·수학 자습서가 있고, 앞에는 장난감 칼·음료수·게임기가 쭉 있다고 생각해 보세요. 학부모들이 어떻게 반응할까요? '산만한 고3, 저래서는 안 된다' 그러시겠죠. 사실 좋은 점수 받아서 좋은 대학 가도 사회에 피해 주는 사람들 많잖아요. 그래서 전인교육이 꼭 필요한 거고요.

그날 어른들의 시각에서 조선 시대 교육을 살펴봤는데 학생들도 궁금한 점이 많을 것 같아요. 질문 한 번 받아 보겠습니다.

Q. 조선 시대에도 방학이 있었나요?

김문식 세자의 경우에는 정연(停筵)이라는 방학이 있습니다. 서연을 중지한다는 뜻이죠. 국가적으로 큰 제사가 있거나 부모님의 생신 축하 같은 행사가 있을 때, 또 스승이 돌아가시거나 했을 때에는 방학을 합니다.

신병주 성균관 유생들에게는 매달 8일과 23일에 휴가가 주어졌습니다. 대부분 기숙사 생활을 하거든요. 휴가 때 집에 가서 가족이나 친구들을 만나죠. 밀린 빨래도 해 오라고 하고요. 이때 휴일 금지 사항이 있어요. 활쏘기 하지 말고 투전(鬪錢) 즉 도박하지 말고, 고기잡이 같은 거 하지 말라고 하죠.

그날 하지 말라는 것도 많고, 한 달에 두 번은 너무 답답할 것 같아요.

최태성 지금 기숙학교도 한 달에 두 번 정도 나가요. 그때나 지금이나 큰 차이가 없는 거죠.

신윤복, 「계변가화」(위), 「단오풍정」(아래)

Q. 요즘은 가정 시간에 성교육을 하는데 조선 시대에는 성교육을 어떻게 했나요?

김문식 조선 시대에도 성교육이 있었습니다. 예전에는 아이 낳는 방법을 강의했죠. 후손을 봐야 되니까. 남자들은 서당 같은 데서 보정(保精)이라고 '정기를 보호하는 방법', 이런 내용의 강의가 있었다고 합니다. 또 하나 유력한 것은 춘화예요. 춘화가 감상 목적도 있지만, 왕실 같은 데서는 결혼 전에 교재로도 활용했습니다.

김현정 춘화가 교육에 쓰였다는 건 처음 알았어요. 예전에는 인쇄 기술도 덜 발달하고 했으니까 '만화책처럼 돌려 봤나?' 이 정도로만 생각했었거든요.

그날 동양화 작품으로서 미학적인 완성도는 어떤가요?

김현정 순간을 굉장히 잘 포착한 것 같습니다.

김문식 중국이나 일본에도 춘화가 있는데, 한국 춘화가 그중 가장 고급인 것 같아요. 일본 춘화는 너무 적나라해서 봤을 때 별로 즐거운 느낌이 없어요. 반면 한국 춘화는 상당한 품격이 느껴져요.

김현정 몰래 훔쳐보는 장면처럼 위트 있는 요소도 숨어 있고요.

Q. 조선 시대 선비들을 그 많은 책들을 어떻게 외워서 과거 시험에 합격했는지 궁금합니다.

그날 외울 게 한두 가지가 아니었잖아요. 책을 통째로 외우다시피 했죠.

신병주 결국은 반복 학습이죠. 계속 읽고 또 외우고 그런 거죠. 영조도 『소학』을 100번 이상 읽었다고 해요.

그날 신병주 교수님, 혹시 역사를 잘 암기하는 특별한 방법 같은 게 있을까요? 있으면 좀 알려 주세요.

신병주 어떤 연도를 외울 때도 공식을 세워서 외우면 편해요. 예를 들어서 임오군란이 1882년인데, 갑자는 60년마다 되풀이되잖아요. 사도세자가 뒤주에 갇혀 죽은 임오화변이 1762년이에요. 임오군란이 일어난 1882년에서 120년을 빼면 되죠. 1882에 120을 더하면 얼마죠? 2002죠. 그래서 2002년 임오월드컵이 되는 거죠. 이렇게 흐름을 가지고 외우는 편이 좋죠.[†]

그날   암기를 잘하기 위해 조선 시대에 선비들도 다양한 방법을 동원했다고 합니다. 어떤 방법들이 있었을까요?

[†] 연도의 끝자리 수 쉽게 외우는 법

10간(干)	갑	을	병	정	무	기	경	신	임	계
연도	4	5	6	7	8	9	0	1	2	3

* 10간의 '갑(甲)'으로 시작되는 해는 갑신정변(1884), 갑오개혁(1894)처럼 끝자리 수가 4이다. '을', '병' 등도 이렇게 외우면 쉽다.

선비들의 암기 비법, 성독

조선 시대의 선비들은 수많은 서책을 읽고
어떻게 그 내용들을 외웠을까?
비법은 바로 경전을 소리 내어 읽는 성독이다.

"어릴 때 배운 것은 쉽게 잊히지 않습니다.
그래서 지금까지 외우고 있는 것 같습니다.
한유의 「백이송(伯夷頌)」은 제가 열일곱 살 때
봉산 선생님께서 항상 외우시던 작품이에요.
듣기에도 좋고 내용도 좋았기 때문에 따라 배웠던 겁니다."

음을 실어 소리 내 읽는 성독,
조선 시대 선비들의 공부법이었다.

오감 만족, 선비들의 공부법

김문식 우리가 노래 가사는 쉽게 외우지 않습니까? 그런 원리를 이용한 거죠. 실제로 조선 사대부 집안의 교육에서는 성독이 기본이에 요. 그래서 집에서 글 읽는 소리가 끊이지 않는다는 것이 꽤 자랑할 만한 이야기인 거죠.

최태성 하늘 천 땅 지, 이런 것도 성독인가요?

김문식 그렇죠.

그날 성독하는 방식이 집안마다 다 달랐겠어요. 할아버지, 아버지 이 어지면서 가락에 변화가 생길 테니까요.

김문식 집안까진 모르겠고, 지역 차이는 있었습니다. 전통 민요 가락도 지역에 따라 차이가 있듯이 성독의 가락에도 차이가 있죠. 효과 적인 암기를 위해서는 오감을 다 동원하는 게 좋다고 하죠? 기본 적으로 성독은 눈으로 보고 귀로 들을 수 있잖아요. 한 번에 두 가지 감각기관을 이용하는 거죠. 여기에 손으로 쓰기까지 하면 암기 효과가 더 커집니다.

최태성 몸도 흔들잖아요.

김문식 그렇죠. 여러 가지 감각을 사용하는 게 암기의 핵심이죠.

그날 양반은 좌우로 흔들고 평민은 앞뒤로 흔든다는 이야기를 들었는 데 사실인가요?

김문식 근거 없는 속설입니다. 대개 서당 도령이 꿇어앉아서 앞뒤로 흔 들죠. 그 자세에서 좌우로 흔들기는 어려우니까요. 양반 다리 하 고 앉으면 좌우로 흔드는 게 편하겠죠.

한국사 교사가 알려 주는 암기 비법

그날 국사는 암기할 게 굉장히 많은데 최태성 선생님께서 학생들을 위해서 암기 비법 하나 알려 주세요.

최태성 역사는 무턱 대고 외우는 것보다 흐름 속에서 인과관계를 따져 가며 공부하는 게 좋습니다. 가끔 농담 삼아 리듬을 타면서 연관 시키는 게 있어요. 예를 들면 부여에 영고라는 제천 행사가 있거 든요. 시험에 굉장히 잘 나와요. 이걸 잊지 않기 위해서 리듬을 타 주는 거죠. 부영고, 이렇게요. 또 통일신라 시대에 시험에 굉 장히 잘 나오는 왕이 있어요. 신문왕이요. 이 경우에는 뉴스페이 퍼 킹, 이런 식으로 기억하면 잘 잊히지 않습니다. 그래도 기본 은 인과관계 속 흐름이라는 거 잊지 않았으면 좋겠습니다.

그날 흐름을 짚어 주는 게 바로 「역사저널 그날」이죠.

『양아록』, 할아버지와 손자의 갈등

손자 숙길이가 여섯 살이 되자
이문건은 직접 글공부를 가르친다.
가문을 위해선 공부만이 살길이었다.

하지만 손자는 공부를 좋아하지 않았다.
게다가 시간이 지날수록
책은 멀리하고 술에 취하는 날이 많았다.

　　　　늙은이 자식 잃고 손자에게 의지하는데
　　　　손자는 지나치게 술을 탐내 자주 취하네.

손자의 잘못된 습관을 바로잡기 위해 체벌하는 날이 많아졌다.
그날의 감정도 세세히 기록해 둔 이문건.

　　　　그만 때리자
　　　　한참을 엎드려 우는데
　　　　늙은이 마음 또한 울고 싶을 뿐이다.

『양아록』에 담긴 할아버지의 진심,
이후 이들은 어떻게 되었을까?

갈등의 시작, 손자는 술을 탐내 자주 취하네

그날 　아이가 크면서 할아버지와의 갈등이 시작됐습니다.

류근 　『양아록』에 이런 내용이 있어요. 숙길이가 처음 그네를 타 보고
　　　는 너무 재미있어서 다음 날 또 탄 거예요. 하지 말라고 말리는
　　　데 자꾸 타고 싶어 하니까 할아버지가 결국은 그넷줄을 끊어 버
　　　린다고요. 요즘 엄마들이 애들 컴퓨터 게임 못 하게 하려고 인터
　　　넷 선 자르는 거하고 똑같은 거예요.

최태성 　얼마나 화가 났으면 그랬겠어요. 그런데 아이잖아요. 사실 아이
　　　에게 놀이는 삶의 원동력일 수도 있거든요. 할아버지가 아이의
　　　특성을 조금만 더 이해해 주셨으면 어땠을까 싶네요.

김현정 　손자 숙길이도 문제가 있어요. 어린 나이에 벌써 술을 마신다는
　　　게 말이에요.

류근 　소싯적 제 모습을 보는 것 같네요. 제가 시골에서 자랐잖아요.
　　　그 시절 시골에는 어른들이 술 주는 문화가 있었어요. 저는 여섯
　　　살 때 동네 시장통 막걸릿집에서 동네 어른들께 막걸리를 얻어
　　　마시곤 했습니다.

그날 　음주 쪽에선 조기교육을 받으셨군요.

김문식 　숙길이가 열 살 때 술을 과하게 마셔서 혼나는 장면이 나오는데,
　　　이 시기 조선에서는 15세가 성인이에요. 그 나이가 되면 대개 결
　　　혼을 하고 가정을 꾸리거든요. 그러니까 십 대에 술을 권하는 건
　　　굉장히 자연스러웠던 것 같아요. 다만 숙길이는 그것이 과했던
　　　거죠. 술에 취해 어쩔 줄 모르고, 또 술을 주면 사양하지 않고 넙
　　　죽넙죽 받아 마시고 이런 부분이 할아버지가 보기에 좀 못마땅
　　　했던 거죠.

그날 　이 장면 보고 충격받은 분들 많을 것 같아요. 분명한 건 지금이
　　　조선 시대가 아니라는 거.

신병주　이문건도 영조처럼 아이가 열 살이 되기 전에는 굉장히 예뻐하다가 점차 실망하기 시작해요. 손자가 술 마시고 공부도 열심히 안 하고 이러니까 처음에는 야단을 치죠. 야단도 치고 타일러 보기도 하다가 안 되니까 때리기 시작하는 거죠. 특이하게 이문건은 가족들에게 아이를 같이 때리게 합니다. 그러면서 체벌의 강도가 아주 심해졌죠.†

그날　아이는 꽃으로도 때리지 말아야 한다고 하잖아요. 그런데 경험상 사랑의 매에 마음이 점점 가까워지는 걸 느끼는데, 어쩌세요?

류근　자식 정말 쉽지 않죠. 한번은 너무 화가 나서 아들을 죽비로 때렸는데 죽비가 부러졌어요. 그만큼 세게 때린 거죠. 마음이 정말 뼈저리게 아프더라고요. 그때 결심했어요. 다시는 물리력을 행사하지 않겠다. 그 후로 그 결심을 지키려다 보니까 하루에 한 말씩 사리가 생깁니다.

최태성　요즘 체벌이 없어졌잖아요. 체벌 없이도 다른 방법으로 충분히 교육할 수 있더라고요.

† 「달아탄(撻兒嘆)」
撻兒我非惡 내가 너의 종아리를 때리는 것은 악독해서가 아니라
冀禁兒劣惡 너의 나쁜 습관을 금지시키기 위해서라네.
惡劣如不禁 만약 나쁜 습관을 삼가지 않으면
癖痼終難禁 고질병이 되어 끝내 고치기 어렵다네.
劣氣初起時 나쁜 습관의 기미는 초창기에
正是訶禁時 바로 그때에 꾸짖고 그때에 즉시 고쳐야 하네.
所以起吾怒 내가 너를 꾸짖는 바는 바로
楚懲制兒怒 화를 잘 내는 너를 징계하여 절제시키는 것이네.
姑息怜兒心 너를 가여워하는 일시의 마음으로 인해
事事循厥心 매번 그렇게 너의 마음을 반복되게 버려 두었네.
端午鞦韆戲 단옷날에는 그네뛰기를 하지.
處處兒書戲 곳곳에서 아이들이 그네를 타네.
吾兒亦效爲 네가 그네 타기를 간절히 졸라
扣我我許爲 나를 재촉하여 내가 마침내 허락하였네.
長泛風入身 오랫동안 바람에 몸을 실어 왔다갔다

180

翌日猶懸身 다음 날도 오로지 그네에 몸을 맡겨두었네.
全然不顧書 전혀 책을 보는 기색이 없어
傳言兼讀書 아울러 책을 읽으라는 말을 전했네.
聯句可作之 연구로 글짓기 연습을 하라 시키고
不然當斷之 하지 않으면 그네를 응당 끊겠다 했네.
兒嫌所欲咈 남이 너의 뜻을 어기는 것은 싫어하며
不曾知怵咈 네가 남의 뜻을 어겨서는 안 된다는 것은 알지 못하네.
揮刃亟打絕 칼을 휘둘러 단번에 그네를 끊어 버려도
餘慎未爲絕 남은 분은 여전히 끊지를 못하네.
招兒詰責峻 너를 불러 혹독하게 꾸짖어 말하기를
懸手示嚴峻 손들고 있어라 엄하게 벌 주네.
取條撾腿疾 회초리를 들어 종아리를 세차게 몰아치니
痛號聲發疾 아프다며 비명 소리 터져 나오네.
十餘不忍加 10여 대를 때리니 차마 더 할 수 없어
剌言視後加 나중에 더 때릴 수 있다며 멈추네.
解之久伏泣 그만 때리자 네가 한참을 엎드려 울어
翁心亦思泣 늙은이 마음 또한 울고 싶었네(이하 생략).
□ 『양아록』 (1560년 5월 6일)

할아버지의 속사정

김문식　『양아록』에도 할아버지가 손자를 때리고 나서 후회하는 장면이 자주 나옵니다. 그런데 이 할아버지 심정이 이해가 돼요. 이문건이 본래 조광조 문인이거든요. 그래서 기묘사화 때 온 가족이 화를 입었습니다. 형님 두 분 돌아가시고 조카도 죽고, 본인은 을사사화 때 유배를 갔고요. 그리고 아들(숙길이 아버지)이 숙길이가 일곱 살 때 죽어요.

신병주　가족들이 많이 죽었는데 그중 상당수는 질병으로 죽었어요. 그래서 손자 건강에 대해 철저하게 기록합니다. 한번은 숙길이가 천연두에 걸린 거예요. 할아버지 걱정이 이만저만이 아니죠. 손자를 지극하게 간호하고 살피는 내용들이 절절하게 이어집니다. 마마도 앓았어요. '이질을 앓다', '학질을 앓다' 이렇게 질병에

「**양아록(養兒錄)**」 손자가 오래 살기를 바라는 할아버지의 간절한 소망이 담겨 있다.

관한 기록이 매우 자세해요.

류근   학질이 장티푸스인가요?

그날   말라리아요. 숙길이는 '대체 어떻게 살아남았지?' 싶을 정도로 병이란 병은 다 걸려요. 지금 봐도 굉장히 심각한 질환들인데 할아버지 입장에서는 저걸 다 이겨낸 손자가 더 귀하게 느껴졌을 것 같아요.

신병주   『양아록』에는 이문건이 손자 이름으로 종이를 가득 채운 부분도 있어요. 사랑하고 아끼는 손자의 이름을 계속 쓴 거죠.

최태성   저걸 쓰면서 어떤 생각을 했을까요?

류근   이름을 많이 불러 주면 오래 산다는 속설이 있어요. 손자가 오래 살기를 바라는 할아버지의 간절한 소망이 담겨 있는 것 같아요.

그날   정성이 정말 애틋하네요.

김문식   하나뿐인 손자를 키워서 집안을 다시 일으켜야 하는 절박한 상황이다 보니 자연스럽게 손자에 대한 기대가 커지는 거죠. 그런데 손자가 공부를 제대로 하지 않으니까 회초리를 들게 되고, 이후에는 때리고 후회하고 때리고 후회하는 장면이 계속됩니다.

신병주 이와 관련된 시가 한 편 남아 있어요. 「노옹조노탄(老翁躁怒嘆)」이라고 늙은이가 너무 성급하게 화를 내는 것을 탄식한다는 뜻이에요. 하지만 결국 아이가 나쁜 버릇을 고쳐서 너를 사랑한 그 뜻을 잘 실천하기 바란다고 적고 있죠.[†]

최태성 손자 입장에서 보면 가문을 위해 무언가 해야 한다는 압박감이 굉장히 컸겠구나 싶어요. 할아버지 마음도 이해가 되지만 손자에게는 큰 스트레스가 될 수 있거든요.

그날

> 쇠퇴해 가는 가문
> 네가 지탱하여 수천 년까지 이어가게 해야 하리.
> 마침내 군자인(君子人) 되어
> 훌륭하고 덕망 있는 가문을 이루게 되면
> 아름다운 복 누리고 쇠퇴해 가는 가통을 살려
> 면면히 이을 수 있으리라.

최태성 손자가 군자로 잘 성장해서 집안을 일으켜야 한다는 애절한 마음을 그 문구에서 읽을 수 있네요.

---

† 병인년 4월 4일 손자 숙길에게 공부하라 독려하나 태만하여 성과가 없어 황혼에 등잔불 켜 놓고 가르쳐 주었다. 사마온공이 한나라의 정치가 옛날에 미치지 못한 곳에서 끝났다고 논한 대목에 이르러 내가 설명해 주었다. "漢之治不及古而終已也"라고 하니 숙길이 "漢治終乃不及古"라고 말했다. 내가 다시 나의 견해가 옳다고 가르쳤다. 손자가 이에 수긍을 못하고 성질을 부려 밤에 다시 그것을 가르쳤다. 손자가 진실로 고집부리고 분격하여 말하기를 "제가 해석한 것과 같이 해야 한나라의 정치가 고대의 수준보다 뒤떨어진 것이 심하다는 뜻에 가까운 듯합니다"라고 했다. 내가 화를 내며 책을 밀쳐 두고 가르치기를 그만두었다.

이튿날 아침 늙은 아내에게 이에 대해 경각심을 주어야겠다고 말했다. 손자를 불러 앞에 엎드리게 하고 말을 부리는 회초리로 궁둥이를 30대 때리니 놀라 까무러쳐 그만두었다. 또 초10일 밤에 공부를 하지 않아 책망하며 그 까닭을 말하게 하니 베개에 엎드려 말이 없었다. 극도로 화가 나 대살가지로 등과 궁둥이를 때렸더니 숨을 잘 쉬지 못하기에 그만두었다. 또 19일 독려하여 공부하게 했으나 따르지 않아 조급하게 화를 내어 지팡이로 궁둥이를 무수히 때렸는데 손자가 차고 있던 칼이 지팡이에 맞아 부러졌다.

지금 다시 그 일을 생각해 보니 손자가 어릴 적에는 한결같이 어여삐 여기고 안타깝게 생각하여 손가락 한 번도 차마 대지 못했는데 지금 가르침에 있어서는 어찌 한결같이 조급하게 화를 내며 이처럼 자애롭지 못함에 이르렀는가. 이 할아비의 난폭함을 진실로 경계한다. 손자 역시 게으름이 심하여 날마다 익히는 것이 겨우 몇 장이다. 30번을 읽으라면 따르지 않고 혹 15번이나 혹은 10번 남짓에서 그만 멈춘다. 비록 숙독하라 독촉해도 끝내 시키는 대로 하지 않으니 어찌 잘못이 아니겠는가. 할애비와 손자가 함께 실수하여 끝날 때가 없으니 반드시 이 할아비가 죽은 후에야 그만두게 될 것이다. 아! 눈물을 흘리며 다음과 같이 읊조린다.

「노옹조노탄(老翁躁怒嘆)」
翁老眞心冀一孫 하나뿐인 너에게 할아비가 진심으로 바라는 것은
成終終始立家門 시종일관 학문을 이루어 가문을 일으키는 것이네.
臨書自念差違訓 글을 읽음에 의미를 잘못 알까 염려되어
解旨先須反覆言 뜻풀이를 먼저 반복하여 가르쳐 주는 것이네.
柰復或時辭至慢 어찌 너는 간혹 황당한 말로 대드는가
誰將逐日瞀能溫 누가 장차 날마다 가르쳐 익히게 하리오.
兒如悔得前非改 네가 예전의 잘못을 뉘우쳐 고친다면
無慊人倫報我恩 인륜에 어긋나지 않게 내 은혜를 갚게 되네.
☐ 『양아록』(1566년 4월 20일)

손자와 할아버지는 어떻게 되었나?

그날　할아버지의 엄청난 애정과 손자의 부담감, 『양아록』의 결말이 어떻게 났을지 궁금해요.

김문식　손자 숙길(이수봉)은 할아버지의 바람대로 입신양명하지는 못한 것 같아요. 기록이 많이 남아 있지는 않고요. 외가 쪽인지 충북 괴산에 가서 살게 된 것 같은데, 임진왜란 때 거기서 의병을 일으켜요. 그 공으로 나라에서 상을 주려고 하자 '내가 할 도리를 했다'라고 하면

서 상을 사양합니다. 윤리적으로는 상당히 성숙한 사람이 된 거죠.

그날　관직을 얻지 못했더라도 이 정도로 올곧게 자랐다면 군자가 되고자 하는 유학의 최종 목표에 부응한 것 아닌가요?

김문식　그렇죠. 입신양명이라는 게 벼슬해서 돈 많이 벌고 이런 게 아니거든요. 성인 군자가 되는 거예요. 불교에서 스스로 부처가 돼야 목표를 이룬 것이듯 유교에서는 군자가 되어야 하고, 임금은 성왕이 돼야 하죠. 훌륭한 사람이 되도록 교육하는 것이고, 그 성과가 좋은 경우에는 세종이나 정조 같은 성군이 나오는 거고요. 일반 사대부 중에도 향촌에 은거하면서 뜻을 지키며 사는 사람들이 많아요. 뜻을 펼 수 없을 때는 향촌에 은거하면서 자기를 잘 지키는 것도 군자다, 이렇게 본 거죠.

그날　'먼저 사람이 되어라' 이런 말 하는데 그게 괜한 말은 아닌가 봐요.

6

83세 조선의
선비,
과거 급제하다

대학 입학을 위한 대학수학능력시험이 전 국민의 관심 속에 실시되고, 공무원 시험이나 대기업 입사 시험은 100 대 1의 경쟁률을 훌쩍 뛰어넘는다. 예나 지금이나 시험은 한 인간의 운명을 결정짓는 중요한 승부였다. 1844년(헌종 10) 83세의 선비 조수삼(趙秀三)은 소과 시험 합격자 명단에 자신의 이름이 붙어 있는 것을 확인했다. 최고령 합격자였기 때문에 당시 영의정 조인영이 감회를 시로 한번 지어 볼 것을 권하자, 조수삼은 이에 "뱃속에 든 시와 책이 몇백 짐이던가/ 올해에야 가까스로 난삼(襴衫, 생원·진사 합격자가 입는 예복)을 걸쳤네/ 구경꾼들아, 몇 살인가 묻지를 마소/ 60년 전에 스물셋이었네"라는 시로 답했다. 조수삼은 평생을 과거 시험에 매달렸던 사회상을 대변하는 인물이기도 하다.

조선의 과거 시험은 크게 소과와 대과로 나뉜다. 소과는 다시 유교 경전을 시험하는 생원시와 문장을 시험하는 진사시로 나뉘었고, 각각 1차 시험인 초시와 2차 시험인 복시가 있다. 소과에 합격하면 대과에 응시할 수 있는 자격을 부여받았고 대부분 성균관에 들어가 대과를 준비했다. 대과 초시에는 240명을 뽑았는데, 인구수에 비례하여 지역별 할당제를 실시한 것이 주목된다. 식년시의 경우 3년마다 최종 33인을 뽑았고, 이 중 수석 합격자를 장원이라 하였다. 이처럼 장원급제는 최고의 인재만 얻을 수 있는 엄청난 영예였다. 하지만 소설 『춘향전』에는 이몽룡이 과거에 너무 쉽게 장원하는 것으로 그려져 혼란을 준다. 이는 그야말로 소설에서나 가능한 일이다. 한편 율곡 이이(李珥)는 생원 초시와 복시, 문과 초시와 복시를 비롯한 9번의 시험에 모두 장원급제하여 '구도장원공(九度壯元公)'으로 불렸는데, 그는 시험에 있어서도 천재적인 능력의 소유자였던 모양이다.

조선 후기로 들어갈수록 과거의 열기는 더해 갔다. 그래서인지 과거 합격을 위한 유생들의 부정행위도 자주 목격된다. 대리 시험자인 거벽(巨擘)을 세우는가 하면, 소매에 넣을 수 있는 작은 책인 수진본(袖珍本)을 가지고 커닝하는 이들도 있었다. 부정행위를 방지하려는 조정의 노력도 적지 않았다. 본래 과거 시험 답안지인 시권(試券)에 아버지, 조부, 증조부, 외조부의 이름과 관직을 적게 했는데, 채점 시에는 응시자의 인적 사항을 알아볼 수 없도록 이 부분을 잘라 답안지와 분리했다. 서리에게 답안지의 글을 베껴 쓰게 하여 응시자의 필체를 알아보지 못하게 하는 역서(易書) 제도도 있었다. 과거 답안지 중 가장 우수한 답안지는 맨 위에 올려 다른 시권들을 내리누른다는 뜻에서 '압권(壓卷)'이란 말이 생겼다.

소과에 합격해 성균관에 들어간 유생들은 대부분 동재(東齋), 서재(西齋)라 불리는 기숙사에서 생활하며 대과를 준비했다. 대과에 응시하려면 출석 점수도 중요했다. 성균관에서는 아침과 저녁 두 끼를 먹으면 동그라미 하나를 쳐 주고 이를 원점(圓點)이라 했다. 원점이 300점이 되어야 대과 응시가 가능했으니 조선 시대에도 출석은 중시되었던 것이다. 유생들은 매일 평가(日考), 열흘 평가(旬考), 월말 고사(月考), 매년 평가(年考) 등을 수시로 받으면서 학업에 전념했다. 때로는 반촌(泮村)이라 불린 오늘날의 대학촌에서 술과 음식을 먹으며 스트레스를 풀기도 했다.

시험이란 나의 성장과 발전을 기억하는 나이테이기도 하다. 나이테가 나무의 모든 것을 기억하듯 우리 인생의 자취를 더듬어 보면 결국 시험이 나를 계속 기억해 준다. 시험이 내면에 숨은 진정한 자아를 찾고 더 나은 길을 향해 나아가는 일종의 여행이라고 생각하면 시험이 주는 압박에서 벗어날 수 있지 않을까?

83세 조선의 선비, 과거 급제하다

헌종 10년(1844), 한양
전국 8도에서 몰려든 선비들이 과거 시험장으로 들어섰다.

시제가 발표되고 긴장 속에서 치러진 시험
마침내 합격자가 발표됐다.

그런데 합격자 명부의 조수삼[1]이라는 이름 석 자가
장안의 화제가 됐다.

조수삼은 학식이 깊고 글재주가 뛰어나
당대의 문호들과 어깨를 나란히 했던 선비.

그가 오랜 공부 끝에 과거에 합격한 것은
그리 놀라운 일은 아니었다.

사람들을 감탄하게 한 것은
당시 그의 나이가
무려 83세라는 것이었다.

그날 지난 시간에 이어서 조선의 교육 2편 이어가겠습니다. 83세, 지금으로 따지면 어느 정도 될까요?

김경수 100세가 넘지 않았을까요.

신병주 조선의 최장수 왕이 영조인데, 영조가 83세까지 사셨습니다. 조수삼이 최고령 합격자였기 때문에 당시 영의정이었던 조인영이 합격의 감회를 시로 표현해 보라고 기회를 줬어요. 그때 바로 이런 시를 지었대요.

> 뱃속에 든 시와 책이 몇백 짐이던가.
> 올해에야 가까스로 난삼을 걸쳤네.
> 구경꾼들아, 몇 살인가 묻지를 마소.
> 60년 전에 스물셋이었네.

최태성 '83세를 저렇게 표현할 수도 있구나' 하고 감탄했습니다. 60년 전에는 스물셋이었다니.

그날 60년이 일 갑자를 말하는 거잖아요. 그 세월과 함께 조수상의 감회가 더 절절하게 다가오지 않습니까?

최태성 시구 중에 난삼²이라는 말이 있잖아요. 과거 합격자들이 입는 예복이 바로 난삼인데, 그 옷을 입고 감격에 겨워서 시를 쓰셨다는 게 느껴지네요.

그날 과거 급제도 급제지만 그 연세에 공부를 하셨다는 게 놀라워요. 그 시대에 여든셋이면 먹 갈기도 힘들었을 거예요. 요즘은 저도 책 한 장만 넘기면 앞 페이지가 거의 암전이거든요. 그러니 정말 놀라운 일이죠.

과거 응시에 자격 제한은 없었나?

그날　조선의 과거 시험에는 나이 제한 같은 건 없었나요?

김경수　네, 없습니다. 나이 제한도 없고 신분 제한도 없습니다.

그날　신분 제한도요?

김경수　그렇습니다. 『경국대전』 규정에 원천적으로 과거에 응시하지 못하는 사람들을 규정했는데 죄를 범해 관직 임명이 영구히 차단된 자, 탐관오리의 아들, 재가했거나 행실이 방정치 못한 부녀자의 아들과 손자, 서얼은 과거 응시를 못 한다는 규정이 있습니다. 하지만 양인 이상이고 여기에 해당하지 않으면 누구나 응시가 가능했어요. 나중에는 서얼에게도 응시 자격을 주죠. 원칙적으로 조선의 과거 시험은 누구나 응시할 수 있는 공평한 시험이었다고 볼 수 있습니다.

그날　탐관오리의 자손은 시험 볼 수 없다는 게 재미있네요.

최원정　저는 재가한 여인의 후손은 안 된다는 게 좀 걸려요.

신병주　성리학 이념이 강하게 적용된 것이죠. 탐관오리 자손의 과거 응시를 제한한 것은 그만큼 깨끗한 공직 사회를 만들자는 의지가 반영된 거고요.

장유정　조선의 과거제도는 지역 균형과 능력주의가 매우 절묘하게 혼합된, 꽤 합리적인 제도였던 것 같아요. 사실 조수삼도 본래 역관 출신이라고 들었어요. 그럼 중인이잖아요. 이런 사람들에게도 공평한 기회가 주어졌고, 나이도 제한이 없었다. 굉장히 멋진 일이죠. 그런데 조수삼은 어떤 시험을 본 건가요?

그날　제가 알기로 조수삼은 당대에 아주 유명한 시인이었어요. 이름이 알려진 뛰어난 문인들, 예를 들어 김정희, 박제가, 박지원, 이덕무 이런 사람들하고 문장을 나눌 만큼 대단한 인물이었다고요. 그러니 조수삼이 본 시험은 백일장 같은 게 아니었을까요?

글짓기 시험이요.

신병주 네, 조수삼은 문장을 평가하는 진사시에 응시했습니다. 조선 시대 과거제도를 살펴보면 문신을 뽑는 시험인 문과, 무신을 뽑는 시험인 무과, 기술직 종사자들을 뽑는 잡과, 크게 이 세 개의 시험으로 구성되어 있고, 그중에 가장 중요한 시험인 문과는 다시 소과와 대과로 나뉩니다. 소과도 전공 분야에 따라 문장을 시험 보는 진사시와 유교 경전을 시험 보는 생원시로 나뉘죠.

장유정 복잡하다고 생각했는데 교수님 설명을 들으니 굉장히 쉽네요.

신병주 지금의 대학 입시 제도보다는 훨씬 쉽습니다.

조선 시대의 과거제도

그날 오늘날의 대학 입시 제도만큼이나 복잡한 당시 과거제도와 절차를 쉽게 정리해 주실 분을 모셨습니다.

이각경 안녕하세요. 단순 명쾌하게 조선의 과거 시험에 대해 살펴보겠습니다. 문과는 크게 대과와 소과로 나뉩니다. 소과는 다시 진사시와 생원시로 나뉘는데요. 진사시와 생원시에는 초시와 복시가 있고, 합격자는 진사시·생원시 각각 100명씩 총 200명입니다. 이렇게 소과에 합격하고 나면 대과를 볼 수 있습니다. 대과에는 초시·복시·전시 3단계가 있는데요. 초시와 복시는 각각 초장과 중장, 종장 3단계의 시험을 보게 됩니다. 초시에서 240명을 선발을 하고, 그중 33명을 복시에서 뽑습니다. 여기서 뽑힌 33명은 마지막 절차인 전시, 즉 왕 앞에서 보는 시험을 통해 최종 순위를 결정하게 됩니다. 이 모든 단계를 거치고 나서야 비로소 관직에 나갈 수 있게 됩니다.

그날 와, 진짜 복잡하네요.

최태성 지금의 시험 제도와 비교해 보면 저 복잡한 내용이 조금 쉬워질

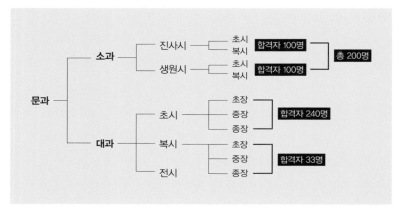

조선 시대 문과 시험제도

것 같아요. 소과는 고등학생들이 준비하는 수능시험이라고 생각하시면 돼요. 수능을 보면 대학을 가잖아요. 마찬가지로 소과에 합격하면 성균관에 들어갈 수 있습니다. 대과는 대학생들이 준비하는 고시와 비슷합니다. 행정고시 합격하면 5급 공무원, 즉 관리가 될 수 있잖아요.

신병주 대과의 경우 초시 합격자가 240명이잖아요. 초시 합격자를 뽑을 때 지역 안배를 해요. 인구수에 따라 경상도 몇 명, 전라도 몇 명, 충청도 몇 명 이렇게요. 일차적으로 지역별 할당 인원을 줘서 240명을 뽑고, 최종 합격자 서른세 명은 완전경쟁으로 뽑는 거죠. 그런 면에서 과거는 매우 합리적인 제도였던 겁니다.

그날 최종 합격자 서른세 명 중에서도 등수를 매기죠?

신병주 그렇죠. 최종 합격자들을 갑과 세 명, 을과 일곱 명, 병과 스물세 명으로 나눕니다. 여기서 갑과 1등이 장원급제가 되고, 을과 1등은 최종 4등이 됩니다.

그날 장원급제자는 어떤 품계를 받나요?

신병주 장원급제자는 특별하게 종6품에 올리고 나머지 사람들은 종9품,

요즘으로 치면 9급 공무원이 되는 거죠.

그날   그럼 거의 6급 정도 차이가 나는 거잖아요. 10년 정도는 해야 그만큼 올라갈 텐데, 말하자면 33등은 10년 이상 일해야 1등의 첫 품계까지 올라가는 거군요.

김경수   지금 공무원 시험하고 똑같은 거죠. 9급 공무원 시험하고, 5급 공무원 시험인 행정고시가 서로 다르듯이 말예요.

신병주   조선 시대에는 딱 한 명, 장원급제자에게만 파격 승진을 허락했어요. 그런데 식년시는 3년마다 있으니까 매년 한 명이 아니라 3년에 한 명에게만 그런 기회를 준 거예요.

그날   정말 영광스러운 일이군요.

최 진사와 남산골샌님은 엘리트?

장유정   아까 진사라는 말이 나왔잖아요? 그런데 우리가 다 아는 굉장히 유명한 진사가 한 분 계시잖아요. 최 진사라고 말이죠.

신병주   최 진사보다는 셋째 딸을 잘 알죠.

장유정   사실 진사라고 하면 시골 양반을 높여 부르는 호칭 정도라고 생각했었는데, 굉장히 어려운 시험을 통과한 사람이었네요.

그날   김 초시, 박 초시도 약간 꽁생원 같은 느낌이었는데 그게 아니네요.

신병주   남산골샌님이라는 말도 있죠. 이게 사실 남산골 생원님의 준말입니다. 『허생전』의 주인공인 허생 역시 남산 묵적골 선비 허 생원이라고 나오거든요. 「최 진사댁 셋째 딸」, 『맹진사댁 경사』 이런 작품들 때문에 진사나 생원을 낮게 보는 경향이 있는데, 실제로 그들은 지방에서는 상당히 영향력 있는 사람들이었어요. 아까도 말했지만 소과는 최종적으로 각각 100명씩 뽑잖아요. 그러니 진사나 생원은 전국 100등 안에 드는 상당한 인재였다는 거죠.

장유정   굳이 서열을 매기자면 진사가 생원보다 높은 건가요?

신병주 후대로 갈수록 문장이 중시되면서 생원보다는 진사를 더 쳐줬던 거 같아요. 그래서 최 생원댁 셋째 딸이 아니라 최 진사댁 셋째 딸이 된 거죠.

류근 전국 100등이면 대략 각 군에서 1, 2등 해야 한다는 거 아닙니까?

김경수 수재들이지요.

류근 전국 100등이면 좀 비인간적인 등수 아닌가요? 게다가 3년에 한 번 하는 시험이고요. 그나저나 이각경 아나운서는 끝난 거예요?

그날 아직 할일이 더 있을 거예요.

이각경 네, 오늘 「역사저널 그날」은 여든세 살에 과거에 합격한 조수삼의 이야기로 시작했는데요. 과거 시험 합격자 연령에 관한 재미있는 정보 알려드리고 갈게요. 과거 합격자 평균연령은 36.7세입니다. 양반들이 보통 다섯 살부터 책을 잡는다고 생각하면, 30년 넘게 공부를 한 셈이죠. 최연소 합격자와 최고령 합격자가 누구고, 몇 살인지 궁금하실 텐데요. 최연소 합격자는 고종 때 이건창[3]이라는 인물로 열다섯 살 때 과거에 합격했다고 합니다. 반면 최고령 합격자는 예상과 달리 조수삼은 아니었습니다. 최고령 합격자는 고종 때 인물인 정순교로 당시 나이가 여든여섯 살이었다고 하는데요. 정순교가 치렀던 시험은 대과는 아니었고, 60세 이상 노인들을 위한 특별 시험인 기로과[4]였습니다.

그날 정말 배움에는 끝이 없네요.

신병주 최연소 합격자는 우리 역사에서도 상당히 주목되는 인물이에요. 이건창은 『당의통략』의 저자로 역사에도 상당히 해박했던 분인데, 다섯 살 때부터 신동으로 소문이 났죠. 하지만 조정에서도 열다섯 살짜리 아이를 바로 관직에 진출시킬 수는 없었어요. 나이가 너무 어리니까. 그래서 4년 정도 미루어 두었다가 19세에 관직에 부임하게 했습니다.

김홍도, 「평생도(平生圖)」 과거 시험장 모습

그날   열다섯에 대학 합격하고 고시까지 패스한 거니까 신문에 날 일
        이네요.

장유정   조수삼이 최고령 합격자가 아니라는 게 굉장히 놀라워요. 그때
        가 지금보다 기대 수명이 훨씬 짧았을 텐데, 86세 노인이 과거에
        합격했다는 게 어떤 의미였을까요? 그때까지 공부를 한다는 게
        쉽지 않잖아요.

김경수   조선 사회에서는 한집안에서 3대 동안 과거 급제자가 나오지 않
        으면 양반 사대부 지위를 유지할 수도 없고, 주변에서 인정도 안
        해 줍니다. 과거 응시자들은 개인의 영광은 물론이고 가문의 명
        예와 가격(家格)을 높이기 위해서 시험을 치른 거지요.

이몽룡은 조선 최고의 수재?

그날   장원급제 하면 생각나는 사람이 또 있지 않나요?

장유정   이몽룡이 장원급제를 했죠.

신병주   장원급제가 쉽다는 편견을 갖게 만든 대표적인 인물이 바로 이
        몽룡이죠. 『춘향전』 보면 이몽룡은 공부는 뒷전이고 춘향이 그
        네 뛰는 거 구경하거나 방자 시켜서 연애편지 주고받는 내용이
        대부분이잖아요. 그런데 그 이몽룡이 서울 올라간 지 1년 만에
        장원급제하는 거 아네요.[†]

그날   몇 살에 장원급제한 걸로 나오죠?

장유정   열일곱 살이라고 나와요. 열여섯에 춘향이 만나 연애하면서 실
        컷 놀았는데도 조선 시대 최연소 장원 합격자가 된 거죠. 기록에
        최연소 장원급제자 나이가 열일곱 살로 되어 있거든요. 이몽룡
        은 거의 천재였다는 얘기입니다.

신병주   흔히 하는 말로 소설은 소설일 뿐이에요.

그날   아무리 똑똑해도 1년 만에 장원급제하는 건 불가능할 것 같아요.

아까 봤듯이 시험 단계도 너무 많잖아요. 1년 만에 이 단계를 다 거칠 수 있어요?

김경수 예외적으로 가능한 경우죠. 일반적으로 정기 시험인 식년시는 3년에 한 번씩 치러집니다. 이건 절차와 과정이 복잡하고 기간도 오래 걸려요. 이 외에 따로 부정기 시험이 있습니다. 국가나 왕실에 큰 경사가 있을 때 치르는 시험이죠. 이 경우에는 단번에 합격과 불합격을 가늠합니다. 국왕이 문묘에 제례를 올릴 때 성균관 유생들을 대상으로 시행하는 알성시가 그런 경우지요. 『춘향전』에 이몽룡이 임금 앞에서 시험을 치렀다는 내용이 나오는 걸 보면 그는 나라에 경사가 있을 때 임금이 춘당대에 친림하여 시행되는 춘당대시를 본 게 아닐까 싶습니다.

장유정 어쨌거나 이몽룡은 속성으로 장원급제를 했는데, 그게 전혀 불가능한 이야기는 아니라는 말씀이군요.

† 이때 한양성 도련님은 주야로 『시경』과 『서경』이며 온갖 서적을 숙독하였으니 글로는 이백(李白)이요, 글씨는 왕희지(王羲之)라. 국가에 경사가 있어 태평과를 시행할 때, 서책을 품에 품고 과거장에 들어가 좌우를 둘러보니, 억조창생 허다한 선비 일시에 임금 향해 절을 한다. 궁중 음악 맑은 소리에 앵무새가 춤을 춘다. 대제학이 임금이 내신 글제를 가려 뽑아 내리시니 도승지가 모셔 내어 붉은 휘장 위에 걸어 놓으니, 글제에 하였으되.
'춘당춘색(春塘春色)이 고금동(古今同)이라.'
뚜렷이 걸었거늘 이 도령 글제를 살펴보니 익히 보던 바라. 시험지를 펼쳐 놓고 답안을 생각하여 용을 새긴 벼루에 먹을 갈아 당황모 무심필에 듬뿍 묻혀, 왕희지의 필법으로 조맹부의 글씨체를 본받아 일필휘지하여 제일 먼저 제출한다. 윗전 시험관이 이 글을 보고, 글자마다 비점(批點)이요, 구절마다 관주(貫珠)로다. 용이 날아오르는 것 같고, 기러기가 모래 위에 내려앉은 듯 세상에 보기 드문 큰 재주로다. 급제자 명단에 이름 올려 어주(御酒)를 세 잔 권하신 후 장원급제 답안으로 게시한다. 새 급제자가 나올 적에 머리에는 어사화요, 몸에는 앵삼(鶯衫)이라. 허리에는 학을 수놓은 허리띠로다.
□ 『춘향전』

김홍도, 「평생도(平生圖)」 돌잔치, 혼인, 과거, 벼슬살이, 회갑 등의 내용을 담고 있다.

「평생도」에 담긴 양반들의 일생

그날   당시 양반들 사이에서 유행했던 「평생도」라는 그림이 있다고 합니다. 이게 어떤 그림인가요?

김경수   「평생도」는 조선 양반들의 일생을 그린 그림으로, 태어나서 죽을 때까지 있었던 일 가운데 가장 경사스러운 일들을 뽑아 여덟 폭 병풍으로 만듭니다. 이 작품의 경우에는 왼쪽 위 장면이 돌잡이죠.

그날   아, 어린아이가 돌잡이를 하네요.

김경수   오른쪽 위 그림은 결혼식 장면이지요. 신랑이 신부 집에 가서 신부를 직접 맞이하는, 이른바 친영이라고 하는 결혼식 장면이고, 왼쪽 아래가 어사화 쓰고 시가행진하는 장면입니다. 그리고 오른쪽 아래 장면이 관리로 부임해 가는 모습입니다.

그날   세 번째 그림은 창덕궁 편에서 다뤘던 삼일유가 퍼레이드 부분과 비슷하네요.

최태성   합격 기념 잔치를 나타낸 그림도 있습니다. 「동도문희연도(東都聞喜宴圖)」라는 그림인데요. 삼일유가 이후에 마을 잔치를 벌이는 거죠. 그림을 보면 친인척과 마을 사람들, 심지어는 사또까지 와서 축하해 주고 있어요. 즉 과거 합격은 개인의 영광일 뿐만 아니라 가문, 나아가 마을 전체의 영광이었음을 보여 주는 거죠.

신병주   「동도문희연도」라는 그림은 동도(東都), 즉 경주에서 기쁜 소식을 들어서 그린 그림이라는 뜻인데요. 문경이라는 지명이 생긴 것도 재밌어요. 경상북도 문경의 옛 지명이 바로 문희(聞喜)거든요. 기쁜 것 또는 경사를 듣는다는 뜻이죠. 이곳 문경과 관련해서 이런 이야기가 전해져요. 경상도 선비들이 과거를 보러 한양에 갈 때 선택할 수 있는 길이 문경새재, 죽령, 추풍령 이렇게 세 곳이에요. 이 중에 죽령은 쭉쭉 미끄러진다는 느낌이고, 추풍령

「동도문희연도(東都聞喜宴圖)」 (한국국학진흥원 소장) 1526년 경주부윤 김양진이 장남 김의정의 문과급제를 축하하는 잔치를 베풀고 있다.

은 추풍낙엽처럼 떨어지는 걸 연상시키죠. 반면 문경은 경사를 들을 수 있다는 뜻이잖아요. 그럼 어디를 선택하겠어요? 당연히 문경이겠죠. 그래서 선비들이 문경새재 길을 특히 선호했다고 해요.

김경수   심지어는 호남 지역 선비들도 일부러 문경을 거쳐 갔다는 이야기도 있습니다.

그날   오죽 절박했으면 그랬겠어요. 「동도문희연도」에서도 그렇지만 부모로서 자식이 잘됐을 때 동네잔치라도 열고 싶은 마음이 충분히 이해가 가요.

김경수   부모 마음이 그렇지요. 다른 예로 오십 줄이 다 돼서 과거에 급제한 사람이 있는데, 그의 칠순 노모가 아들에게 보낸 한글 편지가 있습니다.

진보 이씨 한글 서간 1873년, 일흔다섯 살의 노모가 마흔일곱 둘째 아들의 진사시 합격을 축하하는 내용을 담았다.

그날	기특하다, 네 일이여.
	사십 년 세월 동안 비바람 치는 과거 시험장을
	고생스럽게 왕래하며 분망하게 지내다가
	높고 밝은 하늘의 정성이 감동하여 오늘날이 있게 되었으니
	꿈이더냐, 참이더냐? 좋을시고, 네 일이여.

아휴, 절절하네요. 어떤 마음인지 알 것 같아요.

김경수 이 집이 엄청난 명문가거든요. 남편이 일찍 죽고 혼자된 부인이 네 명의 아들을 키우는데 그중에 셋이 과거에 급제합니다. 이 글은 마흔일곱 살의 둘째 아들이 과거에 급제했다는 소식을 들은 칠순 노모가 감격에 겨워 쓴 한글 편지입니다.

그날 자식만 바라보고 산 어머니로서, 얼마나 큰 보람을 느꼈겠습니까.

과거 시험 준비, 어떻게 했나?

그날 과거 시험을 보려면 어떤 과목들을 공부해야 하나요?

신병주 조선은 성리학 국가이기 때문에 유교 경전인 사서삼경이 기본입니다. 거기에다 『사기』나 『자치통감』 같은 역사서, 『한시』, 『송시』, 『당시』로 이어지는 문학작품에까지 통달해야 합니다. 이 텍스트들을 외우고 응용해서 답안을 쓰려면 한문 실력도 꽤 있어야 하고요.

최태성 과거 합격자가 특히 많이 배출된 집안에서는 집안 선비들을 동원해서 일정 기간 동안 합숙 훈련도 했다고 해요. 한 달에 한 번씩 모의고사도 보고요. 일례로 파평 윤씨 집안에서 과거 합격자를 42명이나 배출하는데요. 여기서는 과거 합격자에게 장학금도 줬다고 합니다. 가문의 명예를 위해 이런 식으로 집안 전체가 노력했던 거죠.

장유정 이런 일화도 들었어요. 어떤 어머니가 과거 시험에 합격한 사람이 행차하는 걸 보고 통곡을 하셨대요. 자기 자식은 과거에 합격하지 못해 부끄러움을 느낀 거죠. 그 모습을 본 자식이 느끼는 바가 있어서 열심히 공부해 가지고 결국은 과거에 합격을 했는데, 그가 바로 조선의 개국공신으로 유명한 조준[6]이었다는 거죠.

신병주 조준은 정도전과 함께 조선 건국에 핵심이 되는 인물로서 이성계의 경제 분야 참모였죠.

최원정 저도 가끔 집에서 울어야겠네요.

공부가 제일 쉬웠어요, 구도장원공 율곡 이이

신병주 조선의 대표적인 어머니 하면 오만 원권 지폐에 있는 신사임당을 떠올리죠. 신사임당은 아들인 율곡 이이가 정치가이자 학자로 워낙 유명해지면서 본인의 위상도 한층 올라간 경우죠. 율곡 선생이 살아생전에 친 아홉 번의 시험에서 모두 장원급제를 했거든요.

류근 　그래서 이 양반 별명이 구도장원공(九度壯元公)이라면서요?

신병주 　아홉 번 장원한 어르신이라는 뜻이죠.

류근 　율곡 이이가 조선 최고의 엄친아라고는 하지만 지금 생각해 보면 옳지 않은 것 같아요. 굳이 그럴 필요까지 있었을까요?

신병주 　그렇죠. 비슷한 시대에 태어난 사람들은 1등을 못 하게 됐죠.

최태성 　당시에도 류근 시인님과 같은 생각을 가진 사람들이 있었어요. 그 사람들이 이이에게 물어본 거죠. "굳이 아홉 번이나 장원을 해야 하느냐? 왜 이렇게 벼슬에 집착하느냐?" 이때 이이가 "맛있는 음식으로 부모님을 공양하고, 과거에 급제해서 부모님의 간절한 소망을 이루는 것, 이것이 효 아니겠습니까?"라고 대답했대요.

장유정 　다른 집 자식들은 어쩌라고요.

김경수 　조선의 과거 급제를 단순히 개인의 입신양명이나 영광을 위한 것이라고 생각하는 건 오해입니다. 개인의 입신양명은 기본이고, 가문의 명예를 높이는 것도 중요하죠. 이게 또 조선 과거제도의 기본 운영 원리와도 직접적으로 연관이 됩니다. 조선은 성리학적 유교 윤리를 국가 이념으로 삼았지요. 대표적으로 충과 효인데, 충은 국가에 대한 충성이죠. 과거에 급제해서 나랏일에 헌신하고 봉사하는 게 곧 충입니다. 효는 물론 효도죠. 이이의 이야기처럼 부모를 잘 봉양하고 가문의 명예를 높이는 것이 효에 해당하죠. 이런 것들이 절묘하게 조화된 정신이 과거 급제에 녹아있는 겁니다.

「성균관 스캔들」 속 과거 시험 부정행위

조선 최고의 국립 교육기관 성균관을 배경으로
네 남녀의 우정과 사랑을 다룬 드라마 「성균관 스캔들」

생계를 위해 남장을 하고
글 쓰는 일로 돈을 버는 여주인공 윤희,
그녀는 큰돈을 마련하기 위해 소과 시험장에서
남의 시험을 대신해 보는 거벽(巨擘)을 서게 된다.

"차하, 차상, 장원, 30냥부터 50냥까지 마음껏 택하시오."
"거벽을 발고하는 자에게 관에서 내리는 포상금 액수요, 50냥."

선준의 고발로 윤희는 곤경에 처하게 되는데,

"이보시오, 부정한 방법으로 과장(과거 시험장)을
욕보이는 자가 있소이다."
"지금부터 이 과장에선 그 어떤 부정도,
그 어떤 비리도 결코 용납하지 않을 것이야!"

대리 시험 외에도 드라마 「성균관 스캔들」은
여러 가지 형태의 과거 시험 부정행위를 묘사하고 있다.

쟁접(爭接): 좋은 자리를 차지하기 위한 치열한 다툼
사수(寫手): 과거 시험에서 글씨를 대신 써 주는 사람
입문유린(入門蹂躪): 시험장에 아무나 함부로 들어감
혁제공행(赫蹄公行): 시험관과 응시자가 미리 짜고 하는 부정행위

커닝 페이퍼를 붓두껍 속에 몰래 넣어
시험장에 들어오기도 하고
심지어 콧구멍에 숨겨 오는 경우까지 있었다.

시험 부정행위 천태만상,
조선의 과거 시험장에서 실제로 이런 일들이 벌어졌을까?

수진본과 죽첩경서 조선 시대 과거 시험장에서 커닝 페이퍼로 사용되었다.

커닝 페이퍼에서 대리 시험까지, 부정행위 천태만상

그날 　재밌네요. 여주인공 윤희는 대리시험을 치를 만큼 공부를 많이 했다는 얘기잖아요.

최태성 　당시에 잘나가는 거벽[7]들은 관리보다 훨씬 많은 돈을 벌었다고 하더라고요.

그날 　저런 광경들이 과거 시험장에서 흔히 벌어지는 일인가요?

신병주 　그렇죠.『연려실기술』에 과거 시험장에서 벌어졌던 부정행위나 폐단 같은 것들이 기록되어 있습니다.

그날 　잡히면 쫓겨나기도 하고 그래요?

신병주 　그렇죠. 조선 시대에 수진본이라는 책이 있는데, 이것도 과거 부정 방법 중 하나예요. 소매 수(袖) 자에 진귀할 진(珍) 자를 씁니다. 소매에 넣고 다니는 진귀하고 작은 책이라는 뜻이죠. 시험 중에 몰래 꺼내 보는 커닝 페이퍼하고 비슷한 겁니다. 실제로 규장각에 저런 책들이 있는데요. 어떻게 만들었을까 싶을 정도로 글씨가 작아요. 또 대나무 가지에 유교 경전의 구절 같은 것들을 빽빽하게 적은 죽첩경서가 있습니다. 답안에 인용할 만한 문구를 써 뒀다가 문제가 나오면 싹 뽑아서 커닝 페이퍼로 활용했죠.

과거 시험 진품명품

장유정 국가기관에서 주관하는 중요한 시험이니만큼 커닝을 방지하려
        는 여러 가지 시도들이 있었을 것 같아요. 어떤 게 있었나요?

그날   그런 궁금증을 풀어 드리기 위해 한국국학진흥원 최연숙 박사님
        을 모셨습니다. 박사님께서 조선 시대 과거 시험에 실제로 사용
        되었던 귀중한 유물들을 가지고 오셨다고 하는데요.

최연숙 우선 과거 시험 답안지인 시권부터 살펴보겠습니다. 이 시권은
        1609년, 운학 이함 선생님께서 56세의 나이로 제출한 시권입니
        다. '문과병과제십오인망(文科丙科第十五人望)'이라고 쓰여 있는
        데, 이건 응시자의 성적을 나타냅니다. '병과 15인'이니 갑과 세
        명과 을과 일곱 명을 고려하면 전국 25등 정도가 되겠네요.

장유정 굉장히 크고 오래됐을 텐데 그래도 보관이 잘 되어 있네요.

최연숙 네, 그렇죠. 이 시권이 400년 이상 된 물건입니다. 길이도 2미터
        가 넘는데요. 더 큰 것으로는 12미터가 넘는 것도 있습니다.

그날   답안지가 그렇게 길다는 말이에요?

최연숙 네, 그렇습니다.

그날   시권 앞부분이 조금 특이하네요. 특별한 의미가 있는 건가요?

최연숙 네, 여기 잘린 부분이 바로 부정행위를 방지하는 기능을 했습니
        다. 잘라 낸 부분을 명지라고 하는데, 명지는 크게 다섯 부분으
        로 나뉩니다. 첫줄에는 본인의 관직과 이름, 나이, 본관, 거주지
        를 적습니다. 그다음에는 순서대로 아버지, 할아버지, 증조할아
        버지, 마지막으로 외할아버지의 관직과 이름, 본관을 적습니다.
        부정행위를 방지하기 위해 명지와 답안지를 분리했다가 나중에
        이 두 가지를 맞춰서 당락을 결정합니다.

그날   채점에 공정을 기하기 위해 나름의 노력을 한 거네요.

김경수 또 있어요. 시험에 응시한 사람이 답안지를 쓰지 않겠습니까? 제

운학 이함 선생의 시권 1609년에 제출된 답안지로 병과 15등(전체 25등)이라는 성적이 매겨졌다.

출된 답안지를 서리가 받아서 붉은 글씨로 옮겨 적습니다. 이걸 역서(易書)[8]라고 하는데요. 채점관이 필체를 알아보고 가산점을 주는 걸 원천적으로 막는 거죠.

최태성　시험 출제 위원들이 일정 기간 동안 외부와 접촉하지 못하도록 그들을 격리하기도 했다고 들었어요. 시험 응시자와 시험관이 아는 사이일 경우 시험장을 분리하는 방법도 있었고요.

그날　응시자들이 본인의 문방사우를 다 준비해 갔다면서요?

최연숙　맞습니다. 시험 볼 때 필요한 문구류들은 본인이 직접 준비했습니다. 다만 시험 열흘 전에 종이의 질이나 규격 등을 전부 검사합니다. 응시자가 문방사우를 준비하더라도 부정행위 없이 시험을 치르게 하기 위해서였죠.

그날　운학 이함 선생님의 시권이 2미터짜리이고, 12미터짜리도 있다고 말씀하셨잖아요. 그럼 종이 질만 따지고 규격은 따지지 않았던 건가요?

최연숙　아닙니다. 규격까지 다 따졌습니다. 규격이나 지질이 원래 규정한 것과 심하게 차이가 날 경우에는 탈락하는 경우도 있었습니다. 지금도 시험에 합격하면 합격 증서를 주죠. 예전에도 소과나 대과에 급제하면 합격 증서를 줬습니다. 붉은색 종이로 된 것은 대과 합격자에게 주는 홍패[9]이고, 흰색 종이로 된 것은 소과 합격자에게 주는 백패입니다.

신병주　예나 지금이나 색깔이 있는 게 더 높은 거죠.

그날　혹시 홍패에 석차 같은 것도 나와 있나요?

최연숙　네, 있습니다. 애국지사로 알려진 향산 이만도 선생님의 홍패를 보면 '유학 이만도 문과갑과 일인급제출신자(幼學 李晩燾 文科甲科 一人及第出身者)'라고 적혀 있습니다. 장원급제 홍패인 거죠.

그날　이만도 선생이 압권[10]을 내신 거네요. 압권이라는 말이 바로 여기서 나온 말이래요. 모든 시권을 제압할 만큼 훌륭한 답안이라는 뜻이죠.

최연숙　석갈[11]이라는 말도 있습니다. 유생의 상징인 갈옷을 벗는다는 뜻으로 과거에 합격한 것을 의미하는 말이죠.

성균관 건물 구조도

조선 최고의 국립 교육기관, 성균관

그날　요즘으로 치면 성균관이 대단한 명문 대학이잖아요.

류근　그러게요. 성균관도 그냥 들어가는 게 아니고 시험에 합격해야 들어갈 수 있다는 사실을 이제야 알았네요.

김경수　성균관에도 입학 정원이 있습니다. 소과에 급제한 사람만 입학할 수 있으니까 정원은 200명이 되죠.

그날　수학 기간은 어떻게 됩니까?

김경수　성균관에 들어와서 대과에 급제할 때까지 어느 정도 시간이 걸리겠죠. 그 기간이 1년일 수도 있고 그 이상일 수도 있죠. 만약 열다섯 살에 소과에 급제한 친구가 서른 살에 대과에 붙는다면 15년 동안 수학한 게 되죠.

장유정　그럼 15년 동안 계속 성균관에서 공부하는 셈인데 놀랍네요. 학비도 내나요?

김경수　안 냅니다.

장유정　그럼 20년, 30년씩 하는 분들도 계시겠네요.

신병주 그런 사람도 있고 중간에 나가는 사람들도 있죠. 기본적으로는 생원시나 진사시에 합격한 사람들만 들어올 수 있기 때문에 제일 처음에는 정원이 200명이었겠죠. 그러다가 재수생, 삼수생이 쌓이면 숫자가 늘어나기도 하고 조정이 되기도 하죠. 또 소과 합격자 외에도 왕실 종친이나 공신의 자제 가운데 일부를 받아 주기도 합니다. 물론 무조건 합격시키는 게 아니라 시험을 보게 해서 거기서 합격해야만 성균관에 들어올 수 있게 했어요. 이들을 하재생이라고 했는데, 소과 합격자들로 구성된 상재생들과는 차이를 뒀죠.

그날 성균관 건물 구조도 좀 복잡한 것 같아요. 여기에 대해서도 알려 주세요.

신병주 성균관의 중심 건물로는 강당인 명륜당이 있고, 공자를 모시는 사당인 대성전이 있죠. 원래 대부분의 건물에서 '전당후묘' 즉 사당이 뒤에 가게 되는데, 성균관에는 대성전이 앞에 있습니다. 이게 특징이죠. 동재와 서재는 기숙사입니다. 존경각이라는 도서관도 있죠. 성균관 유생들은 책을 많이 봐야 하니까요. 사실 성균관은 고려 후기에도 있었어요. 그림에 있는 건물은 조선 건국 후에 개성에서 한양으로 도읍을 옮길 때 세운 것입니다. 그때가 1397년이었어요. 96칸 규모로 세워졌는데 상당히 많은 물력이 투입된 큰 공사였다는 기록이 있습니다.

김경수 굳이 성균관이라는 국립대학을 만든 건 무엇보다 조선이라는 유교 국가에서 성리학의 근본을 세워야겠다는 취지에서 비롯된 것입니다. 성균(成均)이라는 이름도 『주례』에서 따옵니다. 더하면 덜어 주고 덜하면 더해서 조화를 이루겠다는 뜻이죠.

장유정 이름도 너무 멋있네요.

Q. 성균관에서도 출석 체크를 했었나요? 혹시 결석하면 벌도 받았나요?

김경수 네, 원점이라고 하는 출석 확인 제도가 있었습니다. 출석표에 동
그라미를 친다고 해서 원점이죠. 성균관에 들어온 유생은 성균
관 식당에서 아침·저녁 두 끼를 먹을 경우 1점을 받습니다. 성균
관에서 아침저녁으로 식사를 했다는 건 하루 종일 이곳에 있었
다는 뜻이 되니까요.†

신병주 요즘은 적용하기 힘든 방법이죠. 지금은 단식하는 사람도 있고
우유 먹는 사람도 있잖아요. 그런데 이때는 무조건 밥은 먹었거
든요. 확실한 출석 체크 방법이었죠.

김경수 지금도 고등학교 내신 중에 출결 사항이 들어가지 않습니까? 그
와 비슷한 게 원점 제도고, 원점이 300점 이상 돼야 과거 응시 자
격이 생깁니다. 만약에 과거 시험 점수가 같을 경우 원점이 더
높은 사람이 합격하게 되고요. 출석이 꽤 중요했던 거죠.

> † 승정원에서 전교를 받들어 생원, 진사의 원점의 법을 의논하여 아뢰기를, 게
> 으른 무리가 관리가 되는 데 힘쓰지 않고 대부분 남의 손을 빌려 유적(儒籍)에
> 서명하기 때문에, 비록 거관(居館)하지 않더라도 원점의 수가 이미 300에 차게
> 되니, 지극히 모람(冒濫)됩니다. 금후로는 생원, 진사가 아침저녁으로 밥 먹을
> 때마다 관원 1명과 양현고원(養賢庫員)이 직접 스스로 점검하고 도기(到記)에
> 써서 메꾼 수와 대조하여 도장을 찍어서 감봉(監封)하는 것을 영구히 항식(恒
> 式)으로 삼도록 하소서.
> □ 「성종실록」 18년(1487) 12월 6일

**Q. 드라마 「성균관 스캔들」을 보면 복장이 아주 화려하던데 실제로 복장 규정이
나 두발 규정 같은 게 있었나요?**

김경수 네, 있습니다. 성균관 유생들이 입는 푸른색 옷을 청금(靑衿)이
라고 부릅니다. 유생들의 명단을 청금록이라고 하는 이유도 그
것 때문이고요. 일반 유생들과 구별하기 위해 성균관 유생들에
게 푸른색 옷을 입힌 거죠. 문제는 예나 지금이나 학생들 생각은

비슷하다는 거예요. 그래서 당시 성균관 학생들도 청금을 변형 시킵니다.†

그날   여고생들 치마 줄이는 것처럼요?

김경수   네, 맞습니다. 학생들이 계속 옷을 변형시켜서 나중에는 결국 자유 복장으로 바뀌죠.

최태성   이런 규정도 있어요. 말 타고 등교 금지.

장유정   요즘 말로 하면 승용차 타고 학교 오지 말라는 거군요.

최태성   맞아요. 학생들이 승용차 몰고 학교 가는 모습은 좀 그렇잖아요. 이때도 그런 것들은 좀 안 좋게 봤던 것 같아요.

---

† 유풍(儒風)의 천박함이 지금보다 심함이 없을 것입니다. 거관하는 유생들이 발에는 삽혜(靸鞋, 왕이나 왕세자 등이 신던 신. 가죽이나 풀을 엮어 만든 것으로 뒤축 울이 없음)를 신고 머리에는 단모(段帽)를 쓰고, 방 안에는 옷농(옷장)을 설치하면서도 몸에는 책을 끼고 다니지 아니하며, 비록 선생이나 어른을 보아도 예로 대하지 아니하니, 태학(太學)은 현사(賢士)의 관문(關門)이요 수선(首善)하는 곳인데, 이러고도 옳다고 하겠습니까? 청컨대 통렬히 금하게 하소서.
□ 『성종실록』 19년(1488) 8월 17일

Q. 성균관 학생들은 어떤 방식으로 스트레스를 풀었나요?

신병주   성균관 학생들은 스트레스가 특히 많았을 거예요. 어쨌든 모두 과거 시험 합격이라는 공통의 목표를 놓고 경쟁하는 입장이니까요. 하지만 스트레스를 해소할 방법이 마땅치 않았어요. 기본적으로는 성리학 교재만 공부해야 되고, 『노자』·『장자』 등 도가 책이나 불교 관련 서적도 못 읽게 해요. 또 지금의 통속소설에 해당하는 패관잡기도 금지하고 바둑이나 장기도 못 두게 하죠. 그러니 생활이 얼마나 답답했겠어요. 그나마 8일과 23일에 이틀 정도 휴가를 주는데, 그때 성균관 앞 동네인 반촌¹²에 가서 술도 마시고 하면서 스트레스를 풉니다. 당시 반촌이 요즘 대학가 못지 않게 번화했었거든요. 주점도 있고 식당도 있었죠. 재밌는 것은 반촌의 위치가 지금 대학로 일대와 일치한다는 거예요.

류근 괜히 대학로가 아니네요.

최태성 성균관 학생들은 모두 기숙사 생활을 했는데요. 명륜당 앞에 있던 동재와 서재가 바로 기숙사 건물입니다. 동재와 서재는 각각 스물여덟 개의 방으로 구성되어 있는데, 재미있는 건 동재 쪽에 있었던 약방이에요. 여기에 왜 약방이 있었을까요?

류근 양호실 같은 거 아닐까요? 사람이 많으니까. 저도 수업 듣기 싫을 때마다 양호실 자주 갔거든요.

신병주 학생들을 배려한 거죠. 양호실 기능도 물론 있었고, 보건 진료소 같은 역할도 했습니다. 실제로 혜민서[13]에서 전담 의사가 나와서 성균관 유생들을 보살피기도 했고요.

김경수 『세종실록』에 "성균관 유생들이 한자리에 앉아서 오래도록 독서를 하다가 자기들이 병든 것조차 모르고 죽어 가고 있다"라는 기록이 나오거든요.[†] 공부에 대한 스트레스는 말할 것도 없고, 거기에 가중된 스트레스가 있죠. 성균관의 평가 시스템입니다. 일고(日考), 순고(旬考), 월고(月考), 연고(年考)로 나뉘는데요. 풀이 하면 매일 평가, 열흘 평가, 매달 평가, 매년 평가가 됩니다. 이렇게 계속 평가를 해 대니 보통 체력인 사람은 견디기 어려웠죠.

장유정 긴장의 연속, 시험의 향연이라니 정말 힘들었겠네요. 그래도 「성균관 스캔들」에서 보면 여름에 얼음도 주고, 겨울에 제주도에서 밀감도 보내고 그러더라고요. 왕실이나 국가에서 나름대로 배려를 많이 했다는 생각이 들었어요.

신병주 기본적으로는 학비가 전액 무료고요. 학용품 같은 것도 일부 지급했습니다. 당시 왕들도 성균관에 자주 행차했고요. 왕세자 입학식도 치름으로써 유생들의 사기를 진작하고자 하죠. 영조 때에는 왕과 신하가 함께하는 활쏘기 시합인 대사례[14] 행사도 성균관에서 해요. 대사례는 본래 군신 간의 화합을 도모하는 자리거든요. 잘 봐 뒀다가 앞으로 관리가 되면 서로 화합하라는 의미죠. 이는 성균관에 대한 국왕의 관심이 그만큼 컸음을 방증하는 사례입니다.

> † 생원들이 한자리에 오래 앉아서 글 읽기에만 힘쓰므로 정신이 피로하고 기운이 떨어져서 병이 깊어 감을 알지 못하였다가 죽기에 이른다고 합니다.
> ──『세종실록』 3년(1421) 8월 24일

성균관 유생들이 왕에게 반기를 들었다?

그날   나라의 전폭적인 지지를 받았음에도 불구하고 유생들이 왕에게 반기도 들고 그랬다면서요?

신병주   네, 유생들의 정치 활동이 적지 않았습니다.

최태성   우리 역사에서 어떤 시대정신을 선언하는 자리에는 늘 학생이 있었어요. 3·1운동, 6·10만세운동, 광주학생항일운동, 4·19혁명이 다 그런 사례예요. 조선도 마찬가지예요. 임금이 정치를 잘못하면 성균관 유생들이 정치 활동을 합니다. 동맹휴학은 기본이고, 시각장애인이나 청각장애인 행세를 하면서 수업을 거부하기도 했어요.

그날   청맹 선언[15]이네요.

최태성   네, 맞습니다. 실제로 세종 때부터 고종 때까지 성균관 유생들이 약 80여 차례에 걸쳐 상소를 올렸다고 합니다.

그날   깨어 있는 지성들이에요.

성균관 유생들의 정치 활동

장유정   아직 관직도 없는 유생들이 이런 정치 활동을 했을 때 어떤 성과가 있었을지 궁금해요.

신병주 왕이 유교 이념에 어긋나는 행위를 했을 때 성균관 유생들이 나서는 경우가 많습니다. 대표적으로 명종 때 문정왕후가 불교 중흥책을 폈는데, 그때 성균관 유생들이 들고일어났어요. 이런 정치 활동으로 얻은 가장 큰 성과 중 하나는 회재 이언적과 퇴계 이황의 문묘 출향을 막은 거예요. 광해군 때 정인홍이라는 인물이 권력을 잡고 스승인 남명 조식을 성균관 문묘에 배향하기 위해 이미 배향되어 있던 이언적과 이황을 출향하려고 하거든요. 이때 성균관 유생들이 강하게 저항을 합니다. 그러면서 당시 최고 실세였던 정인홍의 이름을 성균관 유생들의 명부인 청금록에서 지워버리죠.[†]

김경수 유생들이 정치 활동을 하면 왕은 가능한 달래려고 합니다. 정승을 보내서 달래기도 하고 설득도 하죠. 유생들의 공론을 청론(淸論)이라고 하는데, 성균관 유생은 기본적으로 관료가 되기 위해 공부하는 친구들이잖아요. 그러니까 청론은 정치적 이해를 추구하는 게 아니라는 거죠. 그렇기 때문에 왕은 청론을 받아들여야 한다고 생각했습니다.

[†] 전교하기를, "정인홍의 이름을 청금록에서 삭제한 것은 누가 주장하였는가. 이 사람은 임하에서 글을 읽고 바른 도를 지킨 선비일 뿐 아니라 그 벼슬이 높고 지위가 중한데 이름을 삭제한 일은 그 수단이 가증스럽다. 그 의논을 먼저 주장한 자를 속히 찾아내어 아뢰고 그 사람을 가두고 유적에서 삭제하라" 하였다. (중략) 14일에 여러 유생이 정인홍의 삭적을 주장한 자를 색출하라는 명을 듣고는 권당(捲堂, 성균관 유생들이 동맹 휴학하는 것)하고 성균관에서 가 버렸다. 이항복이 또 상소를 올렸는데 대략에, "이제 선비를 금고하라고 명하니 선비는 읍하고 물러났습니다. 문묘는 텅 비어서 사람이 없고 전복(典僕, 관청에서 잡일을 맡아하는 노복)은 울면서 전송하였습니다. 이곳을 농부와 공장(工匠)이 대신 지키겠습니까. 전복이 대신 지키겠습니까. 계속 모두 비울 것이며 남아 있는 자는 박여량 한 사람뿐이니 너무 쓸쓸하지 아니하겠습니까.
— 『연려실기술』, 「폐주 광해군 고사본말」, 정인홍을 유적에서 삭제하다

과거 시험의 최종 관문, 책문

그날 　왕이 직접 유생들의 정치적인 식견을 묻는 자리도 있었다면서요?

신병주 　그렇죠. 왕이 당시 정치 현안의 대책이라던가 정치적 아이디어 같은 것들을 얻기 위해 과거 시험의 마지막 관문인 책문[16]에서 과거 시험 응시자들에게 질문을 던졌습니다. 거기에 답을 내는 것을 대책이라고 합니다. 대책을 세운다고 할 때, 그 대책이라는 말이 바로 여기서 나온 거죠.

김경수 　책문은 왕이 직접 문제를 냅니다. 그러니까 당시 왕이 가장 중요하게 생각한 것이 무엇인지를 알 수 있죠.

그날 　책문을 통해 왕의 정치적 성향이나 당시 정세를 알 수 있을 텐데, 그런 의미에서 책문 몇 개를 보여 드릴게요. 조선 시대 책문 세 가지를 뽑아 왔는데, 이 책문들이 과연 어떤 왕이 낸 문제일까를 맞히는 퀴즈입니다. 먼저 '인재를 양성하고 분별하는 방법은 무엇인가?' 자, 어떤 왕이 떠오르시나요?

류근 　세종이 아닐까요? 인재 양성·분별 하니까 호학 군주였던 세종이 떠올라요.

신병주 　네, 맞습니다. 이건 세종 29년의 책문인데, 세종은 인재 등용에 특히 뛰어난 면모를 보이셨잖아요. 그런 고민들을 끊임없이 하고 계셨던 거죠.

그날 　'정벌이냐 화친이냐?' 이건 누구의 책문이었을까요?

류근 　저건 인조의 책문이 아닐까요? 당시에 전쟁을 할 것이냐, 말 것이냐에 대해 이견이 있었으니까요.

장유정 　혹시 선조?

류근 　선조는 저런 생각 못 합니다.

그날 　놀랍게도 답은 선조예요.

김경수 　선조 1년의 책문입니다. 선조가 젊을 때는 꽤 괜찮은 왕이었거든요. 명나라와 일본 사이에서 혼란을 겪고 있던 조선의 외교상을 보여 주는 책문이죠.

그날 마지막 책문인데요. '온 백성에게 담배를 피우게 하라.' 왠지 이 건 연산군 정도 되는 것 같죠?

류근 전 답을 알아요. 담배를 좋아했던 왕은 정조예요.

장유정 그래도 연산군일 것 같아요.

류근 연산군 때엔 담배 자체가 없었어요. 담배는 임진왜란 이후에 들어온 거니까요.

그날 맞아요. 정답은 정조였습니다. 실력이 정말 엄청나네요.

신병주 류근 시인 말씀대로 담배는 임진왜란 이후에 전래되니까, 우선 조선 후기 왕으로 좁혀 볼 수 있겠죠. 또 정조는 상당한 애연가 예요. 하지만 정조가 고심했던 건 담배를 피우는 문제가 아니라 경작지 문제예요. 담배 밭이 자꾸 확대되면 다른 경작지가 줄어 들잖아요. 그런 부분을 의식하고, 이 문제를 어떻게 해결하는 것 이 좋을지 의견을 제시하게 한 거죠.

최태성 책문 중에는 현실적이고 철학적인 책문도 있지만 낭만적인 책문 도 있습니다. 광해가 낸 책문인데요. '섣달그믐 밤의 서글픔, 그 까닭은 무엇인가?'

그날 거의 시네요.

장유정 책문 자체가 이미 명문이니까 대책을 쓰는 사람들도 부담스러웠 을 것 같아요.

신병주 왕이 낭만적으로 질문한다고 자기도 낭만적으로 쓰면 떨어져요.

그날 그러면 뭐라고 써야 돼요?

신병주 답은 치밀하게 해야 돼요. 광해군이 낸 책문의 대책문 가운데 유 명한 게 이명한이 쓴 대책문인데, 처음에는 같이 호흡을 맞춰 줘 요, 좀 낭만적으로. '인생은 부싯돌처럼 짧으니 학문에 힘을 쓰고, 흐르는 세월을 의연하게 받아들여야 한다.' 그런 다음 비슷한 상황을 묘사한 『후한서』의 기록이라든가 두보의 시 같은 것들을 적절하게 인용해서 상당히 우수한 답안을 썼죠.

그날 굉장히 낭만적이면서 지적인 답이네요.

최태성 책문이라는 게 단순하게 암기한 내용을 묻는 게 아니라 암기를 바탕으로 현재와 미래를 어떻게 사유할 것인가를 묻는 논술 시험이에요. 게다가 다른 자료에서 인용을 했으면 주석도 달아야 돼요. 거의 소논문에 가깝죠.

그날 잠깐만 이거 오픈 북인가요? 이걸 다 외워서 한다고요? 그 방대한 자료들을 외우고 있다가 적절하게 각주까지 달아서 답을 한다니 정말 대단하네요.

최태성 그러니까요. 아까 보셨듯이 대책문을 실은 시권의 길이가 2미터, 12미터 이렇게 나올 수밖에 없는 게 바로 이런 내용들을 담고 있기 때문이죠.

김경수 명종 때 '육조의 관리를 어떻게 개혁해야 하는가?'라는 책문에 대한 김효원의 대책문에는 『논어』, 『맹자』, 『중용』, 『삼국지』, 『사기』, 『송사』 등 사서오경을 비롯한 중국 고전들이 인용되어 있는데, 인용한 각주만 70개가 넘습니다.

성삼문과 신숙주의 책문

세종 29년(1447),
대과 합격자의 최종 순위를 겨루는 책문 시험이 치러졌다.

이날 세종은 왕권과 사병 문제를 거론하며
법의 폐단을 고치는 방법은 무엇인가를 물었다.

최종 33명이 겨루는 선비들 가운데는
성삼문과 신숙주도 있었다.

세종의 책문에 대한 두 사람의 답은 달랐다.

대신을 믿고, 권한을 맡겨야 한다며
왕권과 신권의 조화를 주장했던 신숙주,
반면 성삼문은 왕권은 왕의 고유한 권한임을 강조하며
왕권 강화를 주장한다.

사병 문제에 대해서도 신숙주는 사병의 불가피함을 강조했다.
반면 성삼문은 사병은 임금을 위협하는 것이며
혁파해야 한다고 답했다.

과거 급제 후 나란히 관직에 오른 두 사람은
절친한 동료로 한글 창제에 큰 공을 세우는 등
조선의 기틀을 마련하는 데 앞장섰다.

하지만 9년 뒤 단종 복위 운동을 기점으로
두 사람은 완전히 다른 길을 걷게 된다.
세조의 즉위를 인정받기 위해
명나라까지 다녀온 신숙주와는 달리,
성삼문은 끝까지 세조에 맞서
단종 복위에 앞장서다 결국 죽임을 당한다.

엇갈린 두 사람의 운명,
이것은 그들이 써 내려간 대책문에서
이미 예견된 것은 아니었을까?

대책문은 예비 관료들의 출사표?

그날   굉장히 의미심장하죠? 두 사람의 행보를 보면 책문이라는 게 마치 두 사람의 출사표 같네요.

신병주   그렇죠. 책문은 작성자의 정치관을 확실하게 보여 주니까요. 성삼문은 기본적으로 왕권이 강해야 된다, 크고 작은 모든 일들은 왕의 결재를 받고 의정부의 권한은 대폭 축소해야 된다, 이런 입장이었다면 신숙주는 대신, 즉 의정부의 권한이 커져야 한다고 믿었죠. 왕권 강화와 신권 강화라는 상반된 정치 철학이 책문에서 나뉘는 거죠.

그날   누가 어떻게 왕권을 강화하는 것이냐? 여기서 갈리는 것 같아요. 성삼문은 왕권을 강화해야 하지만 왕위 찬탈은 안 된다, 이렇게 믿었던 거죠.

신병주   단종의 왕권이 강했으면 그랬겠죠.

장유정   두 사람의 경우는 언행일치, 이 경우에는 필행일치죠. 필행일치가 정확하게 드러나는 사례가 아닌가 싶어요.

그날   계유정난 때 성삼문이 정난공신으로 책봉되었는데 스스로 삭제해 달라고 하잖아요. 원칙주의자인 성삼문과 현실주의자인 신숙주의 행보가 예견됐던 거네요.

김경수   결국 조선의 과거 시험이라고 하는 것은 '이 사람이 유교 경전을 잘 외웠나? 문장력이 좋으냐? 학문의 깊이가 어느 정도냐?' 하는 것을 가늠하는 정도가 아니고, 과거에 급제한 뒤에 조선의 통치 이데올로기인 성리학을 현실 정치에 어떻게 적용할 것인가? 그런 능력까지 평가한 시험이 아닌가 싶습니다.

최태성   책문이라는 게 효과적인 인재 등용 방식이었을 뿐 아니라 더 건강한 사회를 만들기 위해 젊은 지식인들의 식견을 듣는 방편으로 기능했던 부분도 있는 것 같아요.

신병주 　조선처럼 시험제도를 통해서 인재를 등용한 경우는 그리 많지 않아요. 유교 문화권인 중국이나 베트남 등 극히 일부 국가에서만 과거를 시행했을 뿐이죠. 이웃 나라인 일본도 주로 무사 계급이 관직을 세습하는 형태로 관리 등용이 이루어졌고, 유럽 역시 귀족이 관리가 되는 방식이었죠. 반면 조선에서는 정확하게 502년간 848회의 과거 시험이 행해졌습니다. 갑오개혁(1894)으로 폐지될 때까지 과거는 가장 공정하고 합리적인 방식으로 인재를 뽑는 제도였죠. 이런 제도를 계속 시행했기 때문에 조선이라는 나라가 500년이 넘는 오랜 기간 동안 존속할 수 있었던 게 아닌가 싶습니다.

소위시험하야(所謂試驗何也)

그날 　오늘 83세에 과거에 급제한 조수삼의 이야기로 시작해서 조선의 관리 등용 시험이었던 과거 시험에 대해 다방면으로 이야기를 나눠 봤는데요. 오늘의 소회 역시 이 주제에 맞게 과거 시험 형식으로 준비해 봤습니다. 저희가 시제를 드릴 텐데요. 여기에 맞는 답을 써 주시면 됩니다. 한자로 문제를 냈습니다. '소위시험하야', 즉 '시험이란 무엇인가?' 각자의 대책을 들어 보도록 하겠습니다.

최태성 　분당 선비 최태성 올립니다. 시험이란 단순히 사람을 평가하는 도구에 그쳐서는 안 됩니다. 시험이란 좀 더 나은 세상, 좀 더 건강한 사회로 전진하기 위해 세상에서 가장 귀한 존재인 사람에게 자문을 구하는 것입니다. 그러므로 시험이란 현재가 아니라 미래를 담는 꿈이어야 합니다.

류근 　학교에서 진짜 그런 문제를 내시는 거예요? 꼭 그러셔야 합니다.

김경수 　시험은 시험을 준비하는 모든 자녀들의 간절한 소망을 담은 어머니들의 정화수다.

류근　평생 시험에 들었지만 단 한 번도 제대로 극복하지 못한 야속한 시련, 머나먼 당신.

신병주　시험이란 나의 성장과 발전을 기억하는 나이테다. 나이테가 나무의 모든 것을 기억하듯이 인생의 자취를 더듬어 올라오면 결국 시험이 내가 어떻게 성장하고 발전했는지를 기록해 주죠.

장유정　시험은 내면에 숨은 진정한 자아를 찾고, 세상이 나아가야 할 길을 찾는 여행이라고 생각합니다.

7

승정원일기,
조선의 역사를
깨우다

2015년 현재 유네스코에서 지정한 대한민국의 세계기록유산은 총 11건이다. 아시아에서는 1위이고 세계에서도 3위 안에 든다. 기록을 작성하고 보관한 우리 선조들에 대해 깊은 자부심을 가질 만하다.

『승정원일기(承政院日記)』는 조선 시대 승정원에서 국왕이 하루 동안 처리하는 정사의 내용과 국왕에게 보고하는 문서의 내용을 종합하여 일자별로 기록한 책이다. 원래 건국 초부터 작성된 것으로 여겨지나 현재는 1623년(인조 1)부터 1910년(융희 4)까지 288년간의 기록 3243책만이 남아 있다. 『승정원일기』는 자료적 가치와 우수성이 확인되어 1999년 4월 9일 국보 제303호로 지정되었고, 2001년 9월 세계기록유산으로 등재되었다.

오늘날 청와대 비서실에 해당하는 승정원에서는 국왕의 지시 사항이나 명령을 정부 각 기관과 외부에 전달하고 각종 문서나 신하들의 건의 사항을 왕에게 전달하는 임무를 수행했다. 승정원은 정원(政院) 또는 후원(喉院)이라는 별칭으로 불렸는데, 여기서 '후'는 목구멍을 뜻하는 한자어로 승정원이 국왕의 의사를 대변하는 요처임을 암시한다. 1820년대 창덕궁과 창경궁의 모습을 담은 「동궐도(東闕圖)」에는 인정전 동쪽 대청(臺廳)과 문서고(文書庫) 사이에 '은대(銀臺)'라는 명칭으로 승정원 건물이 표시되어 있다.

『승정원일기』는 조선 건국 초부터 매일 기록된 일기이므로 일기의 전량이 남아 있다면 6400여 책에 달하는 방대한 분량이 된다. 그러나 조선 전기에 기록된 『승정원일기』는 전쟁과 정변으로 대부분 소실되었다. 『승정원일기』는 이후에도 여러 차례 화재를 만나 책의 일부가 소실되었지만 그때마다 『춘방일기(春坊日記)』와 《조보(朝報)》 등을 널리 수집하여 빠진 부분을 채워 나갔다. 『승정원일기』는 매일의 기록이기 때문에 하루, 한 달, 일년의 정치 흐름을 이해할 수 있다. 또 국왕의 동정을 비롯하여 주요 정치 현안이 되는 자료나 중앙이나 지방에서 올린 상소문의 원문을 거의 그대로 수록하여 사료로서의 가치가 돋보인다. 왕실 주변의 정황이 중심이 되는 만큼 국왕의 건강이나 심리 상태에 대한 기록이 자세하고, 국왕이 정무를 보던 장소나 국왕의 이동 등을 시간대별로 기록하여 동선 파악이 용이하다. 『승정원일기』의 가치를 더 돋보이게 하는 요소는 매일의 날씨를 기록했다는 점이다. 날씨는 청(晴, 맑음), 음(陰, 흐림), 우(雨, 비), 설(雪, 눈) 등으로 기록되어 있는데, '오전청오후설(午前晴午後雪)'이라는 표현에서 드러나듯 하루 중 일기 변화까지 기록하였다. 288년간의 날씨 기록은 전통 시대 기후 연구뿐 아니라 향후 기후 예측에도 큰 도움을 준다.

　　현재 『승정원일기』는 한국고전번역원에서 한글로 번역 중이다. 2013년까지 20여 년간 정리하고 번역한 책의 수는 468책으로, 총 예상 번역 책 수 5000책의 10퍼센트도 되지 않는다. 현재 진도대로라면 100년은 지나야 완역을 기대할 수 있다. 전문 인력을 양성하고 예산을 더 투입하여 『승정원일기』 완역 시간을 앞당겨야 한다. 그래야 『승정원일기』 속에 숨어 있는 조선 역사의 전모가 더 빨리 그리고 더 정확하게 나타날 것이다.

『승정원일기』, 조선의 역사를 깨우다

1776년(영조 52) 2월,
영조가 숨을 거두기 한 달 전 한 통의 상소가 올라온다.
상소를 올린 사람은 당시 세손이었던 스물다섯 살의 정조.

상소의 내용은 『승정원일기』에서
아버지 사도세자의 죽음에 관한 내용을 지워 달라는 것이었다.

> 『승정원일기』로 말하면 당시 사실을 모두 다 기록하여
> 모르는 사람이 없고, 보지 않은 사람이 없습니다.
> 모든 사람이 보고 듣게 되어 신의 애통한 마음은
> 마치 돌아갈 곳 없는 곤궁한 사람과도 같습니다.
> ──『승정원일기』영조 52년 2월 4일

세손의 절절한 마음은 할아버지 영조의 마음을 움직였다.

영조의 명으로 사도세자의 죽음은
『승정원일기』에서 깨끗이 삭제됐다.

그날   오늘은 유네스코 세계기록유산『승정원일기』에 대해서 이야기
       나눠 볼 텐데요.『조선왕조실록』은 그동안 많이 인용했기 때문
       에 익숙한데『승정원일기』는 조금 생소한 것 같아요. 평소에 잘
       안다고 생각했던 것인데 막상 설명하려고 하면 막막해지는 경
       우가 있잖아요.『승정원일기』가 그 대표적인 경우가 아닐까 싶
       어요.

김현정   『승정원일기』하면 영화「광해」가 떠올라요. 영화에서 광해군이
       보름간 자리를 비운 사이에 왕과 닮은 광대를 대역으로 세우잖
       아요. 후에 왕이 돌아왔을 때 허균이『승정원일기』를 건네주면
       서 '그간 이러이러한 일이 있었습니다' 하고 설명하더라고요.

최광희   『승정원일기』에 궁궐에서 있었던 일이 모두 상세히 기록되어 있
       으니 자리를 비우더라도 그동안 무슨 일이 벌어졌는지 알 수 있
       다는 설정이군요. 지금도 그 기록을 볼 수 있으면 좋을 텐데 광
       해군 때『승정원일기』는 볼 수 없다면서요?

신병주   네, 그렇습니다. 임진왜란과 이괄의 난으로 광해군 대까지의『승
       정원일기』는 모두 소실되고 남아 있지 않아요. 결국『승정원일
       기』는 인조 때부터 1910년까지의 기록인 거죠.『승정원일기』는
       총 3243책으로 구성되어 있는데,『조선왕조실록』완질이 1187책
       이라고 하거든요. 글자 수로 비교하면『실록』의 다섯 배에 달하
       는 아주 방대한 책이죠.

명언을 담은『승정원일기』

그날   『승정원일기』가 우리 생활 깊숙이 들어와 있다는 거 알고 계세
       요? 우리가 평소에 자주 쓰는 명언 가운데 출처가『승정원일기』
       인 것이 몇 가지 있어요. 여기서 퀴즈입니다. '노병은 죽지 않는
       다. 다만 사라져 갈 뿐이다', '나의 죽음을 알리지 말라', '황금 보

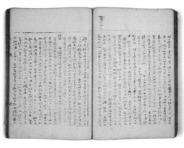

기를 돌같이 하라' 이 가운데 『승정원일기』에서 나온 말은 무엇
일까요?

류근　'노병은 죽지 않는다.' 저 말은 맥아더[1] 장군이 한 말이라고 알고
　　　있는데 왠지 함정일 것 같은데요.

그날　이제는 말해 놓고도 의심스럽죠?

류근　'나의 죽음을 알리지 말라'는 임진왜란 때 이순신 장군이 하신
　　　말씀이니까 왕으로 치면 선조 때 이야기인데, 저게 인조 대 기록
　　　에 나왔을까요?

그날　'황금 보기를 돌같이 하라', 누가 하신 말씀이죠?

류근　최영 장군의 아버지가 하신 말씀이죠.

최광희　'나의 죽음을 알리지 말라'가 정답인 것 같습니다.

그날　왜 그렇게 생각하세요?

최광희　이순신 장군은 『승정원일기』가 소실되기 전에 돌아가시기는 했
　　　지만 이후에도 계속 나라를 구한 영웅으로 추앙받았을 것 같아
　　　요. 그러니 인조 대에도 이순신 장군의 말씀이 충분히 기록될 수
　　　있죠.

신병주 보통 저 내용이 『난중일기』[2]에 적혀 있지 않을까 생각하는데, 이
       순신 장군이 전장에 일기장을 가지고 가셨을 리도 없고, 죽기 직
       전에 일기 쓰는 것도 이상하죠. 『승정원일기』를 보면 이원익이
       라는 분이 이순신 장군의 아들 이예를 왕에게 추천하면서 이순
       신 장군의 죽음에 대해 설명하는 부분이 나와요. 이순신 장군의
       위대한 면모를 강조하면서 '돌아가시기 직전에 자신의 죽음을
       알리지 말라고 하셨다', 이렇게 이야기한 거죠.†

> † 상이 이르기를, "전조가 병력이 강성하여 적을 토벌하는 것은 어렵지 않았지
> 만 내란이 연달아 일어났으니 참으로 경이 우려했던 것과 같다" 하였다. 이원익
> 이 아뢰기를, "소신의 소견으로는, 고(故) 통제사(統制使) 이순신(李舜臣) 같은
> 이는 쉽게 얻을 수 없습니다. 요즘에는 이순신과 같은 자를 보지 못하였습니다"
> 하였다. 상이 이르기를, "왜란 당시에 이순신 하나밖에는 인물이 없었다" 하니,
> 이원익이 아뢰기를, "이순신의 아들 이예(李莈)가 현재 충훈부 도사로 있는데
> 그도 얻기 어려운 사람입니다. 왜란 때에 이순신이 곧 죽게 되자 이예가 붙들어
> 안고서 흐느꼈는데, 이순신이 '적과 대적하고 있으니 삼가 발상(發喪)하지 말라'
> 라고 하였습니다. 이에 이예는 일부러 발상하지 않고 아무 일도 없었던 듯이 전
> 투를 독려하였습니다" 하였다.
> □ 『승정원일기』 인조 9년(1631) 4월 5일

『승정원일기』란?

그날   『승정원일기』는 어떤 기록인가요?

김문식 『승정원일기』는 세종 때부터 작성된 것으로 알려져 있는데요.
       국왕의 비서실인 승정원에서 국왕이 하루 동안 처리하는 정사의
       내용과 국왕에게 보고되는 문서의 내용 등을 종합해서 기록한
       일지죠. 1999년에 국보 제303호로 지정이 됐고, 2년 후인 2001년
       에 유네스코 세계기록유산으로 등재됐습니다.

그날   정조가 영조에게 일부 내용을 삭제해 달라고 요청한 걸 보면 이
       기록이 누군가에 의해서 삭제될 수도 있다는 얘기잖아요. 이게
       가능한 거예요? 『실록』은 왕도 함부로 손댈 수 없을 만큼 삼엄하

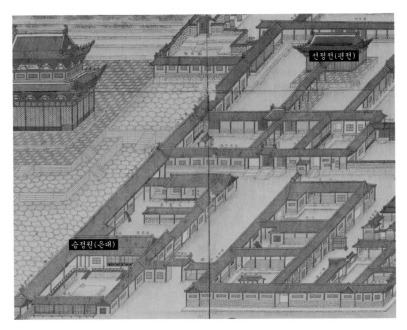

「**동궐도(부분)**」 승정원은 국왕의 편전(선정전)으로 가는 길목에 위치해 있었다.

게 관리했잖아요. 연산군 같은 폭군도 결국『실록』을 못 보고 죽
지 않았습니까. 그런데『승정원일기』는 열람뿐 아니라 삭제까지
가능했다는 걸 보면 그만큼 신뢰성이 떨어지는 거 아닐까요?

김문식 『승정원일기』는 승정원에 보관되는 일지잖아요. 그리고 승정원
건물 자체가 국왕의 편전[3]으로 가는 길목에 있거든요. 국왕을 뵈
러 가는 신하들 가운데 고위 관리들은 승정원에 들러서『승정원
일기』를 볼 수 있었어요. 또 승정원 소속 관리들도 볼 수 있고요.
결국『승정원일기』는 많은 사람들에게 공개된 자료였던 거죠.
그래서『실록』에 비해『승정원일기』가 훨씬 많이 닳아 있고요.
지금으로 치면 국회 속기록 같은 거예요. 특정한 정치적 목적이
있을 때에는 왕의 명을 받고서 삭제할 수 있었던 거죠.

정조의 정치적 승부수, 『승정원일기』 삭제 사건

그날　실제로 내용이 삭제된 경우가 많나요?

김문식　많진 않습니다. 특히 이 경우는 정조의 정치적 승부수라고 생각합니다. 정조가 『승정원일기』에서 아버지 사도세자의 죽음과 관계된 기록을 삭제해 달라고 요청한 것이 왕이 되기 한 달 전이에요. 사도세자를 돌아가시게 한 분이 바로 영조잖아요. 그와 관계된 사실이 『승정원일기』에 상세하게 기록되어 있거든요. 아까 보셨듯이 『승정원일기』는 공개된 자료이기 때문에 여러 관리들이 이 기록을 계속해서 읽을 수 있고 또 전파할 수 있겠죠. 나중에 정조가 왕이 된다 하더라도 죄인의 아들이라는 굴레를 벗어날 수 없게 되는 거죠. 자신이 왕이 된 후에 이것을 직접 삭제하려 해도 문제가 생겨요. 할아버지의 결정을 손자가 부정하는 꼴이 되니까요. 따라서 영조가 내린 명령을 본인이 직접 처리하시도록 부탁할 수밖에 없는 거예요.[†]

신병주　이게 가능했던 또 다른 이유는 『실록』이 있기 때문이죠. 『실록』이 있기 때문에 『승정원일기』를 어느 정도 삭제해도 부담이 없을 거라는 거죠. 정조는 이런 부분까지 다 고려했던 것 같아요. 다 아는 사실이지만 당장의 정치에 부담되니 이 기록은 없애자는 거죠.

최광희　삭제를 요청했다는 사실 자체도 기록이 돼서 역사로 남았다는 게 정말 흥미롭네요.

[†] "아, 일기를 그대로 둘지의 여부는 전하께서 어떻게 처분하시느냐에 달려 있습니다. 그러나 신이 스스로 처신해야 할 바는 오직 세손의 자리를 사양하고 종신토록 숨어 살면서 다만 하루에 세 번 삼가 문안드리는 직분을 닦는 데 있을 뿐입니다. 말이 여기에 이르니, 절로 애가 타고 가슴이 찢어질 듯하여 하늘에 호소하려 해도 방법이 없습니다. 삼가 바라건대 전하께서는 슬피 여기고 가엾이 여기시며 헤아리고 살피시어 속히 신에게 청정(聽政)하라고 하신 명을 거두시고 이어 신의 세손의 자리를 삭탈하여 시종 자애로이 보살펴 주시는 은혜를 온전히 하소서. 삼가 바라 마지않습니다. 신은 너무도 간절하게 기원하옵니다."
□ 『승정원일기』 영조 52년(1776) 2월 4일

『승정원일기』를 만나다

서울대학교 규장각 한국학연구원,
삼중으로 출입이 철저하게 통제된 이곳 지하 서고에는
500년 조선의 역사가 지금도 살아 숨 쉬고 있다.

섭씨 20도 내외의 일정한 온도와 55퍼센트의 습도,
특수 목재로 만든 책장 안에 고이 보관된 건
국보로 지정된 『조선왕조실록』과
정조 때부터 규장각에서 기록한 국왕의 일기인 『일성록』,
그리고 승정원 사람들의 업무 일지인 『승정원일기』다.

현재 남아 있는 『승정원일기』는 288년 분량, 총 3243책,
2억 4250여만 자로 서고의 절반 이상을 차지하고 있다.

『승정원일기』의 상세함은 표지에서부터 드러난다.
표지의 정중앙에는 기록을 만든 주체인 승정원의 이름을 적고
그 양옆으로는 해당 기록의 연도를 표기했다.
표지가 낡아 바꾼 경우도 빠짐없이 기록했다.
일일이 손으로 적은 필사본 한 부만 남아 전하는 『승정원일기』.
천 년을 간다는 삼베로 만든 표지에는 기록을 후대에
오래도록 남기려는 승정원 사람들의 마음이 담겨 있다.

굴곡 많은 역사 속에서도 그 맥을 이어 온 『승정원일기』는
앞으로도 우리가 소중히 지켜 나가야 할 역사의 질문이다.

세계에서 가장 방대한 기록, 『승정원일기』

그날 　분량이 정말 어마어마해요. 3000권이 넘는 책을 저렇게 잘 보관하고 있다는 게 대단하네요.

김현정 　분량도 분량이지만 288년, 그 긴 시간 동안 매일 빠짐없이 기록했다는 게 더 놀라운 것 같아요. 글자 수가 굉장히 많은데 이걸 어떻게 세셨는지도 궁금하고요.

그날 　다른 나라도 이만한 분량의 기록을 가지고 있나요?

김문식 　중국에 이십오사⁴가 있어요. 중국 전사(全史)라는 이십오사가 전체 4000만 자 정도 됩니다. 그리고 『명실록』⁵이 1600만 자고요. 그런데 『승정원일기』는 2억 4250여만 자니까, 이십오사와 비교하면 여섯 배 정도 되는 거죠. 또 세계기록유산으로 등재된 것이 중국에는 아홉 건 정도가 있고, 일본에는 세 건 있습니다. 한국은 현재 열한 건이니까 우리나라에서 기록 문화가 굉장히 발달했음을 알 수 있죠.

그날 　우리나라는 역사적으로 수많은 외침을 겪으면서 유물과 문화재가 많이 소실됐잖아요. 그러다 보니 본능적으로 기록에 대한 절실함이 커지지 않았나 싶어요.

신병주 　초등학교 때 일기 안 쓰신 분 없죠? 요즘은 좀 덜하지만 우리나라만큼 일기 쓰기를 중요하게 생각하는 곳이 없어요. 철저하게 검사해서 벌주고, 이런 나라가 있을까요?

그날 　교수님, 혹시 일기 쓰세요?

신병주 　네, 열심히 씁니다. 제가 오늘 40여 년 전 일기를 가지고 왔어요. 내용을 한번 읽어 보면 "MBC 텔레비전을 통해 10대 가수 청백전을 보았다. 남자 가수는 남진, 이상열, 김상진, 이용복이고, 여자 가수는 하춘화, 이미자, 문주란, 김상희, 김세레나였다(1973년 12월 1일 신병주 교수의 일기)." 이렇게 이어지죠.

1973년 12월 1일 신병주 교수의 일기

최광희 거의 개인 『승정원일기』인데요.

류근 내용이 정말 구체적이네요. "점심 때는 나와 정성래가 놀아 청소를 하나도 안 하였다. 그러니 선생님께서 아침에는 잘했지만 낮에는 못했다고 꾸중을 하셨다."

그날 "1970년 멕시코월드컵 중계를 해 주었다. 브라질 대 영국이었다. 후반에 토스타우가 센터링을 하여 펠레가 잡아서 뒤로 자일징요에게 주어서……."

류근 교수님의 기록 정신에 경의를 표합니다.

신병주 저도 역사를 공부하게 된 게 운명이라고 생각해요. 제가 기억력이 좋다고 하지만 사실 기억의 원천은 기록이거든요. 몇 번씩 다시 보고 확인하고, 그런 과정 속에서 사실을 기억해 내는 거지 특별하게 기억력이 좋은 건 아니에요. 40여 년 전 일기를 방송에 소개하니 감회가 새롭네요.

오대산 사고 조선 시대 5대 사고(史庫) 중 하나로 강원도 평창군에 위치해 있다.

유네스코 세계기록유산에 등재된 한국의 기록물

그날   『승정원일기』 말고도 유네스코 세계기록유산에 등재된 우리나라 기록물들이 꽤 많죠?

신병주   현재 열한 건이 등재돼 있습니다.

최광희   세계기록유산에 등재된 열한 개 가운데 조선 시대 것만 일곱 개잖아요? 조선 시대 기록이 유난히 많은 이유가 있을까요?

신병주   보관이 중요하기 때문이죠. 기록을 아무리 많이 남겨도 보관을 잘못하면 지금까지 전해지지 않겠죠. 조선 시대에는 사고(史庫)라고 해서 산간 지역에 『실록』이나 의궤를 보관하는 서고를 따로 만들었어요. 『승정원일기』는 지금 남아 있는 필사본 한 부밖에 없지만 『실록』은 총 다섯 부를 만들었거든요.

그날   그 방대한 분량을 지금까지 잘 보관하고 있다는 게 정말 놀라워요. 심지어는 한국전쟁 때 이걸 다 짊어지고 피란 갔다는 얘기도 들었어요.

최광희 조선이 성리학을 기반으로 한 유교 사회라는 것도 기록에 대한 집착에 중요한 배경으로 작용하지 않았나 싶어요.

김문식 대개 조선 시대 기록 문화 발달을 정치적으로 해석합니다. 결국 모든 기록은 공개되기 마련이거든요. 개인이 쓴 일기라도 나중에는 공개될 수밖에 없잖아요. 조선 시대에는 국왕의 권력이 굉장히 막강하죠. 지금의 대통령보다 권한이 훨씬 많아요. 게다가 돌아가실 때까지 왕위에 있잖아요. 조선 시대에는 이 국왕권을 제어하는 장치로서 기록 문화가 발달한 것이 아닐까 생각해요. 국왕의 모든 언행을 기록으로 남긴다는 것은 결국 그 기록을 통해서 후대인들이 왕을 평가할 수 있게 하는 것이거든요. 또 살아 있는 동안은 왕이 계속 기록을 의식할 수밖에 없으니까 행동을 조심하게 되죠.

세계도 인정한 『승정원일기』의 가치

최광희 『승정원일기』가 세계기록유산으로 등재됐다는 것은 여기에 전 세계인들이 함께 누릴 만한 가치가 있다는 이야기잖아요. 그 가치가 뭘까요?

신병주 2001년에 『직지심체요절』과 『승정원일기』가 세계기록유산으로 등재되었어요. 세계유산 회의에서 등재 여부를 결정하는데 『직지심체요절』에 대해서는 큰 이견이 없었어요. 세계 최초의 금속 활자본이니까요. 그런데 『승정원일기』 가지고는 시비를 좀 걸어요. 1997년에 『조선왕조실록』이 세계기록유산으로 등재됐는데, 그거랑 비슷한 거 아니냐는 거죠. 조선왕조 기록이고, 연대순으로 적고, 이렇게 비슷한데 왜 또 올렸느냐? 이때 2억 4000여만 자를 한번 헤아려 봐라. 정말 대단하지 않냐? 이런 분위기로 몰아갔죠. 매일의 기록을 이만큼 방대한 분량으로 남겼다는 사실 자

승정원의 핵심, 육승지

체가 심사 위원들의 마음을 움직였던 겁니다.

그날　그만큼 자세하다는 걸 어필한 거군요. 도대체 무슨 내용을 어떻
게 적었기에 그렇게 엄청난 분량이 나오는 거예요?

김문식　일기 형태로 되어 있는데요. 처음에는 날씨가 나와요. 맑음, 흐림
이 정도가 아니라 하루의 기상 변화를 전부 기록하고, 비가 오면
강우량까지 철저하게 기록합니다. 또 그날 근무했던 승정원 관
리들의 명단을 쓰고, 국왕이 했던 모든 행정 조치들과, 관련된 내
용을 전부 쓰죠. '누구를 무슨 자리에 임명했다' 이런 거요. 또 국
왕의 행적을 시간별로 따라갑니다. 만약 국왕이 신하들과 토론
을 하면 그 내용도 전부 기록하고요.

신병주　『승정원일기』는 일종의 업무 일지이기 때문에 국방상 중요 현안
이 발생했다거나 외교 전례 문제가 있을 경우, 혹은 기우제 같은
행사가 있을 때에도 자주 참고합니다.

『승정원일기』를 작성한 승정원은 어떤 곳인가

그날　『승정원일기』를 만든 곳은 승정원이잖아요. 승정원은 어떤 곳인
가요?

신병주　승정원의 핵심 인물은 도승지, 좌승지, 우승지, 좌부승지, 우부
승지, 동부승지 이렇게 구성된 여섯 명의 승지입니다. 승지들은

각각 별도의 부서를 맡는데요. 예를 들어 도승지는 이방, 좌승지는 호방, 우승지는 예방 이런 식이죠. 오늘날 청와대도 민정수석, 교육문화수석, 경제수석 이렇게 나뉘지 않습니까. 승정원도 그것과 마찬가지로 왕을 보좌하는 전형적인 비서 기능을 했다고 보는 거죠.

최광희 　승정원의 최고 책임자는 도승지인가요?

신병주 　네, 승정원의 최고 책임자는 도승지죠. 또 승정원은 왕명의 출납, 즉 왕의 목소리를 대변했기 때문에 후설(喉舌)이라고도 불렸어요. 목구멍 후 자에 혀 설 자를 쓰죠. 목구멍과 혀 같은 존재라는 뜻입니다.

최광희 　후설이라는 표현이 굉장히 흥미로운데 요즘도 '입안의 혀처럼 군다' 이런 얘기가 있잖아요. 그만큼 왕하고 가깝게 지낸다는 뜻인가 봐요.

왕의 최측근 도승지의 권력

그날 　왕의 측근에 있는 만큼 도승지가 막강한 권력을 휘두를 법도 한데 어떻습니까?

김문식 　왕이 어떤 사람이냐에 따라서 도승지의 권한에도 차이가 있어요. 국왕권이 강하면 도승지의 권한도 막강해지고, 국왕권이 약하면 상대적으로 도승지의 힘도 약해지죠. 조선 시대 권력의 주요 축을 들자면 우선 국왕이 있고, 의정부 삼정승이 있잖아요. 단종 대에는 황보인, 김종서 같은 삼정승이 주요한 결정을 내리고 국왕에게 보고만 했죠. 뒤이어 즉위한 세조는 삼정승의 권한을 약화시켜요. 6조직계제⁶라고 해서 의정부를 거치지 않고 6조에서 주요 현안을 바로 결정하는 체제로 만들죠. 6조 판서들에 의해 결정된 것을 국왕에게 직접 보고하게 하고요. 이런 경우에는 도승지의 권한이 막강해지겠죠.

왕의 남자 도승지 홍국영

정조의 오른팔이라고 불렸던 홍국영,
그는 정조의 총애를 한 몸에 받으며 다양한 직책을 맡는다.

홍문관 제학으로 궁중의 문서를 처리하고
왕의 자문을 담당하는 한편,
세금을 관리하는 선혜청 제조로서 국가 재정을 감독했다.

궐 안팎의 군사를 총괄하고
왕을 호위하는 숙위대장도 그의 역할
문무관을 넘나들며 나라의 주요 관직을 동시에 꿰찬 것이다.

모든 실권을 거머쥐고 조정 내 인사권까지 좌우했던 홍국영
그는 정조 초기 명실상부한 권력의 핵심, 아니 권력 그 자체였다.

무소불위, 도승지 홍국영

그날 한 사람이 저렇게 다양한 일을 할 수 있을까 싶을 만큼 많은 직책을 맡고 있네요.

김현정 홍국영만 이렇게 여러 관직을 맡았던 건가요?

신병주 승지직에 있는 사람들은 비서 기능만 하는 게 아니라 겸직을 많이 해요. 경연관이 되어서 왕과 학문을 토론하기도 하고, 실록청이 구성되었을 때에는 『실록』 편찬에 참여하기도 하죠. 홍문관에서 문서를 작성할 때 홍문관 지제교라는 이름으로 교서 작성에도 참여합니다. 결국 겸직을 하더라도 얼마나 많은 영향력을 행사하는가가 중요한 거죠. 그런 면에서 홍국영은 상당히 강력한 영향력을 행사했습니다.

그날 홍국영은 좀 과한 거 아닌가요? 비서실장 하면서 경호실장까지 맡은 건데, 문무를 넘나드는 정도라니 아무리 조선 시대라고 해도 이건 좀 무리수인 것 같은데요.

김문식 홍국영은 정조가 왕이 되는 데 결정적으로 기여한 사람이에요. 나이는 많지 않았지만 세자시강원의 관리로서 정조의 측근에 있었죠. 홍인한이나 정후겸처럼 사도세자 사사에 관여하고 정조의 즉위를 방해했던 세력의 정치적 의도를 파악해서 정보를 전달해 주기도 했고요. 또 본인은 정조를 위해서 순직하겠다는 각오로 끝까지 정조를 보호했거든요. 정조의 국왕 옹립에 결정적으로 기여한 친목 모임으로 동덕회라는 게 있었는데, 동덕회의 멤버가 세 분이에요. 서명선, 정민시, 홍국영.

그날 그때부터 사조직 같은 게 있었던 거군요?

김문식 네, 그렇죠. 그런데 홍국영의 권력이 지나치게 막강해지는 게 점점 문제가 됩니다. 일례로 숙위소 대장이 되었을 때 홍국영의 품계가 종2품에서 정3품 당상관 정도 됐거든요. 그때 홍국영이 버선을 벗은 채로 다리를 뻗고 앉아 있으면 그보다 품계가 더 높은 관리도 평상 아래 엎드려 전할 정도였다는 거죠.†

그날 　자기의 누이동생을 정조의 후궁으로 세우고, 누이동생이 아들을 낳지 못하고 죽으니까 억지로 양자까지 들였다면서요. 정조의 후계 구도에까지 개입했다는 거죠.

김문식 　네, 홍국영의 누이동생이 원빈인데요. 그녀가 입궁한 지 1년 만에 죽습니다. 거기서 끝났으면 좋았는데 홍국영이 굳이 정조의 이복동생인 은언군의 아들을 원빈의 양자로 만들려고 했죠. 이게 결국 홍국영이 쫓겨나게 되는 계기로 작용합니다.

그날 　홍국영이 그렇게 무소불위의 권력을 누렸다면 『승정원일기』에서 자기에게 불리한 기록을 삭제하라고 할 수도 있었을 텐데, 그러지는 않았나 보죠?

신병주 　기록 자체는 승지들이 하지 않아요. 『승정원일기』만 전문적으로 기록하는 주서(注書)가 있었거든요. 특정한 안건을 올릴 때 도승지가 자기에게 불리한 안건 한두 개를 빼거나 더하는 정도는 가능하지만 일단 회의가 진행되면 그 자리에서 나온 이야기들은 주서들이 가감 없이 전부 기록합니다. 그러니 도승지가 개입할 여지는 많지 않죠.

† 홍국영은 방 안에서 늘 높은 평상을 두고 맨발로 다리를 뻗고 앉았는데 경재 (재상)가 다 평상 아래에 가서 절하였다.
— 『정조실록』 3년(1779) 9월 26일

「원행을묘정리의궤」 「반차도」에 표현된 승지(承旨)와 주서(注書)

왕들의 동시통역사, 주서

김현정 　당시 한글이 있긴 했어도 공식적인 문서는 한자로 기록을 했잖아
　　　　요. 그러면 주서의 일이라는 게 굉장히 어려웠을 것 같은데요?

신병주 　맞습니다. 요즘 개념으로 치면 동시통역이에요. 이 경우에는 번
　　　　역이라고 해야할까요? 어쨌든 왕이 흥분해서 말을 조금만 빨리
　　　　해도 참 곤란했을 겁니다. 그래서 주서를 두 명 뒀어요. 주서 둘
　　　　이 처음 쓴 기록을 비교해 가면서 다시 정리하는 거죠. 그런 과
　　　　정을 거쳐서 만든 완성본을 날짜별로 승정원에 보관하고요.

김현정 　걸어 다니면서도 받아쓴 건가요?

신병주 　그렇죠. 가령 사냥할 때 왕이 말을 타고 가잖아요? 그러면 승정
　　　　원 주서들도 말을 타고 달렸을 가능성이 있죠. 요즘 기자들도 그
　　　　러잖아요.

김문식 　실제 『의궤』에 나타난 국왕 행렬을 보면 주서와 사관이 왕과 가
　　　　장 가까이 있어요.

그날 　주서는 말도 잘 타야 하는군요.

김문식 『열하일기』⁷의 상당 부분이 말을 타고 가면서 쓴 글이에요. 우선
갈겨쓰고 뒤에 다시 정리했겠지만요.

최광희 주서 두 명이 다 왕의 말을 못 들은 경우가 있을 수 있잖아요. 그
런 경우에는 어땠나요? "전하 잘 못 들었습니다. 한 번만 다시
말씀해 주시죠" 이럴 수는 없지 않습니까?

김문식 속기에 대한 문제점은 계속 있었던 것 같습니다. 실제로 중종은
'입시하는 주서와 사관의 기록을 분담하게 하자' 이런 아이디어
를 내기도 했어요. 역할 분담을 시키자는 거죠. 또 인조는 신하
들에게 "주서가 받아 적을 수 있게 말을 천천히 하라"라고 명을
내리기도 했죠.[†]

그날 동시통역사 겸 속기사에다가 말도 잘 타야 하니 주서들은 정말
대단한 능력자였네요.

신병주 가령 누가 "신은 지극히 황공하옵니다" 하면, 신하 신(臣) 자에
지극할 극(極) 자를 써서 '신극위황공(臣極爲惶恐)' 이렇게 받아
적어요. 또 왕이 "이조판서는 어찌 그리 고집이 센가?" 하면 '이
판하기고집야(吏判何其固執耶)'라고 씁니다. 『승정원일기』에는
비교적 쉬운 한자들이 많아요. 빨리 적어야 하니까 구어체가 섞
인 쉬운 표현들을 많이 쓰는 거죠.

† "고사를 보니 '좌사(左史)는 아무 일을 기록하고 우사(右史)는 아무 일을 기록
한다'라고 하였으니, 사관이 각기 기록을 분담했던 것이다. 지금도 사관 두 사람
에게, 한 사람은 앞에서 말을 기록하는 임무를 전담하고 한 사람은 옆에 따로
앉아 별도로 기록하게 하여 서로 참고하여 빠뜨림이 없게 하면 어떠하겠는가?
그것을 의논하여 아뢰라" 하였다. 정원이 회계하기를, "상의 분부가 진실로 이치
에 맞습니다. 그러나 세 사람(주서 1명, 사관 2명)이 다 기록하게 하는 본뜻은 빠
뜨리는 것에 대비하려는 것이었습니다. 지금 기록할 바를 각각 분담시키면, 그것
이 도리어 기록하지 못하는 폐단이 있게 되지 않을까 염려됩니다. 세 사람이 똑
같이 기록하고 나서 서로 견주어 보고 빠진 말을 갖추어 써 넣게 하는 것이 어
떻겠습니까?" 하니, 알았다고 전교하였다.
—『중종실록』 34년(1539) 10월 20일

상이 이르기를, "나도 그랬던 것을 알았기 때문에 이미 경연에서 분명히 말했던 것인데, 주서가 기록한 것은 크게 본래의 뜻을 잃고 있었다. 경연에서 나온 말들은 좋거나 나쁘거나를 막론하고 모두 후세에 전해야 하는 것인데, 기록한 것이 이처럼 실상을 잃고 있다면 『정원일기(政院日記)』 모두 믿을 것이 못 되고 말 것이다. 다만 근래 경연에서 신료들이 말하는 것을 보면 너무 빠른 듯싶은데, 뛰어난 문장력과 속필의 솜씨를 가졌다 할지라도 다 써 내려가기 어려울 것이다. 내가 들으니 일을 아뢰는 구례(舊禮)는 반드시 아뢸 말만 간추려 진달하면서 천천히 말을 해 사관이 다 쓰기를 기다렸다가 다음 말을 하였다고 한다. 나역시 말을 빨리 하는 병통이 있으나 경연의 신료들은 더욱 심하다. 지금부터는 상하가 모두 마땅히 유념하여 사관이 받아 쓸 수 있게 해야 할 것이다" 하였다.
□ 『인조실록』 8년(1630) 1월 27일

『승정원일기』 번역의 모든 것

그날 　『승정원일기』의 기록 과정에 대해 알아봤는데, 지금 『승정원일기』가 한글로 번역되고 있잖아요. 그 진행 상황에 대해 알아보도록 하겠습니다. 지금껏 『승정원일기』를 번역해 오신 한국고전번역원의 하승현 콘텐츠기획실장님 모셨습니다. 지금 『승정원일기』는 어느 정도까지 번역이 된 건가요?

하승현 　표점교감서와 번역서를 합치면 총 5000책 정도가 될 것으로 예상합니다. 2013년까지의 사업 성과가 468책이에요. 그러니까 9.6퍼센트 정도 진행된 셈입니다.

최광희 　5000책이라는 게 어느 정도인지 감이 잘 안 오는데요.

하승현 　저희도 이번에 계산을 해 봤는데요. 책이 전부 번역되면 눕혀서 쌓아도 63빌딩 높이의 반 정도가 되더라고요.

최광희 　번역을 다 끝내려면 앞으로 시간이 얼마나 걸릴까요?

하승현 　지금 진행된 분량이 63빌딩으로 치면 한 3층 정도 온 셈인데요. 현재 속도대로라면 100년 정도가 더 필요합니다.

그날 　우리 살아생전에는 완역을 보는 게 불가능하다는 뜻이네요.

하승현 　많은 분들이 『승정원일기』의 가치에 주목해 주신다면 50년 내에

새 신(新) 자(왼쪽)와 사특할 사(邪) 자(오른쪽)의 초서

도 가능할 거라고 봅니다.

그날   번역은 어떻게 진행되고 있나요?

하승현   규장각본 『승정원일기』는 본래 초서로 되어 있습니다. 그래서 번역에 앞서 초서를 정서하는 과정이 필요한데요. 이런 과정을 탈초라고 합니다. 굉장히 어려운 작업인데, 다행히도 그 부분은 1960~1970년대에 원로 한학자 선생님들께서 해 주셨어요. 그래서 저희는 우선 탈초한 자료를 보면서 혹시 잘못된 것이 없는지 확인하고 있습니다. 또 원본에 오자가 있는 경우도 있어요. 그런 글자들을 수정하는 교감 작업을 합니다. 그런 다음 고법전, 문집, 『실록』 등을 참고해 가면서 번역하고 있습니다.

김현정   구체적인 사례를 좀 더 알고 싶어요. 어떤 점이 힘드신가요?

하승현   무엇보다 초서를 판독하는 일이 힘든데요. 초서를 한 글자라도 잘못 보면 오역을 하게 되거든요. 여러분이 아실 만한 글자를 몇 개 가지고 왔는데요. 모양은 비슷하지만 뜻은 완전히 다른 글자입니다. 한번 알아맞혀 보시겠어요? 아주 어렵죠. 왼쪽은 새 신 (新) 자이고, 오른쪽은 사특할 사(邪) 자입니다. 아주 작은 차이

데요. 새 신 자는 획이 아래로 그냥 흘러내리지만 사특할 사 자
는 굴곡이 있지요? 그런 작은 차이에 울고 웃는 것이 바로 탈초
작업입니다. 예를 들어 일신우일신(日新又日新)을 일사우일사(日
邪又日邪)라고 잘못 판독한다면 심각한 오류가 되는 거죠.

그날　　그러네요. 날마나 사악해진다는 뜻이 되잖아요. 이게 글자 자체
　　　　도 어렵지만 문장으로 되어 있으면 더 어렵겠어요. 띄어쓰기도
　　　　안 되어 있잖아요.

하승현　띄어쓰기의 중요성을 강조할 때 '아버지가 방에 들어가신다'를
　　　　잘못 쓰면 '아버지 가방에 들어가신다'가 된다는 말을 하잖아요.
　　　　한문에서도 의미 단위를 잘 파악해야 전체 문장을 제대로 이해
　　　　할 수 있습니다. 예를 들어서 『논어』「향당편」에 보면 공자의 행
　　　　동을 기술한 말로서 "유주무량(唯酒無量)하시되, 불급란(不及亂)
　　　　이러시다"라는 말이 나옵니다. 이 말은 '술을 마실 때 정해 놓은
　　　　주량은 없지만 그것이 심기를 어지럽히는 데까지 이르지는 않았
　　　　다'라는 뜻이거든요. 이 문장의 띄어쓰기를 다시 해 볼까요. "유
　　　　주무량하시되 불급이면 난이러시다" 이렇게 하면 무슨 뜻이 될
　　　　까요? '주량에 차지 않으면 문제를 일으킨다' 이렇게 되겠죠. 번
　　　　역 하나 잘못하면 바로 사문난적[8]이 되는 겁니다.

김현정　오랜 시간 번역에 매달려 있으면 정말 힘들 것 같은데 직업병 같
　　　　은 건 없으세요?

하승현　번역하는 사람으로서 직업병이라고 한다면 텔레비전에서 왕이
　　　　상소문을 볼 때 원문이 제대로 적혀 있는지 확인하려고 하고, 연
　　　　속극 세트에 소품으로 걸려 있는 족자의 내용이 뭘까 들여다보
　　　　고 그런 게 직업병일 것 같습니다.

그날　　『승정원일기』를 번역한다는 건 정말 대단한 작업이네요.

『승정원일기』, 어느 정도로 자세한가?

최광희 　완역된 『승정원일기』를 눕혀 쌓아도 30층 빌딩 높이가 된다고 말씀하셨는데, 그렇다는 건 내용이 그만큼 자세하다는 얘기잖아요. 대체 어느 정도로 자세한가요?

신병주 　정조 때 유생들이 사도세자의 신원을 요청하는 상소를 올려요. 신원이 '억울함을 풀어 주다' 이런 뜻인데, 당시에 상소를 올린 유생의 숫자가 1만 57명이라고 해요. 『승정원일기』에는 그 사람들의 이름이 전부 적혀 있죠.

최광희 　1만 57명의 이름을 다 적었다고요?

그날 　보통 다섯 명 정도 적은 다음에 '누구누구 외 몇 명' 이렇게 하잖아요. 기록이 이렇게 정확하다면, 행간을 읽는 재미 같은 게 있을 것 같아요. 사소하지만 깨알같이 재미있는 내용들 말이에요.

김문식 　국정 관련 기록이라고 해서 딱딱하기만 한 건 아닙니다. 특히 『승정원일기』는 대화체로 되어 있어서 흥미로운 이야기가 많습니다. 사도세자가 네 살 때 국왕 앞에서 글씨를 썼는데 꽤 잘 썼어요. 그러니 신하들이 덕담을 하겠죠. 그런데 그 자리에 있던 서명균이라는 신하가 "전하의 솔선수범이 동궁을 잘 인도하는 방법입니다. 그런데 전하께서 평소에 감정 조절을 잘 못하시니 성상께서 먼저 힘써 스스로를 돌보아서 모범을 보이십시오."† 이런 발언을 하거든요. 그게 그대로 기록되어 있어요.

그날 　은근슬쩍 할 말을 다 하네요. 그걸 또 다 받아 적고요. 참 대단합니다. 왕도 사람인데 욕을 할 수 있잖아요. 그럼 그것도 받아 적는 건가요?

신병주 　'차마 들을 수 없는 하교를 내리셨다' 이렇게 표현합니다. 그러면 대강 짐작하는 거죠. 완곡하게 표현하지만 알아들을 사람은 다 알아듣죠.

김문식 실제로 왕이 욕을 한 기록이 있습니다. 비밀 편지 같은 데에는 욕을 그대로 썼기 때문이죠.

그날 어떤 욕을 하나요?

신병주 정조 어찰에 이런 부분이 나오죠. '이 젖비린내 나는 놈들', '이 호래자식들(胡種子)!'

그날 『승정원일기』에는 그걸 '차마 들을 수 없는 말씀을 하셨습니다.' 이 정도로 적는 거군요.

† "동궁을 인도하는 방법으로 전하께서 솔선수범하시는 것만큼 좋은 것은 없습니다. 그런데 전하께서는 평소 감정 조절을 잘 못하시는 점이 많으니 신은 우선 성상께서 돌이켜 살펴보시어 더욱 힘쓰시기를 바랍니다."
— 『승정원일기』 영조 14년(1738) 1월 21일

존현각의 자객

1777년(정조 1) 7월 28일,
밤늦도록 책을 읽던 정조는 이상한 소리를 듣는다.

정조는 사람을 시켜 주변을 수색하게 한다.
하지만 사람들이 발견한 건
깨진 기와 조각과 흩어진 모래뿐.

범인을 잡지 못한 정조는
급히 도승지 홍국영을 불러들인다.

정조의 명을 받은 홍국영은
대궐 안을 샅샅이 수색하지만
범인은 이미 모습을 감춘 뒤였다.

자객이 궁궐을 침범한 대담한 사건,
과연 『실록』과 『승정원일기』는 이 사건을
어떻게 기록하고 있을까?

『승정원일기』 대 『조선왕조실록』

그날 엄청난 사건입니다. 왕궁에 자객이 들었어요. 이 사건을 『승정
   원일기』와 『조선왕조실록』은 어떻게 다루고 있는지 살펴보도
   록 하겠습니다.† 먼저 『승정원일기』를 보면, "임금이 말하시기
   를 조금 전에 별감들에게 먼저 차비문⁹ 안팎을 수색하게 했는데
   (중략) 홍국영이 말하기를 그럼 연화문에 숙직하는 군사는 표식
   을 풀어내고⋯⋯." 상황을 상세하게 얘기하고 있습니다. 홍국영
   이 '전부 수색하자' 하고 얘기했고 이에 대해 정조는 '일이 급박
   하니 지체할 수 없다' 이렇게 답변하고요. 급박한 상황을 굉장히
   자세히 묘사하고 있죠.

최광희 영화 속 한 장면 같네요. 이 기록을 그대로 영상으로 옮겨도 상
   당히 급박한 느낌이 들 것 같아요.

김문식 왕궁에 자객이 들어온 상황이거든요. 정조가 주도적으로 수색하
   고 조치했던 게 기록으로 남은 거죠. 홍국영이 제안한 내용도 나
   오고요.

그날 자, 이제 『실록』 기록은 어떤지 비교해 보겠습니다. "임금이 허
   락하였다."

최광희 아니 뭘 허락했다는 거죠?

그날 정말 이게 전부예요? 앞뒤로 조금 더 있겠죠.

김문식 앞에 조금 더 있습니다. "'어떻게 하겠습니까?' 하니 허락하였
   다" 이 정도로 나오고 말죠.

그날 두 기록 사이에 굉장한 차이가 있군요.

신병주 동일한 사안에 대해 기록의 차이를 보이는 게 많아요. 예를 들어
   영조 때 청계천 공사가 완료되는데요. 『실록』에는 '언제 어떻게
   공사가 완료되었고, 『준천사실』이라는 책자를 만들었다' 이게
   끝이에요. 그런데 『승정원일기』에는 영조와 신하들의 대화가 쭉

나옵니다. "오늘은 어떤 구간을 공사를 했는가?" "오늘은 광통교 쪽을 했습니다." 그다음 날은 "광충교 쪽을 했는데 여기는 공사가 너무 힘들어서 고생이 많았습니다." "그러면 어떻게 했느냐?" 이렇게 대화체로 정말 상세하게 나옵니다. 『승정원일기』를 통해서 당시 준천 사업의 전말을 자세히 알 수 있는 거죠.‡

그날
김문식 　『실록』은 방송용 편집본이고 『승정원일기』는 녹화본인 셈이군요. 녹화된 필름에서 필요한 것을 뽑아내는 게 『실록』 편찬자의 역할이죠.

---

† 임금이 말씀하시길, "조금 전에 별감들에게 먼저 차비문 안팎을 수색하게 하였는데 경(홍국영)의 말이 매우 옳다. 경은 금위대장을 맡고 있으니 금군(禁軍) 20명을 인솔하여 숭현문(崇賢門)에서부터 무덕문(武德門)에 이르기까지 두루 수색하고, 또 연화문(延和門)에 숙직하는 군사 20명에게 궁궐의 담장 안을 순검하게 하는 것이 좋겠다." 홍국영이 말하길, "그러면 연화문에 숙직하는 군사는 표신(標信)을 풀어 내보냅니까?" 임금이 말씀하시길, "일이 급박하니 지체할 수 없다. 경이 영전(令箭)으로 인솔하면 되겠다."
□ 『승정원일기』 정조 1년(1777) 7월 28일

임금이 허락하였다.
□ 『정조실록』 1년(1777) 7월 28일

‡ 영조　저번에 광충교를 보니 금년 들어 더욱 흙이 메워져 있다. 가히 걱정이 된다.
홍봉한　하천 도랑의 준설이 매우 시급합니다. 만약 홍수를 만나면 천변 인가는 필시 대부분 떠내려가는 화를 입을 것입니다. … (중략) …
영조　서울의 백성들을 불러 물은 후에 실시하는 것이 옳을 듯하다. 설령 하천을 준설해도 사토(沙土, 모래흙)를 둘 곳이 없지 않은가?
홍봉한　어떤 이는 배로 운반한다고 하고, 어떤 이는 수레나 말로 실어 나른다고 하는데, 한번 시험해 보면 알맞은 방도가 있을 것입니다.
영조　(웃으며) 성중(城中)에 배를 들일 수 있는가?
홍봉한　배로 운반한다는 것은 큰비가 내린다면 가능한 방법인 듯합니다.
영조　사관(史官)들은 의견이 다를 수도 있으니 각자 소견을 말해 보라.
사관　도랑을 준설하는 것이 급한 일이나, 만약 민력을 동원한다면 초반에는 원망이 없지 않을 것입니다.
□ 『승정원일기』 영조 34년(1758) 5월 2일

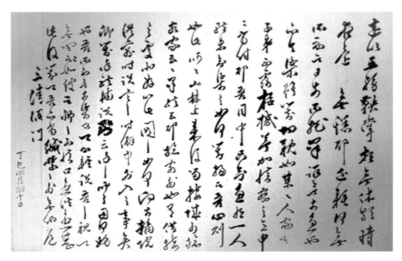

정조가 심환지에게 보낸 비밀 편지

『승정원일기』, 정조의 비밀 편지를 해독하다

그날 이런 식으로 『승정원일기』가 역사 연구에 결정적인 역할을 한 예가 또 있나요?

김문식 네, 정조 어찰을 해독할 때 『승정원일기』가 굉장히 유용하게 사용되었습니다. 심환지라는 분에게 간 정조의 비밀 편지가 300통 정도 발견되었는데 그 전까지 심환지는 정조 죽음의 배후라고 생각될 만큼 정조와 사이가 나빴다고 알려져 있었거든요. 정조가 그런 심환지에게 300통이나 되는 비밀 편지를 보냈다는 것은 굉장히 놀라운 일이었죠. 이걸 해독할 때 사용된 자료가 바로 『승정원일기』였어요.

최광희 지금 해독이라는 말씀을 하셨는데 편지를 해독한다는 표현이 좀 이상하거든요. 암호라도 쓴 건가요?

김문식 암호를 썼죠. 예를 들어 특정한 사건을 언급할 때, 그 사건을 구체적으로 명시하지 않고 '모종의 사건'이라고만 표현합니다. 사람

이름도 실명으로 적지 않아요. 성만 적는 거죠. 예를 들어 정조 어찰에 어(魚)씨가 나오는데, 이 사람은 전혀 알려지지 않은 인물이었어요. 그가 어용겸이라는 사람임을 밝힐 수 있었던 건 모두 『승정원일기』 덕분이었죠. 자료로 제시된 편지 끝에 정사년 4월 초10일이라는 글자가 있죠. 그건 수신자인 심환지가 적은 거예요. 이렇게 특정 사건과 관련된 시간 기록이 나오면 『승정원일기』에서 해당 내용을 찾아볼 수 있습니다. 요즘 말로 검색을 한 거죠. 그렇게 해서 '모종의 사건'이 무엇인지 알 수 있었습니다.

그날   연인끼리 약속할 때 그러잖아요. "우리 지난번에 만났던 그 집 갈까?" 딱 그렇게 들리는데요.

최광희   영화 「광해」도 '숨겨야 할 것은 《조보》에 내지 말라' 그 말 한마디를 모티프로 해서 만들어진 영화거든요. 《조보》는 승정원에서 내는 관보의 일종이죠. 『승정원일기』가 번역되는 게 영화 제작자나 드라마 만드는 사람들에게는 축복입니다. 이 책이 화수분처럼 콘텐츠를 계속 뽑아내는 바탕이 될 거라 기대해 봅니다.

신병주   드라마 「대장금」에 나오는 장금이와 영화 「왕의 남자」의 주인공 공길 역시 『실록』에 등장하는 실존 인물입니다. 『실록』에서 나온 짧은 이야기가 최근 영화 산업이나 드라마 발달에 크게 기여했듯이 『승정원일기』가 완역되면 엄청난 양의 문화 콘텐츠를 얻을 수 있을 겁니다.

그날   흔히 조선은 패배한 역사라는 콤플렉스 같은 게 있잖아요. 『승정원일기』가 완역되면 그런 인상도 좀 바뀌지 않을까 하는 기대가 생기네요.

1 휘(諱): '꺼리다, 피하다'라는 뜻으로, 죽은 사람을 공경하여 그의 생전의 이름을 삼가 부르지 않는 것. 주로 왕의 이름이 그 대상이 된다.

2 대성전(大成殿): 성균관에서 공자의 위패를 모신 사당을 말한다.

3 흥청(興淸): 흥청은 조선 연산군 10년(1504)에 나라에서 모아들인 기녀다. 연산군 때 기생을 운평(運平)이라 불렀고, 그중에서 궁중에 들어와 있는 기생을 흥청·가흥청·계평·속홍, 왕을 가까이 모시는 지과 흥청, 왕과 동침한 천과 흥청으로 구분하였다. 흥청망청의 유래가 되었다.

4 금표(禁標): 연산군이 사냥 유흥을 위해 세운 민간인 통제 구역.

5 인상서호(印象西湖): 중국 저장성 항저우시 서호를 배경으로 펼쳐진 수상 공연. 세계적인 영화감독 장이머우 감독이 연출한 것으로 유명하다. 만남, 사랑, 이별, 추억, 인상의 5부로 구성되어 애절한 사랑 이야기를 웅장하고 화려하게 보여 준다.

6 김자원(金子猿): 조선 시대 내관. 연산군 시절 왕의 총애를 받으며 권세를 부리고 많은 전횡을 저지름.

7 군기시(軍器寺): 고려·조선 시대에, 병기, 기치, 융장, 집물 따위의 제조를 맡아보던 관아. 몇 차례 군기감으로 이름을 고치다가 고종 21년(1884)에 폐하고 그 일은 기기국으로 옮겼다.

8 연방원(聯芳院): 조선 시대에, 음악에 관한 일을 맡아보던 관아. 연산군 때에 장악원을 고친 것이다.

9 능상(凌上): 아랫사람이 윗사람을 업신여김.

10 전비(田非): 연산군의 총애를 업고 횡포를 부린 것으로 악명 높은 후궁. 연산 11년에 숙용 품계를 받았다.

11 마리 앙투아네트: 프랑스 루이 16세의 왕비. 국고를 낭비한 죄목 등으로 프랑스혁명 때 처형되었다.

12 방벌(放伐): 정권 교체 시에 역성혁명의 방법으로 정통성을 인정받는 정권 탈취 방식. 왕을 죽이는 대신 변방으로 쫓아낸다.

13 평교자(平轎子): 종1품 이상과 기로소(耆老所, 정2품 이상의 벼슬을 한 문관들을 예우하기 위하여 설치한 일종의 경로당)의 당상관이 타던 가마. 포장이나 덮개가 없는 가마로 앞뒤 두 사람씩 네 사람이 어깨에 낮게 메고 천천히 가도록 되어 있다.

14 쇄골표풍(碎骨飄風): 형벌의 일종으로 사형에 처한 후 뼈를 빻아 바람에 날리는 것.

15 촌참(寸斬): 토막토막 자르기.

16 폐비 신씨(1472~1536): 연산군의 부인. 기록에는 온화한 성품에 덕이 많았다고 전하며 중종반정으로 연산군이 폐위되면서 거창군 부인으로 강등되었다.

17 금천교(禁川橋): 왕릉 앞에 흐르는 금천에 놓인 다리로 속세와 성역의 경계를 뜻함.

18 망상(罔象): 어린아이 모양에 낯이 푸르고 몸과 털이 붉으며 빨간 손톱, 큰 귀, 긴 팔을 가진 물귀신.

2 중종, 강제 이혼당한 날

1 대명률(大明律): 중국 명나라의 형법. 우리나라, 일본, 베트남 등 동아시아에서 범죄에 대한 처벌의 기준으로 활용되었다.

2 예조(禮曹): 고려·조선 시대에 존속하였던 관청으로, 조선 시대에는 6조(이조, 호조, 예조, 병조, 형조, 공조) 중 한 관청이었다. 예의(禮儀)·제향(祭享)·조회(朝會)·교빙(交聘)·학교·과거(科擧)에 관한 일을 관장하였다.

3 습첩(拾妾): 홀로된 여자가 새벽에 성황당 길에 서 있으면 처음 발견한 남성이 거두어 사는 풍속.

4 구언상소(求言上疏): 임금의 잘잘못에 대하여 신하로부터 비판의 말을 구하던 것.

5 원자(元子): 아직 왕세자에 책봉되지 아니한 임금의 맏아들.

6 친영(親迎): 신랑이 신부집에 가서 신부를 맞이해 데려오는 절차. 원칙적으로는 친영 후 신랑집에서 예식을 올리나 일반적으로 신부집에서 예식을 올리고 사흘을 머문 뒤 신랑집으로 온다.

7 알성시(謁聖試): 조선 시대에, 임금이 문묘에 참배한 뒤 실시하던 비정규적인 과거 시험.

8 정언(正言): 조선 시대에 사간원에 속한 정6품 관직으로 정원은 두 명이다. 태종 1년 (1401)에 문하부의 낭사가 사간원으로 독립할 때 습유를 고친 것이다. 위로 대사간, 사간, 헌납이 각 한 명씩 있다.

9 대간(臺諫): 사간원과 사헌부를 합하여 부르는 명칭. 이들은 정책 비판, 고위 관료 탄핵을 통해 권력을 견제하였다.

10 체직(遞職): 벼슬이 갈리다.

11 훈구파: 세조의 정변을 도운 공신들이 형성한 정치 세력. 성종 때 새로 정계에 진출한 사림파들은 훈구파의 정치권력과 경제력 독점에 대해 비판하였다.

3 조선, 임꺽정과의 전쟁을 선포하다

1 홍명희(1888~1968): 소설가. 호는 벽초(碧初), 가인(可人). 신간회에 참여하였으며, 광복 후 조선문학가동맹중앙집행위원장을 지내고 월북하였다. 저서에 『학창산화(學窓散話)』, 소설 『임꺽정』 등이 있다.

2 토포(討捕): 무력으로 쳐서 잡음.

3 장통방: 당시 상업의 중심지로 현재 청계천의 장통교 인근.

4 『송남잡지(松南雜識)』: 조선 후기의 학자 조재삼(趙在三)이 편찬한 유서(類書).

5 유기장: 유기(柳器)는 버드나무 가지를 엮어서 만든 그릇(버들고리)을 말함. 유기장은 버들고리를 만드는 천민으로 고리백정이라고도 한다.

6 선전관(宣傳官): 조선 시대에 선전관청(병조에 속하여 형명(形名), 계라, 시위(侍衛), 전령(傳令), 부신(符信)의 출납 따위를 맡아보던 관아)에 속한 무관 벼슬. 품계는 정3품부터 종9품까지 있었다.

7 남치근(南致勤): 조선 중기의 무신. 제주, 호남 지방에 침입한 왜구를 토벌하였으며, 황해도에서 세력을 떨치던 임꺽정을 잡아 죽였다.

8 죽장창(竹長槍): 조선 시대에, 대로 만들어 무예를 익히는 데 쓰던 창 또는 보병이 그것

을 가지고 익히던 무예를 말한다.

9 『무예도보통지(武藝圖譜通志)』: 조선 정조 때, 왕명에 따라 무예 이십사반을 그림으로 풀어 설명한 책으로 4권 4책의 목판본이다.

10 양인개병제(良人皆兵制): 조선의 양인 남성 중 16세~60세에 해당하는 자는 모두 군역을 의무적으로 수행해야 하는 의무병역제도.

11 신량역천(身良役賤): 양인의 신분이지만 천인의 일에 종사하는 사람들로 양인과 천인 사이의 특이한 계급을 이루었다.

12 내수사(內需司): 조선 시대 왕실의 재정을 관리하던 관청. 궁중에서 필요한 쌀, 옷감, 잡화, 노비 등에 관한 업무를 주로 담당하였다.

13 양반지주제 : 양반이 토지 소유자로서 토지가 없는 농민에게 토지를 빌려주어 소작하게 하는 제도. 자영농은 정부에 생산량의 1/10을 조세로 납부하면 되지만 소작인이 되면 지주에게 생산량의 1/2을 소작료로 납부해야 하므로 생계에 큰 타격을 받는다.

14 수렴청정(垂簾聽政): 임금이 어린 나이로 즉위하였을 때, 왕대비나 대왕대비가 이를 도와 정사를 돌보던 일. 왕대비가 신하를 접견할 때 그 앞에 발을 늘인 데서 유래한다.

15 방납(防納): 정상적인 공물 납부를 방해하고 권세가나 상인이 공물 납부를 대행하면서 이득을 취하는 행위. 매점매석으로 가격 조작을 하거나 각종 수수료를 덧붙여 백성들로부터 원래 가격보다 훨씬 더 많이 걷었다.

4 정철, 기축옥사 특검 되던 날

1 장계(狀啓): 왕명을 받고 지방에 나가 있는 신하가 자기 관하(管下)의 중요한 일을 왕에게 보고하던 일 또는 그런 문서.

2 국문(鞫問): 국청(鞫廳)에서 형장(刑杖)을 가하여 중죄인(重罪人)을 신문하던 일. 임금의 명령이 필요하였다.

3 계림군(桂林君): 성종의 셋째 아들인 계성군 순(恂)의 양자. 을사사화 때 '윤임이 인종 사망 당시, 계림군을 추대하려 했다'라는 모함을 받고 사사되었다.

4 대동사상(大同思想): 동양의 유토피아 사상. 『예기』 예운편에 나오는 말로 대도가 행해지는 사회에서는 천하를 공유하여 현명하고 능력 있는 사람을 뽑아 도를 닦게 하고, 자신의 부모만 친애하지 않고 남의 부모도 친애하는 등 자기만을 위하지 않는 사회가 되어 대문을 잠그지 않고 생활할 수 있게 된다. 이를 대동(크게 하나 된) 사회라고 한다.

5 청교도혁명: 1649년에 영국에서 청교도가 중심이 되어 일어난 시민혁명. 크롬웰이 인솔한 의회파가 왕당파를 물리치고 공화정치를 시행하면서 혁명이 절정에 이르렀으나, 1660년 크롬웰이 죽자 왕정으로 되돌아갔다.

6 결안(結案): 조선 시대에 죄인의 사형 집행 전에 국왕의 최종 결재에 따라 형을 확정 짓는 형식 절차 및 그 문서.

7 도사(都事): 조선 시대에, 충훈부, 중추부, 의금부 따위에 속하여 벼슬아치의 감찰 및 규탄을 맡아보던 종5품 벼슬. 고종 19년(1882)에 없앴다.

8 단근질: 살아 있는 사람의 살점을 태우거나 지지는 일. 고문 또는 형벌로 집행된 것은 낙형(烙刑)이라고 한다.

9 위리안치(圍籬安置): 중죄인에 대한 유배형 중 하나로, 죄인이 배소(配所)에서 달아나지

못하도록 귀양 간 곳의 집 둘레에 탱자나무
가시로 울타리를 치고 죄인을 그 안에 가두
어 두던 일.

10 방계(傍系): 직접적이고 주된 계통에서 갈라
져 나가거나 벗어나 있는 관련 계통.

11 익선관(翼善冠): 왕과 왕세자가 곤룡포를 입
고 집무할 때에 쓰던 관. 앞 꼭대기에 턱이
져서 앞이 낮고 뒤가 높은데, 뒤에는 두 개의
뿔을 날개처럼 달았으며 검은빛의 사(紗) 또
는 나(羅)로 둘렀다.

12 토사구팽(兔死狗烹): 토끼가 죽으면 토끼를
잡던 사냥개도 필요 없게 되어 주인에게 삶
아 먹히게 된다는 뜻으로, 필요할 때는 쓰고
필요 없을 때는 야박하게 버리는 경우를 이
르는 말.

13 이전투구(泥田鬪狗): '진흙탕에서 싸우는 개'
라는 뜻으로, 자기 이익을 위하여 볼썽사납
게 싸우는 것을 비유하는 말.

5 조선을 뒤흔든 교육열

1 보양청(輔養廳): 조선시대 원자나 원손(元孫,
왕세자의 적장자)의 보호와 양육을 위하여
설치한 특별 관서. 세자시강원이나 세손강서
원(世孫講書院)의 부설 기구로 원자 및 원손
의 출산과 동시에 설치되었다.

2 강학청(講學廳): 조선 후기 세자나 세손으로
책봉되기 전의 원자나 원손의 조기교육을 위
하여 설치한 임시 관서. 강학청은 원자나 원
손이 글을 배우기 시작할 무렵에 설치되는데,
원자보양청(元子輔養廳)의 보양관들을 그대
로 사(師)와 부(傅)에 임명하였다. 수업은 매
일 아침, 낮, 저녁 3회씩 정규적으로 행해지
며, 시간은 3각(三刻, 45분)을 넘지 않았다.

3 효장세자(孝章世子): 영조의 맏아들. 영조 즉
위 직후 경의군(敬義君)에 봉해지고, 1725년
왕세자에 책봉되었으나 10세에 명을 달리하
였다. 사도세자의 아들 정조가 그의 양자가
되어 즉위함에 따라 진종(眞宗)으로 추존되
었다.

4 『어제상훈(御製常訓)』: 조선 영조가 후대 왕
들의 치적에 도움이 되도록 지은 교훈서로
후세의 왕들이 지켜야 할 교훈을 여덟 항목
으로 나누어 적고 있다. 내용은 경천(敬天,
하늘의 이치를 공경하라), 법조(法祖, 선왕을
본받으라), 돈친(惇親, 친척끼리 정을 도타이
하라), 애민(愛民, 백성을 사랑하라), 거당(祛
黨, 무리를 짓고 편을 가르는 습관을 없애하
라), 숭검(崇儉, 검박을 숭상하라), 여정(勵精,
정신을 가다듬으라), 근학(勤學, 학문에 힘쓰
라) 등이다.

5 『소학(小學)』: 유교의 도덕규범 중 필수적인
내용을 가려 뽑은 책. 8세 안팎의 아동을 위
해 편찬했다.

6 회강(會講): 한 달에 두 번씩 왕세자가 20명
이 넘는 스승 앞에서 그동안 배운 것을 시험
보는 것.

7 『한중록(閑中錄)』: 사도세자(장헌세자)의 빈
혜경궁 홍씨가 만년에 남편의 일을 중심으로
지은 자전적 회고록. 『인현왕후전』과 함께 궁
중 문학의 쌍벽을 이룬다.

8 『무예신보(武藝新譜)』: 사도세자가 영조를 대
리하여 정사를 본 1759년 죽장창(竹長槍),
기창(旗槍), 예도(銳刀), 왜검(倭劍), 교전(交
戰), 월도(月刀), 협도(挾刀), 쌍검(雙劍), 제독
검(提督劍), 본국검(本國劍), 권법(拳法), 편
곤(鞭棍) 등 12가지 기예를 더하여 편찬한 무
예서.

9 『양아록(養兒錄)』: 조선 중기의 문신인 묵재(默齋) 이문건이 손자를 키우며 쓴 육아 일기. 아이의 생육 과정을 매우 세밀히 관찰하여 기록하여 당시 사대부 집안의 어린아이 양육 방식을 구체적으로 보여 주는 귀중한 자료이다.

10 「회혼례도(回婚禮圖)」: 혼례한 지 60년 되는 해에 치르는 회혼례를 그린 기록화.

6 83세 조선의 선비, 과거 급제하다

1 조수삼(1762~1849): 조선 후기 여항시인. 문장과 시에 능해 여섯 차례에 걸쳐 중국을 내왕하며 여러 문인들과 교류했다.

2 난삼(襴衫): 생원시, 진사시에 합격했을 때 입던 예복. 녹색이나 검은빛의 단령(團領)에 각기 같은 빛의 선을 둘렀다.

3 이건창(1852~1898): 최연소 과거 급제자로 충청도 암행어사와 한성부소윤, 승정원 승지를 지냈고, 『당의통략』을 저술했다.

4 기로과(耆老科): 왕, 왕비, 대비, 대왕대비 등의 환갑이나 칠순을 경축하기 위해 60세 이상 선비를 대상으로 실시한 과거 시험.

5 동도문희연도: 1526년(중종 21) 아들이 문과에 급제해 부모에게 인사드리러 오자 아버지가 연회를 베푸는 장면을 그린 그림.

6 조준(1346~1405): 고려 말·조선 초의 문신. 고려 말 전제 개혁을 단행해 조선 초의 경제 기반을 닦은 개국공신이다.

7 거벽(巨擘): 과거 시험의 답안지 내용을 전문적으로 대신 지어 주던 사람.

8 역서(易書): 유생들이 제출한 과거 시험 답안 내용을 서리가 붉은 글자로 베껴 쓰는 제도.

9 홍패(紅牌): 대과에 급제한 자에게 발급한 합격증서.

10 압권(壓卷): 과거를 치르고 나서 가장 우수한 답안지는 따로 꺼내서 다른 답안지 위에 올려놓아 내리누르는 형세가 된 데서 유래한 말.

11 석갈(釋褐): 신분이 낮은 사람이 입는 옷을 벗고 관복으로 갈아입는다는 뜻으로 문과에 급제하여 처음으로 벼슬하는 일을 말한다.

12 반촌(泮村): 성균관의 사역인들이 거주하던 동네로 시장, 주막, 하숙집 등이 밀집해 있었다.

13 혜민서(惠民署): 조선 시대에 의약과 일반 서민의 치료를 맡아 본 관청.

14 대사례(大射禮): 국가에 행사가 있을 때 임금과 신하가 한자리에 모여서 활을 쏘는 의례.

15 청맹(靑盲) 선언: 조정의 정책에 반대해 시각·청각·언어 장애인 행세를 하며 수업을 거부하는 것.

16 책문(策問): 대과 최종 합격자들의 등수를 가리기 위한 전시에서 왕이 직접 출제하는 문제.

7 승정원일기, 조선의 역사를 깨우다

1 더글러스 맥아더(1880~1964): 미국의 군인. 일본 주재 연합군 최고사령관을 지냈으며, 1950년 한국전쟁 때 인천상륙작전을 주도하여 큰 성과를 내기도 하였으나, 만주 지구 공격 등 강경책을 주장하여 1951년 해임되었다.

2 『난중일기(亂中日記)』: 임진왜란 때 충무공

이순신이 진중(陣中)에서 쓴 일기. 임진왜란
이 일어난 1592년부터 끝난 1598년까지의
일을 간결하고 명료하게 기록하였다. 국보 제
76호로 현재 현충사에 보관되어 있다.

3 편전(便殿): 임금이 평상시에 거처하면서 신
   하들과 국정을 의논하는 궁전.

4 이십오사(二十五史): 중국 역대 왕조의 정사
   (正史)로 인정되는 24종류의 사서(史書)에
   『신원사(新元史)』를 더한 것.

5 『명실록(明實錄)』: 명나라의 실록으로, 『황명
   실록(皇明實錄)』이라고도 한다. 총 2909권으
   로 중국에서 가장 방대한 역사 기록물로 꼽
   힌다.

6 6조직계제(六曹直啓制): 6조에서 논의한 것
   이 의정부(정승들)를 거치지 않고 왕에게 직
   접 전달되도록 한 정치제도. 태종 때 왕권이
   강화되면서 의정부 중심의 공신 세력을 약화
   시키고 관료 중심의 국정을 운영하려는 목적
   으로 실시되었다.

7 『열하일기(熱河日記)』: 조선 정조 4년(1780)
   에 박지원이 지은 책. 중국 청나라에 가는 사
   신을 따라 열하(현재 이름은 우례 강)까지 갔
   을 때의 기행문으로, 중국 희본(戱本)의 명목
   (名目)과 태서(泰西)의 신학문을 소개하였고,
   「허생전」, 「호질」 등의 단편소설이 실려 있다.

8 사문난적(斯文亂賊): 성리학에서 교리를 어
   지럽히고 사상에 어긋나는 언행을 하는 사람
   을 이르는 말. 성리학이 교조화된 조선 후기
   에 이르러서는 상대방 붕당의 당인들을 매장
   하려는 악의적인 용어로 활용되었다. 윤선도,
   윤휴, 허목, 윤증, 박세당 등이 사문난적으로
   몰려 곤욕을 당했다.

9 차비문(差備門): 궁궐 정전(正殿)의 앞문과
   종묘의 상문, 하문, 앞전, 뒷전을 통틀어 이
   르는 말.

강희선 KBS 성우극회 극회장 및 한국성우협회 부이사장. 서울예술대학 방송예술대학을 졸업했다. 샤론 스톤, 줄리아 로버츠, 니콜 키드먼 등의 목소리를 연기했고, 서울 및 부산 지하철, 코레일 안내 방송을 맡았다. 2005년 KBS 성우 연기대상을 수상했으며, 지금은 국방부 심리전과 대북 방송 등을 담당하고 있다.

김경수 청운대학교 교양학부 교수. 충남대학교 사학과를 졸업하고 같은 학교 대학원에서 박사 학위를 받았다. 주요 논문으로 「세조의 집권과 권력 변동」 등이 있고, 저서로 『평역 난중일기』, 『언론이 조선왕조 500년을 일구었다』, 『조선 시대의 사관 연구』, 『한국사 테마전』, 『주제별로 본 한국의 역사와 문화』, 『조선왕조사傳』, 『왕은 조선왕조실록을 못 보았을까』, 『500년의 역사가 살아 숨 쉬는 조선왕조실록』 등이 있다.

김문식 단국대학교 사학과 교수. 서울대학교 국사학과 및 같은 학교 대학원을 졸업하고, 서울대학교 규장각에서 학예연구사로 근무했다. 조선 시대의 경학 사상, 왕실 교육, 국가 전례, 대외 인식에 대해 연구해 왔다. 저서로 『조선 후기 경학 사상 연구』, 『정조의 경학과 주자학』, 『조선의 왕세자 교육』, 『정조의 제왕학』, 『조선 후기 지식인의 대외 인식』, 『조선 왕실 기록문화의 꽃, 의궤』, 『왕실의 천지 제사』 등이 있다.

김범 국사편찬위원회 편사 연구사. 고려대학교 한국사학과를 졸업하고 같은 대학원에서 박사학위를 취득했다. 조선시대 정치사와 사회사를 연구하고 있다. 저서로 『사화와 반정의 시대』, 『연산군: 그 인간과 시대의 내면』, 『민음 한국사: 15세기, 조선의 때 이른 절정』(공저)가 있고, 옮긴 책으로 『유교적 경세론과 조선의 제도들: 유형원과 조선후기』 1·2, 『조선왕조의 기원』, 『무신과 문신』 등이 있다.

김성우 대구한의대학교 호텔관광학과 교수. 서강대학교 사학과 및 고려대학교 한국사학과 대학원을 졸업했다. 주요 논문에 「전쟁과 번영: 17세기 조선을 바라보는 또 다른 관점」, 「사회경제사의 측면에서 본 조선 시대 경상도의 성쇠」 등이 있고, 저서로 『조선 중기 국가와 사족』, 『조선 시대 경상도의 권력중심 이동: 영남 농법과 한국형 지역개발』, 『농암 유수원 연구』(공저) 등이 있다.

김현정 한국화가. 서울대학교에서 동양화와 경영학을 전공했고, 동 대학원 동양화과를 졸업했다. 정통 동양화의 이론과 기법에 기초하였으나 참신한 발상과 주제, 표현 기법 등으로 다양한 변화를 시도하여 한국화단의 유망주로 주목받고 있다. '내숭'이라는 주제로 여섯 번의 개인전을 개최했고, 2014년 6월에 열린 개인전 '내숭 올림픽'은 가나인사아트센터 오픈 후 최다 방문객 기록을 갱신하며 성황리에 마무리되었다. 주요 논문으로 「자화상을 통한 내재적 형상표현 연구」가 있고, 저서로 『김현정의 내숭』이 있다. 현재 《조선일보》에 「김현정의 그림라디오」를 연재 중이다.

박금수 사단법인 전통무예십팔기보존회 사무국장 및 서울대학교 체육교육과 강사. 서울대학교 전기공학부 및 같은 학교 대학원 체육교육과를 졸업했다. 「조선 후기 무예와 진법의 훈련에 관한 연구」로 박사 학위를 받았으며, 주요 논문에 「조선 후기 공식 무예의 명칭 '십팔기'에 관한 연구」 등이 있고, 저서로 『조선의 무(武)와 전쟁』이 있다.

송웅섭 서울대학교 규장각한국학연구원 선임연구원. 단국대학교 역사학과 및 서울대학교 대학원 국사학과를 졸업했다. 주요 논문에 「기묘사화와 기묘 사림의 실각」, 「김종직 문인 그룹 형성 무대로서의 서울」, 「조선 성종 대 전반 언론의 동향과 언론 관행의 형성」, 「성종의 우문정치와 그 귀결」 등이 있고, 저서로 『민음 한국사: 16세기, 성리학 유토피아』

(공저)가 있다.

심재우 한국학중앙연구원 인문학부 교수. 서울대학교 국사학과 및 같은 학교 대학원 국사학과를 졸업했다. 주요 논문에 「조선후기 단성현 법물야면 유학호의 분포와 성격」, 「조선후기 소송을 통해 본 법과 사회」 등이 있고, 저서로 「조선 후기 국가 권력과 범죄 통제」, 「네 죄를 고하여라: 법률과 형벌로 읽는 조선」 등이 있다.

윤초롱 경기과학고등학교 교사. 고려대학교 역사교육과를 졸업했다. EBS에서 「2013 EBS-N제: 윤초롱의 한국사」 강의를 진행했고, 「5분 사탐: 동아시아사」 등 여러 수업 콘텐츠 제작에 참여했다.

이근호 명지대학교 인문과학연구소 연구교수. 국민대학교 국사학과 및 같은 학교 대학원 국사학과를 졸업했다. 주요 논문에 「영조 대 탕평파의 형성과 벌열화」, 「조현명의 현실 인식과 국정 운영론」, 「영조 대 무신란 이후 경상감사의 수습책」, 「영조 대 균역법 시행과 공·사 논의」 등이 있고, 저서로 「왜 조선에는 붕당정치가 이루어졌을까」, 「승정원일기, 소통의 정치를 논하다」(공저), 「한국 역사상 관료제 운영 시스템에 관한 연구」(공저) 등이 있다.

이순구 국사편찬위원회 편사연구관. 고려대학교를 졸업하고 한국학중앙연구원 한국학대학원에서 한국사 전공으로 석사 학위와 박사 학위를 받았다. 조선 시대 여성사 및 가족에 대해서 연구하고 있다. 저서로 「조선의 가족 천 개의 표정」, 「혼인과 연애의 풍속도」(공저), 「조선 양반의 일생」(공저), 「조선의 왕비로 살아가기」(공저), 「한국 여성사 깊이 읽기」(공저) 등이 있다.

이현진 서울시립대학교 서울학연구소 연구교수. 서울대 국사학과에서 박사 학위를 받았다. 서울대학교 규장각 한국학연구원 선임연구원을 역임하고, 한림대 부설 태동고전연구소 과정을 이수했다. 주요 논문에 「대한제국의 선포와 종묘 제도의 변화」, 「조선시대 종묘의 부묘 의례와 성격」, 「조선시대 봉상사(奉常寺)의 설치와 기능, 그 위상」 등이 있고, 저서로 「조선후기 종묘 전례 연구」, 「종묘와 사직」(공저), 「조선의 국가 제사」(공저) 등이 있다.

장유정 뮤지컬 연출가 겸 작가, 영화감독. 한국예술종합학교 연극원 연출과를 졸업했다. 주요 작품에 연극 「멜로드라마」, 영화 「김종욱 찾기」, 뮤지컬 「송산야화」, 「오! 당신이 잠든 사이」, 「김종욱 찾기」, 「형제는 용감했다」, 「금발이 너무해」, 「그날들」 등이 있다.

정재훈 정신건강의학과 전문의. 아주대학교 의과대학을 졸업하고 아주대병원 정신과를 수료했다. 현재 수원 아주편한병원 원장 겸 아주대학교 병원 정신과 자문 교수 등으로 활동하고 있다. MBC 「시사매거진 2580」, SBS 「그것이 알고 싶다」, 「생방송 모닝 와이드」, CNBC 「집중분석 TakE」 등 다양한 방송 프로그램의 자문을 맡았다.

최광희 영화평론가. 고려대학교 역사교육과를 졸업했다. YTN에서 6년간 기자 생활을 했으며, 이후 필름2.0의 취재팀장과 온라인 편집장을 거쳐 현재는 서울예술대학교에서 외래 교수로 활동하고 있다. 저서로 「무비스토커: 달짝지근함과는 거리가 먼 영화 같은 인생이여」가 있다.

최연숙 한국국학진흥원 자료부 책임연구위원. 이화여자대학교 사학과 및 한국학중앙연구원 한국학대학원 고문헌관리학과(고문서학)를 졸업했다. 주요 논문에 「조선시대 입안에 관한 연구」가 있고, 저서로 「도산서원을 통해본 조선후기 사회사」, 「승정원일기」, 「임진일록」, 「삼성재유고(三星齋遺稿)」 등이 있다.

최태성　EBS 한국사 강사 및 대광고등학교 교사. 국사편찬위원회 자문 위원 및 EBS 역사 자문 위원으로 활동했으며, KBS 라디오 「황정민의 FM 대행진」, '별별 히스토리' 코너를 진행했다. 저서로 『중·고등학교 한국사 교과서』, 『고등학교 한국사 역사부도』, 『한눈에 사로잡는 한국사』, 『교과서 밖으로 나온 한국사』 등이 있다.

하승현　한국고전번역원 콘텐츠기획실장. 가톨릭대학교 국어국문학과를 졸업했다. 성균관 한림원, 한국고전번역원 교육원에서 한문 교육 과정을 마쳤다. 『승정원일기』를 번역했고, 승정원과 『승정원일기』를 소개하는 대중서 『후설(喉舌), 승정원일기 역사의 현장을 기록하다』의 집필에 참여했다. 이 밖에 저서로 『빈 방에 달빛 들면』, 『생각, 세 번』, 『화담집교주(花潭集校注)』 등이 있다.

역사저널

그날

3권

연산군에서 선조까지

1판 1쇄 펴냄   2015년 7월 1일

1판 13쇄 펴냄 2022년 4월 8일

지은이   KBS 역사저널 그날 제작팀

발행인   박근섭, 박상준

펴낸곳   (주)민음사

출판등록   1966. 5. 19. (제16-490호)

주소   서울특별시 강남구 도산대로1길 62(신사동)

             강남출판문화센터 5층 (우편번호 06027)

대표전화   02-515-2000 | 팩시밀리 02-515-2007

홈페이지   www.minumsa.com

ISBN 978-89-374-1703-0 (04910)

    978-89-374-1700-9 (세트)